中国对外援助

理论与实践

任晓 刘慧华 著

CHINA'S FOREIGN AID

Theory and Practice

格致出版社 上海人民出版社

序

在过去若干年间，中国兴起并成为对外援助和国际发展领域最大的资金提供国之一。随着国力的不断增强，中国对外援助的规模大增，并且仍在增长之中。比较之下，没有哪一个非西方援助国所从事的国际发展活动像中国这样吸引了世界上如此大的关注。

2017 年 2 月 6 日，中央全面深化改革领导小组第三十二次会议召开。会议将对外援助作为审议内容之一，强调“要优化援外战略布局，改进援外资金和项目管理，改革援外管理体制机制，提升对外援助综合效应”[1]。无疑，这其中的每一项都具有相当丰富的内涵。它们所指向的工作也并非自今日才开始，而是已经进行了若干年。可以说，中国对外援助是一个既老又新的课题。

进入 21 世纪第二个十年后，随着“丝绸之路经济带”和“21 世

[1]《习近平主持召开中央全面深化改革领导小组第三十二次会议强调　党政主要负责同志要亲力亲为抓改革扑下身子抓落实》，载《人民日报》2017 年 2 月 7 日第 1 版。

纪海上丝绸之路”（合称“一带一路”）的提出，中国的对外援助也已不可避免地与“一带一路”这一长期的宏大倡议联系在一起。

2016年12月，中华人民共和国国务院新闻办公室发布《发展权：中国的理念、实践与贡献》白皮书。在第八部分“推动实现共同发展”中，白皮书单列了“加大发展援助”一项，指出：“2008年以来，中国连续多年成为最不发达国家第一大出口市场，吸收最不发达国家约23%的产品出口。为进一步推进发展中国家经济增长和民生改善，促进共同发展，中国将设立‘南南合作援助基金’，继续增加对最不发达国家投资，免除符合条件国家的特定债务，设立国际发展知识中心，继续推进‘一带一路’建设。”白皮书还重申了中国国家主席习近平2015年在联合国成立七十周年大会上所宣布的举措，即未来五年，中国将向发展中国家提供“6个100”项目支持，包括100个减贫项目、100个农业合作项目、100个促贸援助项目、100个生态保护和应对气候变化项目、100所医院和诊所、100所学校和职业培训中心；向发展中国家提供12万个来华培训和15万个奖学金名额，为发展中国家培养50万名职业技术人员；设立南南合作与发展学院，向世界卫生组织提供200万美元的现汇援助。[1]

人们已经体认到，中国的对外援助在过去二十年里高速增长，已成为世界上名列前茅的援助国，这一事实像中国其他方面的发展一样，引发了世界的密切关注。一方面，主要来自西方的似是而非的批评不绝于耳，另一方面却是不发达国家的肯定和称赞。这一现象本身已经成为重要的国际发展研究议题。

作为教育部人文社会科学研究项目，我们的这项研究立项于2013年，项目批准号为13YJAGJW006。当时，我们感觉这一课题随着时

[1] 中华人民共和国国务院新闻办公室：《发展权：中国的理念、实践与贡献》（2016年12月），载《人民日报》2016年12月2日第10—11版。

间的推移将变得日益重要，因而值得为之投入时间和精力开展研究，作为复旦大学中国外交研究中心的一项重要工作。

由于各项工作头绪纷繁，我们的研究工作有所延宕，但终得完成。本书是由我和旅美学者刘慧华博士共同完成的。人所共知，任何研究工作都不会是轻松的，但入其门径之后又常有一种得窥堂奥的愉悦。我们从过往的文献中爬梳出各种材料，从而理清脉络，加以分析，同时也进行了一些实地调查。2017 年 2 月，我访问了位于巴黎的经济合作与发展组织（OECD，简称“经合组织”），与经合组织发展援助委员会（DAC）有关人士面对面地交换意见，从而加深了对援助相关问题以及中国与经合组织对话的理解。

在这项研究进行的过程中，有不少人士以不同方式为研究的完成提供了帮助。徐九仙参加了最初的讨论和项目的申报。郭小琴作为研究助理出了不少力并提供了第七章的初稿。潘亚玲和马斌贡献了有益的看法。张海冰在世界经济和发展援助研究领域有多年的积累，她的工作对我们的研究具有启发意义。共生思想得益于同金应忠、苏长和、袁胜育等学者的讨论。张生、靳宁也为这项研究提供了一定的协助。在此，我们一并表达谢意。

任　晓

2017 年 3 月 2 日

目 录

第一章

21 世纪国际政治新常态与对外援助

世所公认，中国近四十年的改革开放已获重大成就。而中国的改革红利，不应只限于内政，也应收获于外交。对外政策的调整，包括军事、外交和对外发展援助的调整，要基于对当前国际政治特征和规律的把握。对于 21 世纪外交政策变革，很多人提到首先要摒弃冷战思维。问题是，摒弃冷战思维后，用什么来取而代之？或者说，怎样的新国际政治观能更贴切地反映 21 世纪国际社会的新常态？

近年来美国医学界开拓了一个崭新的研究领域。科学家发现人体和人体内的微生物是一个休戚与共的生态系统。人体的健康有赖于体内菌群提供的“服务”。这个生态学与医学的结合代表了一种思维创新，即重新思考人在自然世界中的位置，并从更广的生态医学视角来探索增进健康和治疗疾病的方法。这项研究开创了医学研究的一个新天地。[1]

---

[1] Susan Karcz, “Cottage Industry: Humans and the life forms they host are in it together,” http://hms.harvard.edu/news/harvard-medicine/harvard-medicine/how-bugs-are-built/cottage-industry?utm_source=SilverpopMailing&utm_medium=email&utm_campaign=10.03.daily%20 (1)(October 5, 2013).

这个微生物与生态医学的结合，给当代国际关系学的研究带来的一个启发是：研究有生命体参与的学科，如果能从生态系统角度去分析会更全面、更辩证。人体与人体内微生物形成一个生态系统；森林中的植物、动物与周围的环境构成一个生态系统；在全球化不断深化的21世纪，国际社会是不是也构成了一个命运相联的生命共同体呢?

冷战的结束把国际社会中长期暗流涌动的两股力量——全球化和恐怖主义——释放了出来。在过去的二十多年间，它们就像一阴一阳的两种力量，把越来越多国家的命运紧紧地绑在了一起。从这种意义上说，国际社会比历史上任何时期都接近生物学上的所谓“生态系统”。这个系统的特征是什么？怎样才能维护这个系统的健康？这些问题正是后冷战时期亟待国际政治学者回答的问题。

第一节
跨学科视角带来的启示：“我们”与“他们”

微生物生态医学的研究指出：“人是一个行走的生态系统。人从来都不孤独，因为微生物大量存在于人体内和人体上。对一个健康的人而言，这些多样的生命形式在一个稳定和平衡的系统中和谐地生活在一起，‘主’与‘客’共同演奏出生命的健康乐章。人与微生物协同进化到了一个共生互益的程度，双方的生存需要彼此。在人体内，微生物细胞的数量与人体细胞数量的比例大约是10:1。人类基因组包含约30 000个基因，微生物基因组包括400多万个基因。”因此，在这个系统中更多的是“他们”而不是“我们”。[1]

国际政治也是由体系与个体构成的。国际政治经济秩序就是一个

[1] Susan Karcz, “Cottage Industry: Humans and the life forms they host are in it together.”

不断演化而又相对稳定的体系。它的范围不断扩大，深度不断增加，把越来越多的人群、氏族、部族和国家吸纳进来。冷战后，世界政治演化为以美国为霸主、以其盟国和伙伴国为支撑的国际秩序。与此同时，以中国、印度等为代表的一批新兴发展中国家快速崛起，为 21 世纪国际秩序的革新带来强大活力。在不平衡发展的动态演进中，每个国家都将在这个秩序中获得自己的位置。虽然国际地位不同，但它们有个共同的特性，那就是没有谁能完全不依赖外部或不依赖国际体系而独善其身。有人指出，近年来在有的国家出现民族主义或民粹主义的离心趋势，这是不是一种从国际融合的倒退？实际上这正反映了全球化的深入，是国内政治对国际压力和国际影响的一种自保性反应。对具有国际影响力的大国来说，其内政和外交的界限不再泾渭分明。内政往往具有国际后果，国际风云也极大地影响其国内政治的阴晴。换言之，没有了纯粹的“我们”与“他们”之分，我中有他，他中有我。

21 世纪国际政治的另一个突出特征是，中国在这个生态系统中的地位大大提高了，对这个体系的影响力也增强了。经济上，中国成为了世界第二大经济体和第一大工业制造国。政治上形成了符合本国国情的以民主集中制为特征的治理体制，而不同于西方式的多党竞选制。同时，随着中国对外部能源、材料、商品市场和金融服务的依赖逐渐加深，国际事件对中国内政的影响力也日趋显著。以中国为代表的新兴发展中国家的快速发展，进一步深化了国际社会共生互益的局面，“我们”与“他们”的叠合互动不断深化。

多层次的行为主体

微生物生态医学指出：“人体内的微生物包括有机物和它们的基因组。细菌、病毒、真菌和其他单细胞真核生物占据了人体内几个栖息地：肠道、口腔、鼻腔和皮肤。生存在这些栖息地的生物统称菌群。菌群已经适应了甚至塑造了其生存空间的环境。不仅生活在肠道中的微生物的组成不同于皮肤上的微生物，而且在栖息地内还有更深层的不同的微生物群。例如，鼻孔内的微生物群就不同于那些居住于窦腔通道深处的微生物群，而且这还不是全部。基因构成与周围环境之间的不断互动也影响微生物在这些部位的组成。”[1]

在国际政治的经典理论中，国际政治行为的主体基本上是民族国家及其国家集团。冷战后更多的“行为体”登上了国际舞台。虽然民族国家还是国际舞台上的“主要行为者”，但已经不再是唯一的了。众多的行为主体——包括跨国公司、非政府组织（NGO）、信仰团体、恐怖组织、跨国贩毒犯罪集团、海盗，甚至个人——都能登台“表演”。这是一个“人人都有麦克风的时代”，个人的博客讯息可瞬间传遍全球，影响舆情；这是一个“人人都有武装的时代”，传染病菌携带者如跨国旅行可引起国际性流行病爆发，甚至酿成外交纠纷。“9 · 11 事件”就是由基地组织策划、少数人执行的重大国际政治事件。它直接导致了阿富汗战争和伊拉克战争的爆发。全球反恐战争的长期影响一时还难以估量。就像多层次的微生物都以各自的方式影响整个人体的健康一样，国际社会各个层次的行为者也在不同程度上影响着全球的和平、安全、合作与发展。

不仅如此，新兴行为体还常“喧宾夺主”，大有让世界强国难以应付之势。时任美国总统的奥巴马在2013年的联合国演讲中，列举了美国在中东乃至全球的核心利益：（1）利用军事手段确保美国在中东的安全利益（但强大的军事存在并没能保护美国驻利比亚大使和两位使馆人员的安全，他们都在恐怖分子的袭击中死于非命）；（2）保护美国盟国和伙伴国的安全（但美国支持的土耳其、埃及、以

[1] Susan Karcz, “Cottage Industry: Humans and the life forms they host are in it together.”

色列、约旦等国却还长期处在恐怖袭击的阴影中）；确保能源自由地从中东流向世界各地（但索马里海盗对过往的船只虎视眈眈，劫持事件频频发生，即使在东非 1 600 海里外航行也不安全）；打击恐怖组织网（但在也门、伊拉克、阿富汗以及中东和北非，汽车爆炸和袭击购物中心等恐怖事件此起彼伏，即使美国境内也不能幸免）；对开发和使用大规模杀伤性武器零容忍（恐怖组织或有极端思想的个人获得大规模杀伤性武器的可能性随网络信息的失控而增加）。[1] 从奥巴马列举的美国核心利益看，现实的威胁主要不是来自政治稳定、经济成功的民族国家，而是来自治理脆弱、经济贫弱、在困境中走投无路且抱有极端思想的恐怖组织、跨国暴力犯罪团伙甚至个人。

多样性、稳定性和坚韧性

微生物生态医学指出："婴儿出生时，体内几乎没有微生物：他们在出生时获得一些，但不同的接生方法会使其体内微生物的组成不同。从阴道出生的婴儿从其母亲的产道中获得菌群，剖腹产出生的婴儿通过与其母亲的皮肤接触而获得他们最初剂量的微生物。这第一次接触是开发自身免疫系统的第一步，并决定了婴儿早期微生物菌群的组成。这些早期的差异性随着其他后天因素的出现而减弱，如饮食、健康和地理环境。这些因素开始主导和塑造孩子的微生物。""健康的微生物菌群具有高度的多样性、稳定性和坚韧性：多样化，是为了避免单一菌种的统治，并确保提供一系列广泛的功能；稳定，是为了保持身体机能运行平稳；坚韧性，是为了能从难以避免的冲击中恢复过来。微生物菌群受到干扰可能会恢复，但难以完全回到原来的

[1] 参见 "President Obama's speech at the U.N. General Assembly," http://articles.washingtonpost.com/2013-09-24/politics/42340329_1_challenges-war-u-n-general-assembly（September 24, 2013）。

状态。”[1]

多样性是自然界物种的特性。没有两片完全一样的树叶，也没有两个完全相同的人，即便是双胞胎也不完全相同。世界上200多个国家和地区，找不到在政治、经济和文化方面完全相同的国家。萌芽于不同气候、地质环境和自然条件的文明，生长出各具特色的民族性。在人类的童年，自然环境对社会形态的决定作用远远大于生产力极大提高的现代。与菌群的生产一样，生产力提高使得这些早期的差异性减弱，但不会完全消除。经济发展水平、历史传统和文化价值观的差异，决定了各国人民需要的东西不同，关心的事务不同，追求的价值也不同。百花齐放是国家社会应有的模式。人为地强推一种模式，会导致“单一物种统治”，这既违反自然规律，也会使国际社会失去互补性和制衡性。

个体的稳定性是保证世界稳定的前提。生活在地球各个地区的人群团体，不论是国家、部族、民族还是社会组织或个人，都经历了千万年的传承，发展出特有的生存智慧，形成各自的再生产方式和共助机制。各民族“按自己的水土风情”繁衍不息。[2]

坚韧性是稳定性的基础。个人、社会组织和国家都具有自我恢复机制。最典型的就是马克思描述的亚细亚生产方式：“这些自给自足的公社不断地按同一形式把自己再生产出来，当它们偶然遭到破

[1] Susan Karcz, “Cottage Industry: Humans and the life forms they host are in it together.” 微生物免疫学指出，一个微生物会不断组合，或受到干扰后重新组合，如在使用较长疗程的抗生素或反复治疗后。这种治疗可能会杀灭引起疾病的病原体，但有附带损害，即会杀灭一些有益的或者良性菌群。如果菌群有韧性，微生物可能回到受干扰之前的状态，但这种恢复需要时间，而且没法保证。

[2] 孟德斯鸠在《论法的精神》中对自然环境对人类社会的影响做过精彩分析。参见孟德斯鸠：《论法的精神》(上册)，北京：商务印书馆1997年版，第277页。黑格尔更为系统地指出了三种显然不同的地理环境的决定作用。参见黑格尔：《历史哲学》,《绪论·历史的地理基础》，北京：生活·读书·新知三联书店1956年版。

坏时，会在同一个地点以同一名称再建立起来。”[1]卢旺达在经历了1994年种族大屠杀后，成功地实现了民族和解；海地在2010年大地震后，在国际社会的大力援助下，逐步恢复了家园；伊拉克和阿富汗在遭受美国打击和占领后，开展了战后重建。然而，虽然这些受伤颇重的国家能在同一地点以同一名称再建立起来，但就像生物体受到侵扰一样，要完全恢复到过去的状态是不可能的。特别是情感上的创伤和失去亲人的悲痛，是永远难以抚平和忘却的。由此产生的复仇心理，是滋生跨国暴力事件和国际恐怖活动的温床。

第二节
共生互益的命运共同体

微生物生态医学指出：“把我们身体当做‘家’的微生物物种，按一个亿万年不断修订的古老合同与人体协同进化，形成共生关系。在这个互惠互利的生态中，人体为微生物提供了食物和住所，而微生物则给人类提供健康所必需的一些功能，并帮助保护人体免受外来有害细菌的侵扰。”“和我们一起生活的微生物是生命共同体中活跃的成员。你会发现在这一个社区中，一些成员的贡献更大些，有些保持中立，有些在一定的条件下可能成为有害的细菌。在其众多的功能中，微生物能帮助人体消化食物并从食物中提取营养物质，调节代谢过程，引导免疫系统的反应，并防止病原体入侵。在一个健康人的体内，有益的细菌帮助创造一个稳定的内环境，保护和增进人的健康。”[2]

不仅如此，这些微生物还改变甚至决定了人体的某些生物特性。

[1] 参见马克思：《资本论》（第一卷），北京：人民出版社2004年版，第414—415页。
[2] Susan Karcz, “Cottage Industry: Humans and the life forms they host are in it together.”

斯坦福大学微生物免疫学教授大卫·瑞尔曼把微生物描绘成一个“复杂的微生物群落，它们选择了人体作为它们的家，像大多数居民社区一样生存在一个共生体中。通过这种方式，它们增进了自己的利益。这样做既是为它们自己，也是为它们的主人”[1]。

这段描述俨然是对当今国际社会的写照。在国际社会中，存在一个有形又无形的秩序，各层次的行为者都是其中的一员，它们所占的位置不同，作用也不相同。有的贡献大，有的贡献小；有的中规中矩，按国际准则和国际法承担自己的义务，享受自己的权利；有的成了“害群之马”，危害国际秩序的健康（如基地恐怖组织、“伊斯兰国”）。历经岁月变迁，大家都在国际社会中获得了一个分工，扮演了一个角色或多个角色：有的是金融中心，有的是科技创新大国，有的是世界工厂，有的是能源和原料产地，有的是商品市场，有的是旅游胜地。个体受益于和平稳定的国际环境，并在国际经济全球化中发展民族经济。国民经济的健康发展和政府的有效治理，有助于减少贫困，提高民众健康，增加就业机会，从而减少犯罪，消除暴力团伙和恐怖组织的生存条件，进而共同“守护”整个国际体系的健康。

另一方面，一些经济落后和政府治理不力的国家，或者对艾滋病、肺结核、疟疾等传染性疾病预防和控制不力，或者对毒品种植和走私打击不力，或者对黑帮乃至恐怖组织和极端思想管控不力，或者对私人武装乃至海盗活动无能为力，或者对武器走私乃至大规模杀伤性武器走私监管乏力。它们都会对国际社会的稳定与安全带来危害，让其他国家——即使是强国——也感受到防不胜防的安全威胁。

如果把大规模杀伤性武器、恐怖组织、海盗、毒品走私、艾滋病和国际暴力等比作医学上的“病原体”的话，那么国家间的援助、帮

---

[1] Susan Karcz, “Cottage Industry: Humans and the life forms they host are in it together.”

助落后贫穷的国家发展经济，就是防止病原体入侵，构建一个健康的全球环境，就是增进自身安全利益的有效机制。这是 21 世纪国际政治生态出现的一个新特征：援助贫穷落后国家带来的安全利益，往往比对外用兵更有效、更可持续。

为什么会这样呢？因为对外援助，特别是不附带政治条件的发展援助，体现了对受援国历史选择的尊重。在不破坏现存机制的前提下，创造一个有利的外部条件，提供一个好的外援，让受援国的内因在新环境下，做出最有利于自己利益的新的发展道路选择，从现有的基础上向好的方向演进。这才是符合社会发展内在规律的援助。

相反，如果外援强加政治条件，甚至用军事强制手段“旱地拔葱”似地推翻受援国现有的政府系统，然后“拔苗助长”似地按自己的意愿强安一个“民主政体”，那么当地社会的“每一个细胞每一个菌群”都很难适应，“他们”在努力适应的同时不可避免会出现强烈的“排斥反应”。可能的结果有二。一是如果强加国有源源不断的资源，能保持长期的政治军事高压并不断为被输出国“输血打气”，维持其基本运转，以期每个社会细胞和菌群最终适应了新常态。不过，这可能要很多很多年。强加国是否有这个资源以及长期投入这些资源去改造另一个国家的政治意志和民意支持，也是个大问题。另一个结果就是，被输出国的政治经济秩序被打乱后，“援助国”发现自己无力在那里“制造”一个能有效治理的政府和运转良好的新经济生态，在国内政治压力和国力资源局限的情况下，被迫半途而废。这不但没有达到当初增进共生互益的目标，反而造成“两败俱伤”。

可见，在一个共生互益的国际社会，不同文明、不同国家之间首先要相互尊重，以欣赏的眼光看待彼此。这应该成为西方启蒙思想中的民主价值观在当今国际政治中的发展和运用。民主的精髓应该是对多元性的尊重，而不是用一个自以为是的“民主模式”去消灭政治治理中的多样性。否则就是打着民主的旗帜对民主的最大否定。这里，必须把民主原则与一个具体的民主模式清晰地区分开来。民主是一种价值观，一种对待差异性的平等态度。“一个具体的民主模式”是一个国家的人民在其历史发展中选择的一种认为最能代表和保障每个人权利和利益的治理方式。这是就国内政治范畴讲的。就国际政治范畴讲，民族国家是主要的行为体，建立一个各民族国家的权利和利益都得到尊重和保障的国际政治秩序，是在推行民主价值观，是民主的做法。用“一个具体的民主制度”去改造其他国家政治制度的做法是不民主的，是违反民主精神的，不管这个模式在推广者眼里是多么地“民主”。

第三节 21世纪国际政治新特征

近年来，科技创新大国在交叉学科、跨学科或多学科综合研究领域取得了许多令人瞩目的突破。实际上，这并非什么新趋势，早年仿生学的成功就是跨学科创新的例子。学科发展分分合合，互相借鉴，互相促进，为彼此发展不断注入新动力。在借鉴其他学科的发展成果时，差异性是显而易见的，毕竟其研究对象不同或不完全相同。但是，如果固步于学科的特异性，而忽略其他学科对本学科的借鉴性和启发性，那就是把“婴儿与洗澡水”一起倒掉了。

更何况，生物医学与国际政治的研究对象还不能说是完全“风马牛不相及”。前者研究的是生命体组成的生态系统，后者也是研究生命体组成的生态系统。两者的差别只是层次不同而已。“健康”是生命体追求的目标，人体需要健康，国际社会也需要健康。差别只是“健康”对不同层次的生命主体所指的内容不同而已。

从生态学角度审视全球政治，不仅是简单的视角转换，而且能启发我们看清什么是国际政治的真正目标，哪些只是中介性目标或者手段。有了这个清晰的认识，就能把握潮流，使之为一国的核心利益

（特别是安全利益）服务。归纳起来，21 世纪国际政治至少体现出如下新特征。

超越个体绝对安全，追求集体共同安全

国际政治研究的目标可以列出许多，包括和平、安全、合作、发展、繁荣、和谐共处、互相尊重核心利益、平等互利、环境保护、多边主义、坚持以政治手段解决冲突、打击恐怖主义、保护能源运输和商品流通通畅等等。这些目标都指向一个综合性目标，那就是国际政治的生态健康。一个健康的国际政治生态，意味着和平，意味着安全，意味着合作，意味着发展，当然，也意味着组成国际社会的个人健康。医学追求健康，国际政治也追求健康，前者研究生命个体，后者研究生命体叠加而成的国家和人群集合。

如果要选择一个国际政治的核心目标，从国际政治生态理论看，“国际社会健康”应该是个不二的选择。因为其他目标（如安全、和平和发展）虽然重要，但似乎还是“中介”性的，它们共同服务于“健康”。21 世纪国际政治的一个突出特点，就是赋予了“个人”在国际社会中不可忽视的位置：少数个人可以极大地影响舆情，少数个人可以引起流行病恐慌，少数个人可以点燃国际战争。没有个人的身体健康、经济健康和心理健康，就会危及整个国际政治生态的健康。这也启示我们，先进的军备和强大的军队可以赢得战争，但不能保证安全与和平，更难以带来国家社会的整体健康。世界上只要还有很多人陷于贫困，还有人不安全，其他人就很难真正得到安全。

1991 年苏联解体，美国登上了世界霸权的巅峰。正当美国踌躇满志地跨入 21 世纪时，纽约世贸中心大楼却在一批恐怖分子的攻击中轰然倒下。在美国构建“绝对安全”的传统思路开始受到挑战。国际政治学者开始正视这样一个新现实：地球上只要还有国家在遭受贫困、疾病、动荡、暴力、毒品和恐怖活动，就会影响到其他国家和地

区。我们生活在一个被全球化和恐怖主义改造了的世界中，只有集体共同安全，才会有自身的安全。在这个背景下，美国学者开始提出“软实力”和“巧实力”的概念。在美国新国家安全战略中，对外发展援助的重要性也越来越突出。

超越冷战，追求共生互益

另一方面，冷战结束二十多年后，冷战思维、冷战战略和冷战部署并没有从这个世界上消失。一个军事组织（“华沙条约组织”）的瓦解，并没有使另一个军事组织（“北大西洋公约组织”，简称“北约”）因对手的消失而解散。相反，北约东进，似乎仍然要把政治民主化后的俄罗斯当做不变的对手，而现实似乎也正在按美国设计的方向发展。在东亚，中国经济快速发展，国际地位提升，似乎引起了美国的极大不安。在“重返亚洲”的口号下，美国开始加强与中国周边国家的同盟关系，并与一些以前关系紧张的国家“捐弃前嫌”；在东亚和东南亚加强军事部署，频繁地在中国周边举行联合军演。其针对性的战略意图引起了东亚地区的安全形势紧张。美国的这些做法，让人不禁看到冷战的影子，也似乎与新世纪国际政治经济潮流背道而驰。究其原因，我们至少可以看到以下几点。

首先，美国军工企业有强大的利益刚性，在美国经济中占有举足轻重的地位。美国的军事科技是美国霸权的支柱，维护军事科技的超然优势，就是维护美国的霸权。在美国制造业相对衰落的情况下，军工制造企业在美国工业体系中的地位更显重要。它提供了稳定和高收入的就业岗位，并给国库缴纳税赋。维持冷战部署，制造一些地区紧张，既可推动盟国向美国靠拢，也能为美国的武器出口制造市场。

其次，进入21世纪后，美国衰落论再起。[1] 2000年的网络工

[1] 如 Fareed Zakaria，*The Post-American World*，New York：W.W. Norton，2008。

业泡沫破灭和 2008 年的金融危机，以及美国财政长期赤字和近 20 万亿美元的国债，似乎为这种观点提供了实证。美军继续在全球强势部署，不失为短期内维护美国霸权“立竿见影”的做法。虽不能保证绝对安全，但至少会增加安全感。历史上大国崛起导致战争的经验，也使历届政府必须有所作为，或明或暗地对未来可能的对手加以遏制。

再次，美国在反恐名义下的一些累及无辜、干涉内政的做法得不到联合国安理会授权。为了能继续执行“美国例外主义”，有必要维持一个冷战时建立起来的、独立于联合国之外的全球部署，必要时采取单边主义。[1]

如前所述，在新世纪里，大国之间不应该成为传统意义上你死我活的敌手。新兴国家的崛起，是经济不平衡发展规律的结果，它们可以是经济上的竞争伙伴，而不应该是战场上的对手。双边关系应取互利共赢思维。交往越深，相互依赖性越强，互利性也越强。对手越成功，给自己带来的发展机会也越多。

历史上，建立新型大国关系有过一次成功的经验，那就是美国取代英国的过程。得益于新殖民主义的崛起，美国的霸权不再建立在从大英帝国手中争夺殖民地，而是建立在经济殖民主义之上，避免了美英争霸战争。中国的崛起建立在经济结构全面融入既有的国际体系之中，维护这个体系和壮大这个体系是中国崛起的基础和条件。在这方面，中美利益大致吻合。中国成为世界经济增长的最大引擎，这是包括美国在内的西方国家所乐见的，有一事例可为佐证。2013 年上半年当中国经济步伐放缓时，西方财长们还在 G20 会议上建议中国经济增

[1] 另外，要摈弃冷战思维，还需要一位有远见、有魄力的政治家和相当的政治资本。在美国目前的政治生态中，要出这样一位政治家很不容易。以“变革”口号上台的奥巴马总统，利用其头两年在参众两院占多数的政治资本结束了一场战争，接着结束了第二场战争，实行了医疗制度改革，已属不易。即使如此，在医改上与共和党的政治分歧导致了 2013 年 10 月联邦政府的关门。所以，美国要改变一国安全战略思维的惯性，还不具备国内政治支持的基础。

速能否更快些，以帮助带动其经济更快复苏。[1] 这些可以是中美建立新型大国关系的基础。

超越一个模式，尊重多样性

冷战结束后，东方阵营有的国家采用了西方式民主体制，有的坚持走社会主义道路，中国致力于建设有中国特色社会主义的制度创新。进入21世纪，国际政治行为主体不仅层次增多，而且国家的发展模式也更为丰富多样。美国是个民族大熔炉，多元化给美国国内发展带来活力。但在国际上，美国却推行单一美国式的民主模式。同一个原则在不同领域的不同做法，这本身就告诉我们，推广单一模式只是政府的一个外交手段，而不是推进民主价值观。要在国际社会推进民主价值观，应该体现在相互尊重上。

有人说，美国遏制中国是由于中国在走自己的发展道路，有别于美国的自由民主模式。这是中美不信任的根源。一种说法认为，如果中国推行自由民主模式，就能一劳永逸地消除美国对中国崛起的疑虑，成为美国的贴心盟友。这看似有些道理，但没看到其背后现实主义的考虑。美国政府每次讲到中美分歧，都会提到中国的人权和一党政治制度。其中，有的属别有用心，有的则可能是出于善意，相信推行美式民主有利于中国。但不管是哪一种，在这种认知中都不自觉地形成了一种美国式自由民主体制的优越感。他们对那些在价值观、经济和政治制度上与美国类似的国家有一种亲近感，或者说少一层隔阂感。这或许是美国多元文化中的包容性尚待改善的地方。

不包容性是有其现实用心的。美国布鲁金斯学会副总裁莱尔·布雷纳德表述得很清楚："这些在制度和价值观上与美国类似的国家，

[1] 参见《楼继伟：别指望中国经济增长再快些》，http://www.custeel.com/shouye/common/viewArticle.jsp?articleID=3597401，2013年7月22日。

会因为这些共性而自觉地促进美国的国家利益和国家安全，这比通过讨价还价达成的短暂支持要可靠得多。这些国家会在它们的地区起到稳定器和经济保障作用。与美国同心的国家也会自觉地协助美国，在国际谈判中采取与美国类似的立场，从而在国际事务中成为可靠伙伴。最明显不过的是马歇尔计划，它不仅加强了欧洲经济，也保证了欧洲国家维护与美国一样的自由民主制度、市场经济制度以及敌视共产主义。”[1]

然而，这种单一价值观外交既违背客观现实，也行不通，在具体实践中会陷入自我矛盾之中。一方面，美国高举人权与民主的旗帜，另一方面又要为更迫切的安全问题与既有的政府合作，不论是独裁的还是民主的。正如美国政治学家弗朗西斯·福山指出的：“我们首先应当理解，在中东推进民主和现代化不是解决圣战恐怖主义问题的方法；它很可能在短期内使问题更糟，正像我们在巴勒斯坦选举中看到的那样，选举让哈马斯掌握了政权。”[2]

2013 年 9 月 24 日在联合国大会的演讲中[3]，美国总统奥巴马在现实的挑战面前，破天荒地首次没有把自由民主价值观列入美国的核心利益。他说：“美国有时会与那些达不到国际社会最高期待但能有助于美国核心利益的政府合作。”[4] 现实战胜了教条，奥巴马总统的这一表述说明：如果一国有助于美国的核心利益，不论是怎样的政府，美国都愿与其合作甚至给予援助；如果一国的行为与美国核心利益冲

[1] Lael Brainard, “A Unified Framework for U.S. Foreign Assistance,” in *Security by Other Means: Foreign Assistance, Global Poverty, and American Leadership*, ed. Lael Brainard, Washington D.C.: Brookings Institution Press, 2007, p.10.

[2] Francis Fukuyama, “After Neoconservatism,” *New York Times Magazine*, Februaray 19, 2006, pp.10—19.

[3][4] 参见 “President Obama’s speech at the U.N. General Assembly,” http: //articles.washingtonpost. com/2013-09-24/politics/42340329_1_challenges-war-u-n-general-assembly, 2013 年 9 月 24 日。

突，即使实行的是美国式民主政制，美国也会反对甚至遏制，就像对付20世纪80年代鼎盛时期的日本和民主化后的俄罗斯那样。

国际政治生态的多元化和多样化是世界本色，是自然的基本法，不可违背，否则只会陷自己于矛盾和纠结之中。要解决实际问题，最终还是要回到务实的做法上来。

国际合作与援助日益成为国际政治的新常态

世界潮流浩浩荡荡。虽然不同的历史时期具有不同的特征和规律，但一个国家的对外政策，只有顺应时代特征而不断调整，才能为国内发展创造有利的外部环境，才能为国际社会的健康贡献正能量。

冷战后的世界，国际安全、政治和经济形势发生了深刻变化。全球化和国际恐怖主义把世界更紧密地糅合在一起，使其相互依赖和融合的程度类似于微生物生态医学所描述的生命共同体。医学的核心目标是人体健康，国际政治生态的核心目标是国际社会的健康。虽然两者涵盖的内容层次不同，但生态学的原理揭示了国际社会共生互益的“秘密”。国际政治生态的健康综合反映了国际社会的安全、和平、正义、合作、发展、和谐的水平。要推进国际社会健康的目标，就要大力倡导21世纪国际政治的新原则，它们至少包括多样性、共生互益和共同安全。

在这些原则指导下，我们看到更具代表性的“二十国集团”大有取代“七国集团”的趋势，联合国及其安理会在制约单边主义、倡导多边合作方面的作用也日益彰显。发达国家、慈善组织和个人向贫困和动荡国家的援助捐款也在增加，而且开始把帮助这些国家的发展放到了对外援助的重要位置。在互益共生的新时代，对外援助与军事和外交一起日益构成一国对外政策主要的工具，尽管在资源投入上还远远不能与前者相提并论。作为崛起中的大国，中国对21世纪国际政治生态的健康将会做出怎样的努力，备受世人期待。理顺涉外援助机构的职能，整合对外援助的资源，建立一套对外援助效果的监控和评估系统，制定一个清晰而主动的国家对外援助战略，都是中国大有可为的改革领域。对外发展援助改革不仅能给中国的国家利益带来“改革红利”，也会给国际政治生态的健康带来更为光明的未来。

第二章

对外援助的功能、类型和动因

21世纪的全球化浪潮“淹没”了国际社会的众多壁垒，但政治国家[1]是个例外，虽然它也被全球化浪潮冲刷出许多新的时代特征：越来越多的行为主体（包括非政府组织、跨国公司、私募基金会、民间组织甚至个人）开始分享政治国家的国际舞台；国际政治与国内政治相互影响越来越明显，国际体系日益成为一个命运共同体；个别国家很难“独善其身”，一国的安全有赖于国际社会的集体安全。

然而，这个命运共同体却存在于这样一对矛盾关系中：财富创造（融资与信贷、研发、原材料采购、能源供应、生产链和销售市场）日益全球化与财富分配（生活水平、社会福利、基础设施、教育体

[1] 长期以来，“民族国家”一直是国际政治公认的主要行为主体。由于国际移民和国家边界的变化，现代国家的民族排他性和独特性的界定也日益模糊。国家与民族的边界不再像近代民族国家产生时那么吻合。现在的民族，如不列颠民族、法兰西民族、美利坚民族、中华民族等都是多民族融合体。现在是首先有国家，然后用“国家范围”来规范“民族”。因此，称之为“国家民族”似乎更贴切。

制、卫生保健和人身安全）依旧国家化。这日益成为当今国际政治经济领域的主要矛盾。

处理这对矛盾，国家主要有三种对外政策工具：军事、外交和对外援助。学术界对军事和外交没有什么异议，但对对外援助还常有不同看法。有人认为，对外援助对于发展中国家的经济社会发展没起到积极作用，有时还有反作用，因此对其有效性和必要性提出质疑。这种观点把手段和效果混为一谈。任何一个有海外利益的国家，当其海外利益不能由军事或外交来实现时，就要诉诸一种更软更灵活的政策，这就是“对外援助”。[1] 军事能赢得战争，但不能带来和平；外交能为和平达成妥协，但不能为当事国带来有效治理和社会经济发展，不能促使其对国际秩序输出正能量和对利益相关国持友好合作立场。这个军事和外交无能为力的地带就是对外援助的用武之地。对外援助就像一个筐，军事和外交难以执行的使命都被装到这个筐里，因此呈现出复杂而多样的功能。

第一节 对外援助历史功能的分析

对外援助的复杂性和多样性表现在：援助的目的可能是赈灾、扶贫、发展、帮助体制转型或战后重建；援助方和受援者可以是政府、民间组织或个人；援助的规模起起伏伏；援助的方式和渠道日益多样；援助是否附加条件各不相同；援助执行的功能也一直在变化。我们把其功能归纳为：利用援助调和殖民帝国内部的矛盾。

在资本主义生产方式席卷全球之前，各文明体分散在全球各个

[1] 在这一点上，笔者同意摩根索的看法。参见 Hans Morgenthau, “A Political Theory of Foreign Aid,” *The American Political Science Review* 56（2）, 1962, p.302。

角落，各自为政。虽说彼此经济交往早已有之，但都是零星的和局部的。民族兴衰带来的融合经常以征战的方式实现。当时没有“国民生产总值”“人均收入”这类现代经济学概念，所以从现代经济学看，当时只有生产力水平的差异和经济形态的不同，是“苹果”和“梨”的差别，而不是“大苹果”与“小苹果”的差别。

资本主义生产方式第一次把世界经济统合为一个体系。这个体系由率先进入资本主义的国家及其殖民地组成。资本主义传教士般的“热情”摧毁了该体系中的前资本主义经济基础，使之向商品生产和市场经济裂变，世界经济开始同质化。预算决算、国民生产总值、贸易收支、人均收入、通货膨胀和就业率等现代经济学指数被用来区别和排列各个国家的经济水平和状况。宗主国（资本主义经济）和殖民地（前资本主义经济）成了世界经济地图的两种基本“颜色”。

现代意义的对外援助最早可追溯到殖民帝国内部，虽然当时宗主国对殖民地的援助只是偶然的和零星的。例如，1929 年前英国政府要求殖民地当局负责当地的法律和秩序以及由此产生的行政和社会服务开支。当时英政府并没有正式的殖民地援助预算，如某个殖民地确需帮助，可向英政府提出请求。英国议会每年举行一次投票，决定是否给这些请求拨款。这类拨款通常限于临时性的紧急援助。直到 1929 年情况才有变化。英政府认识到，殖民地发展有助于本土的工业发展，能促进对外贸易和降低失业率。为此，英国议会通过了《1929 年殖民地发展法案》，批准建立一个殖民地发展基金，规模每年不超过 100 万英镑（按 2004 年价值约 7 400 万英镑），用来支持殖民地的农业和工业，以期促进联合王国的贸易和工业。[1] 该法案通常不向社会服务性项目、周期性开支和对英国本土没有明显利益的项目拨款。

[1] Owen Barder, “Reforming Development Assistance: Lessons from the U.K. Experience,” in *Security of Other Means: Foreign Assistance, Global Poverty, and American Leadership*, ed. Lael Brainard, Washington D.C.: Brookings Institution Press, 2007, p.278.

1935 年英国在加勒比地区的殖民地出现了大规模的社会动乱。英国政府认识到其根源是低工资、高失业率、低劣居住和卫生条件。为避免动乱向其他殖民地蔓延，英国政府被迫修改了援助条件苛刻的《1929 年殖民地发展法案》。1940 年英国战时联合政府通过了《殖民地开发与福利法案》，把基金规模扩大到 500 万英镑（相当于 2004 年的 3 亿英镑），援助范围也扩大到殖民地居民的福利项目。[1] 这一时期，表面上是宗主国不断放宽对殖民地的援助条件，增加援助规模，但其经济实质都是为宗主国服务的，是殖民地不断地“援助”宗主国。

利用外援构筑世界新秩序

二战后的民族解放运动使依靠军事占领和政治统治的旧殖民主义土崩瓦解。通过两次世界大战崛起的美国处在重塑世界秩序强有力的地位。当时美国面临三大危机同时也是三大机遇：被战争重创的欧洲、日益分庭抗礼的苏联和国内庞大的产能过剩。这时一个“一箭三雕”的计划应运而生，这就是被称为“马歇尔计划”的欧洲复兴计划。四年内，美国向欧洲受援国提供了约 130 亿美元（相当于 2006 年的约 850 亿美元）的经济和技术援助。[2]

“马歇尔计划”被认为取得了全面成功：重建了西欧被战争毁坏的基础设施；消除了工业化国家间的贸易壁垒；帮助受援国实现了工业现代化；给欧洲带来了二十多年的繁荣；抵御了苏联西扩的势头。到计划结束的 1952 年，所有受援国的经济都恢复甚至超过了战前水平。它奠定了战后美欧关系的基本框架，建立了以美国为首的西方世

[1] Owen Barder, “Reforming Development Assistance: Lessons from the U.K. Experience,” in *Security of Other Means: Foreign Assistance, Global Poverty, and American Leadership*, ed. Lael Brainard, Washington D.C.: Brookings Institution Press, 2007, p.279.

[2] Ibid., p.24. 这些援助款中一部分为赠款，一部分为贷款，各受援国的情况不同。作为两个最大的受援国，英法获得的赠款约为 85%，贷款为 15%。参见 http://en.wikipedia.org/wiki/Marshall_Plan，2013 年 10 月 20 日。

界的新秩序。[1]它是历史上由一个国家一次性提供的规模最大的官方援助，直到2005年世界官方发展援助总额才达到这个水平。[2]美国没有在亚洲推行类似的计划，但从1945年到1953年也向该地区提供了约59亿美元的赠款或贷款。[3]这些精心安排的援助奠定了美国主导亚洲战后秩序的基础。

受“马歇尔计划”的鼓舞，美国决心把外援进一步运用到落后国家和地区。1949年美国总统杜鲁门提出“第四点计划”[4]：通过减少发展中国家的贫困和提高产量来为美国创造市场；通过帮助这些国家建立资本主义制度并享受繁荣来抵御苏联的扩张威胁。另一个没有言明的目的是：老牌殖民帝国摇摇欲坠，通过对落后国家和地区的援助可以把与它们有特殊关系的发展中国家争取过来，为美国服务。

利用外援加强与发展中国家的关系

到20世纪60年代初，经过十多年的重建，西方国家的经济不仅完全恢复到了战前水平而且有很大提高。新兴国家独立后，前宗主国纷纷与新独立国家建立双边或多边援助机制，力图维持与它们的特殊关系。为争取发展中国家，1961年美国总统肯尼迪签署《对外援助法案》，把对外援助中军事援助与非军事援助分开，成立美国国际开发署统一管理非军事对外援助。为与西方竞争势力范围，苏联也开始对

---

[1] 虽然有不同的声音，但绝大多数人认为马歇尔计划是非常成功的。尤其在冷战局势下，它壮大了西欧盟国，消除了苏联西扩的左派激进思潮的土壤。最大的受益者还是美国自己。

[2] Owen Barder, “Reforming Development Assistance: Lessons from the U.K. Experience,” in *Security of Other Means: Foreign Assistance, Global Poverty, and American Leadership*, ed. Lael Brainard, Washington D.C.: Brookings Institution Press, 2007, p.278.

[3] 参见 http: //en.wikipedia.org/wiki/Marshall_Plan，2013年10月20日。

[4] 在杜鲁门总统的就职演讲中，对外技术援助被列为第四个对外政策目标，所以称为“第四点计划”。

一些战略地位重要的亚非拉国家开展援助。[1]

从70年代起，美国在经历了越战和石油危机后，外援的重心从以经济增长为目标的技术资本援助，转到了援助“人的基本需求”的目标上来。与美国有“特殊关系”的英国也于1975年发表了《英国援助政策重点的转变：给最贫困的人更多的帮助》白皮书。按新的政策，官方援助开始集中在能直接帮助穷人的项目上。

进入80年代后，世界经济面临新的挑战。发达国家受困于滞胀的双重危机。以美英为代表的西方国家开始采取供给学派提出的新自由主义政策，缩减政府开支，减少直接税，大规模私有化。政府各部门的预算被削减，对外援助资金也没能幸免。80年代后半期，主要西方国家开始走出滞胀，公共开支也重新增加。拉美经济在80年代的债务危机后通过改革和紧缩稳定了下来。这些利好变化使官方发展援助从1980年的270亿美元增加到1990年的530亿。不断增加的援助使世界经济的相互依存度增加，在发达国家和发展中国家之间形成南北不平衡格局。

利用外援推行西方模式和反恐

进入20世纪90年代后，国际局势发生了深刻变化。柏林墙倒塌和苏联解体标志着冷战结束。“历史的终结”使对外援助中“冷战援助”因素消失，国际援助资金骤然减少。然而以美国为首的西方国家很快赋予了对外援助新的使命，即援助前华约国家向西方模式转型。冷战后的另一个后果是地区和种族冲突明显增多，导致人道主义危机频发。这一时期，官方发展援助总量减少，但用于人道主义援助却增加了一倍，以人道主义为名武力干涉他国内政的现象也明显增多。

[1] 罗伯特·沃尔特斯的《美苏援助：对比分析》一书（陈源、范坝译，北京：商务印书馆1974年版）对此进行了比较研究。

“9·11事件”搅乱了美国把21世纪构建为“美国世纪”的步伐。为打击国际恐怖组织，美国动员了全球军事力量追剿稀疏分散的基地组织，并在反恐名义下发动了阿富汗战争和伊拉克战争。美国国际开发署的援助重点也转为帮助伊拉克和阿富汗重建基础设施。此外，外援的另一个新的政策功能是通过帮助“失败国家”，在源头上消除国际恐怖组织的滋生土壤。

第二节 对外援助的分类和定义

通过上述分析，我们看到在不同历史条件下对外援助被赋予了不同的功能。理论上分析形式多样的援助实践，有必要对其进行分类归纳。从不同角度出发可以作出不同的分类。有的按援助者的主体不同分类，分为官方援助和非官方援助。官方援助可再分为政府援助和国际组织援助；非官方援助可再分为私人援助、慈善机构（包括教会）援助、公司企业援助等。这种分类的好处是，对资金来源一目了然。但这种一目了然现在也因政府和非政府机构交叉捐款而变得日益模糊。有的按援助涉及的参与者数量，分为双边援助和多边援助。这种分类也简单明了，不用太多解释，但不能带来多少理论洞悉，过于停留在表面。有的按援助的领域，分军事援助和非军事援助，非军事援助再分为资金援助、技术援助、设备援助、原材料援助、人力资源培训援助等。这种分类的不足也类似于前者，适合于会计记账，而没有多少理论价值。

有的按受援国的发展水平分为官方发展援助和官方援助。经合组织发展援助委员会就是这样做的。他们把受援国分为两类：第一类是最穷的发展中国家，第二类国家是转型中的较发达的发展中国家。第一类援助叫官方发展援助，第二类援助叫官方援助。两者的不同在于

“发展”二字。这样分类的一个问题是容易产生误导，因为两类国家都面临发展问题，只是前者的首要任务是脱贫，后者是转型。但脱贫的关键也是转型，没有结构转型，一味“输血”式的扶贫很难真正实现脱贫。

挪威国际事务研究所资深研究员奥拉夫·斯多克按“国家内部因素外化理论”，把对外援助分为人道主义、现实主义和激进主义三种国际主义。人道主义从人道关怀出发，致力于福利国家的理念与实践的跨国界延伸；现实主义不主张干预他国内政，主张为了本国的利益提供发展援助；激进主义主张通过外援，输出包括价值观在内的意识形态，从而保证外援能更有效地为扩展国家利益服务。[1] 这是一种具有理论意义的分析，其福利延伸的思想在北欧福利国家有代表性。至于现实主义国际主义，容易让人与汉斯·摩根索和肯尼思·华尔兹的现实主义国际政治理论混淆。

摩根索曾于1962年发表题为《一种外援政治理论》的论文，后成为研究对外援助理论的必读文献。在论文中，摩根索把对外援助分为六种：人道主义援助、生存援助、军事援助、贿赂、声望（prestige）援助和经济发展援助。人道主义援助包括对洪灾、饥荒和流行病受害方的援助。人道主义援助的本质应该是非政治性的，但在一定政治背景下，它也会起到一种政治作用。我们同意这个观点。国家的本质是政治性的，任何国家行为都免不了政治考量，差别只是程度不同。他认为，生存援助是给缺乏最基本社会服务资源的国家以援助，它类似于人道主义援助，目的是防止受援国社会秩序崩解和社会组织分裂，其政治后果是维持现状。笔者认为，这种援助如果不是人道主义援助，就应该归于经济发展援助，因为扶贫是发展援助

[1] 参见 Olav Stokke (ed.), *Western Middle Powers and Global Poverty*, Uppsala: The Scandinavian Institute of African Studies, 1989。转引自施爱国:《印度洋海啸灾难与国际人道主义援助》，载《国际论坛》2005年第3期。

的第一步。摩根索认为，军事援助往往占用了援助国大部分援助资源，它是盟国合作的一种传统方法。军事援助有时成为一种变相的声望援助。例如，先进战斗机和其他现代化武器对落后国家来说起不到实质性军事功能，但带给它一种良好的自我感觉，感到自己已变成了一个现代化的军事强国。这实质上是声望援助。贿赂被摩根索单独列为一种对外援助是有其深刻性的，它反映了19世纪以金钱换取政治利益现象的大量存在。摩根索也承认，随着以金钱换取政治好处更多地被发展援助所代替，贿赂个别政客购买政治好处的做法越来越难以奏效了。发展援助是通过资金和服务转移以帮助落后国家发展经济的援助行为。他认为发展援助类似于贿赂援助，不同的是旧式贿赂是一种直接的利益交换，新式的贿赂以发展援助的形式进行。援助国和受援国在合演一出戏，演到最后连它们自己都不能把演戏与现实区分开来。结果是经济发展没有出现，导致援助国开始责备受援国效率低下，受援国指责援助国“小气”，要求更多的援助。[1]

上述援助分类很有启发意义，但分类应该始终用一个标准从一个视角进行。如果同时从多角度进行分类，就会显得混杂。斯多克把对外援助分为三类，理论上显得严谨。摩根索的六分法显得过于多元，军事援助是按领域分，声望援助是按实际效果分，人道主义援助、生存援助和发展援助是按目的分，贿赂援助是按手段分，各类别之间交叉重叠。再者，在全球化进程不断深入的21世纪，明目张胆地用对外贿赂收买“服务”，虽不能说已完全消失，但随着审计、监管和法制的健全，已经大大减少了。故贿赂不应该再单列为一类。我们认为从“援助的目的”分类，可以为对外援助研究提供一个简单明了的分

[1] Hans Morgenthau, “A Political Theory of Foreign Aid,” *American Political Science Review* 56 (2), 1962, pp.301—303.

析框架，因为在对外援助中援助国总是主导的一方，其援助的目的决定了援助的特性。据此我们把广义的对外援助分为：人道主义援助、发展援助和地缘政治援助。

对外援助的分类

人道主义援助

人道主义援助的目的是帮助缓解突发性的“人道”危机。虽然援助不出于政治目的，但在具体实践中不免带有政治色彩。“人道”危机可分为“天灾”和“人祸”两种，人道援助因此又可分为自然灾害援助和人为危机援助。这样区分的一个原因是，一国在提供自然灾害援助时，政治考量较少，容易形成共识，决策程序简单，行动迅速，如印度洋海啸和海地大地震后的国际援助。相比之下，一国在提供人为危机援助时，如科索沃人道危机和苏丹达尔富尔危机，往往受制于政治立场，援助行动受到多方面因素牵制。这种援助的方式包括军事打击特定的一方、停火监督、维和、难民救助、难民营的建立和维持、家园重建和难民接受。人道主义危机容易成为一国指责另一国的口实，甚至成为干涉他国内政的借口。

发展援助

顾名思义，发展援助是为受援国社会经济发展提供的援助。有些援助虽然没有实现发展的目标，但如果出发点是为了发展则都可归为此类。发展援助的内容包括为落后国家经济增长、减少贫困、卫生保健、教育培训、环境保护、应对气候变化等方面提供的资金、物资、技术和人力资源培训的援助。鉴于这类援助的复杂性，又可以细分为如下五类。

（1）扶贫援助。这类似于摩根索分类中的生存援助，主要在两方面不同于人道主义援助：生计受到经济贫困的威胁，而不是受到突发性、大规模天灾人祸的危害；不像人道主义援助那样迫在眉睫。它是长期形成的，脱贫也需要一个过程。

（2）恢复重建援助。这类援助大都出现在大规模破坏之后。二战后的“马歇尔计划”就属于这种援助。海地大地震、印度洋海啸、伊拉克战争和阿富汗战争后的恢复重建，也属于这类援助。

（3）转型与变革援助。这类援助相当于经合组织定义的官方援助。接受国具备一定经济基础但还在寻求进一步发展的模式。它们最有希望上升为中等收入国家。以美国为首的经合组织国家在对这类国家进行援助时，往往附加政治经济条件，目的是把它们塑造成西方式的民主和市场经济国家。援助的方式包括政策设计、配套改革方案、投票和民调专业人员的培训等。冷战后，东欧和独立后苏联加盟共和国，大都在美国等西方国家支持下，向西方式政经模式转型。俄罗斯在转型中（如经济的休克疗法）也得到一定的西方援助，实际效果复杂。此外，发展中国家在超越了贫困援助阶段后，要走上可持续发展道路，也要经历政治和经济体系的转型发展。

（4）声望援助。这类援助以发展援助为出发点，但由于其超前性，与接受国发展水平脱节，实际结果更多的是“门面工程”。正如摩根索提出的，一些给发展中国家的援助，没有直接促进发展，而是带来一种声望：如援助先进军备但没有配套信息系统或技术力量支撑，很难发挥战斗力。又如修建先进的会议中心、体育场馆、高级宾馆、休闲娱乐中心，它们对经济发展的带动是有限而不持续的，有时甚至是有妨碍作用的（如帮助巩固现存政治秩序，缺少内在革新成分，加深两极分化）。

（5）经济关系优惠援助。这是一种特殊的发展援助，因为它实质上是正常的经济活动，按市场价值规律开展。但在实际操作上，援助国又有意识地单方面做出安排，让这种经济交往更有利于受援国一方，以达到援助的目的。其方式包括：降低市场准入门槛（降低关税、减少或取消配额、用政府预算采购）、政府提供投资担保、安排信贷额度、外汇汇率支持。这种援助通过提供有利的外部经济环境，扶植受援国走上可持续发展的道路。这种援助很少是由私营企业自行做出的，因为它与以营利为目的的企业行为不符。它往往是政府参与的结果。

地缘政治援助

这类援助是一种安全战略利益投资，通过援助有战略重要性的国家来达到服务于援助国全面战略利益的目的。地缘政治援助的首要目标是建立和维护某种战略平衡。在战略平衡下，再力推受援国进行符合援助国利益的政经改革，因为只有政经改革才更有利于援助国的长期利益。地缘政治援助既包括军事援助（资金、装备、人员培训、联合军演等），也包括非军事发展援助（技术支持、赠款或优惠贷款等）。比较典型的是美国提供给以色列、埃及和约旦的援助。在反恐战争中美国对巴基斯坦的援助也属于这种情况。

对外援助的定义

在分析了对外援助的功能和分类后，对外援助的定义就呼之欲出了。摩根索把它描述为“资金、货物和服务从一国向另一国转移”[1]。这个定义对现象的描述准确简洁，但遗漏了一个关键点，即这些资金、货物和服务的转移不是“无目的”地进出国界。不看到这一点，就会把对外援助与跨国物流、国际贸易或国家投资等纯经济活动混为一谈。我们认为“对外援助是一国对另一国做出的有目的的利益转让”。任何一种对外援助都有目的性，差别只是目的不同而已。

一个简明的定义有助于在学术讨论中规范讨论对象及其范围。近

[1] Hans Morgenthau, “A Political Theory of Foreign Aid,” *American Political Science Review* 56 (2), 1962, p.301.

年来有学者提出[1]，从落后国家移民到发达国家的工人把钱汇回本国的汇款也应该属于对外援助。如果把这部分资金包括进来，对外援助的总额一下子就增加了很多。据世界银行的统计，2012 年发展中国家收到的家庭移民汇款高达 4010 亿美元[2]，而同期经合组织向发展中国家提供的官方发展援助只有 1 256 亿美元[3]，前者是后者的 3.2 倍。按这种观点，本来意义的对外援助就退居次要了，移民汇款就该成为对外援助研究的中心议题了。但如果用上述定义，移民汇款往往是汇款人家庭内部的赡养行为，没有涉及另一经济方。如果移民汇款是给发展中国家的政府或红十字会捐款，那就应该属于援助了。

再比如，国际旅游给目的地国带来大量外汇收入。据国际旅游组织的统计，2012 年国际旅游者达 10.35 亿人次，产生 1.3 万亿的外汇收入。[4] 由于主要游客来源国可以通过引导或限制旅游目的地来获得外交影响力，所以有人提出通过旅游使特定国家受益也是对外援助的一部分。从表面看，它是资金和服务从一国向另一国有目的的转移。但按上述定义，它不应该是对外援助，因为其中没有利益转让。国际旅行是一种纯粹的经济行为，是购买跨国旅游服务的行为，纯粹按市场价值交易。

外援是一种“润物无声”的巧实力

探讨对外援助理论，首先要明确研究对象和范围。通过对对外援助历史功能的分析，我们看到对外援助最初主要发生在殖民帝国内宗

[1] C. C. Adelman, J. Norris, and J. Weicher, *America's Total Economic Engagement with the Developing World: Rethinking the Uses and Nature of Foreign Aid*, Washington D.C.: Hudson Institute, 2015.

[2] 世界银行：http: //siteresources.worldbank.org/INTPROSPECTS/Resources/334934-1288990760745/MigrationDevelopmentBrief20.pdf, 2013 年 10 月 27 日。

[3] 经合组织：http: //www.oecd.org/dac/stats/aidtopoorcountriesslipsfurtherasgovernmentstightenbudgets.htm, 2013 年 10 月 27 日。

[4] 联合国国际旅游组织：http: //www2.unwto.org/, 2013 年 10 月 27 日。

主国和殖民地之间，是为了稳定殖民地局势和缓解两者的矛盾。经历两次世界大战后，殖民帝国分崩离析，宗主国经济和基础设施受到重创，西欧殖民帝国成为“马歇尔计划”的主要接受国。经济恢复后的宗主国，开始接受美国的霸权地位，确立了以美国为首的西方世界秩序并与以苏联为首的东方阵营相对峙。在争夺独立后的发展中国家的竞争中，东西方展开了援助竞争。到20世纪90年代初，苏联集团解体，西方政治经济秩序推广到全球。俄罗斯作为转型中的国家也开始接受西方的帮助并建立了西方式的政治经济体制。

综上所述，我们把广义的对外援助按目的分为人道主义援助、发展援助和地缘政治援助。人道主义援助又可再分为自然灾害援助和人为危机援助；发展援助也可再分为扶贫援助、恢复重建援助、转型与变革援助、声望援助和经济关系优惠援助。狭义的对外援助主要是指发展援助。不同类型的援助都是一国在制定对外援助政策中可以灵活运用的工具。对外援助都是有目的的。我们把对外援助定义为“一国对另一国做出的有目的的利益转让”。

世界正处在国际力量深刻变化的时代，主要特征之一是世界主导国的地位正发生变化。这个调整是以和平的方式发生还是以战争的方式实现，是21世纪上半叶国际政治面临的最大挑战。历史上没有通过直接战争完成的国际秩序大变革只有美国取代英国的过程。美国的成功在一定意义上是对外援助政策运用的成功。当英帝国在德国的强大攻势下岌岌可危时，美国在军事上援助英国，与之结为联盟并最终击溃纳粹德国；当二战后英国元气大伤、百废待兴时，美国又通过马歇尔计划经济援助英国，助其重建与复兴。两次援助一举把英国定位在“从属”的位置。如果说世界大战打碎了旧的国际秩序，那么美国战后大规模的援助在其建立新秩序中则起了重要作用。

中华人民共和国从成立伊始就承担起对外援助的国际责任。对外援助对中国打开外交局面和赢得发展机遇起了重要作用。中国的崛起不是要建立霸权，但国力相对消长不可避免地给中国带来国际地位显著提高的机遇。在一个经济全球化和政治国家化的矛盾世界里，对外援助能够执行军事外交难以承担的使命。依据世情和国情恰当地运用好这个工具，可以“细雨润无声”地增进一国的利益。中国作为一个影响力和国际责任日益提高的国家，如何通过对外援助，使自身的发展与其他国家利益的提升相协调，使其他国家适应甚至欢迎一个更强大的中国，是摆在国际关系学者面前的时代课题。

第三节 对外援助的动因

21 世纪是一个全球化的时代，国际社会日益融合为一个命运共同体。随着财富创造的日益国际化，一个国家寻求和保护海外利益的重要性也日益提高。其表现是，参与对外援助的国家日益增多，援助规模也日益增大。据经济合作与发展组织的统计，其成员国的官方发展援助从 1950 年的 19.5 亿美元[1]增长到 2012 年的 1 256 亿美元[2]。

与此同时，非政府组织和私人的慈善捐赠也异军突起。最引人注目的是，2006 年沃伦·巴菲特为比尔·盖茨和梅琳达·盖茨基金会捐出了 370 亿美元，使该基金会 2007 年的援助款高达 28 亿美元[3]，到 2012 年该基金会一年的慈善捐款更是达到 34 亿美元。这些款项主要用于全球健康、全球发展和美国的教育。[4]他们的慈善援助也得

[1] 经合组织：http://www.oecd.org/dac/stats/data.htm，2013 年 11 月 20 日。

[2] 经合组织：http://www.oecd.org/dac/stats/aidtopoorcountriesslipsfurtherasgovernmentstightenbudgets.htm，2013 年 10 月 27 日。

[3] Lael Brainard (ed.), *Security By Other Means: Foreign Assistance, Global Poverty, and American Leadership*, Washington D.C.: Brookings Institution Press, 2007, p.321.

[4] http://www.gatesfoundation.org/Who-We-Are/General-Information/Foundation-Factsheet，2013 年 10 月 27 日。

到其他亿万富翁的响应，他们中包括脸书（Facebook）公司创始人马克·扎克伯格、彭博新闻社老板纽约市长迈克尔·布隆伯格、沃尔玛家族的吉米·沃尔顿等。《时代周刊》甚至宣称，21世纪是洛克菲勒、梅隆和卡内基这样的伟大慈善家回归的时代。[1]

确实，对外发展援助在它以往的70多年历史中，从来没有像现在这样经常地出现在新闻头条。社会名流包括乔治·克鲁尼（电影明星）、埃尔顿·约翰（歌手）、保尔·麦卡特尼（披头士乐队歌手）、布拉德·皮特（电影明星）、玛丽亚·凯莉（歌手）、安吉丽娜·朱莉（电影明星）等都纷纷出现在对外援助的募捐和宣传活动中，号召民众支持在全球范围内"结束贫困"。[2] 人们不禁会问，这些国家、组织或个人为什么热衷于对外援助？

对外援助的相关性研究

学术界有不少文献试图寻找其中的答案。2000年，哈佛大学教授阿雷斯纳和世界银行经济学家多勒在《谁给谁援助和为什么？》一文中，用统计的方法对代表性援助国的援助动因进行了系统的分析。他们发现，与传统的看法不同，殖民地时期的传统联系和在联合国投票的模式对外援资源分配的决定作用比受援国政治制度和经济政策的作用更大。非民主制的前殖民地国家得到的援助比民主制非前殖民地国家多出一倍。经济封闭的前殖民地国家比经济开放的非前殖民地国家得到的援助也多一倍。传统宗主国的对外援助大多集中在其以前的殖民地，目的是维护它们在这些前殖民地的特殊地位并寻求争得更多的

[1] Michael Scherer, "Bloomberg Unbound: He's Remade New York. Next Up, the World," *Time*, October 21, 2013, p.22.

[2] William Easterly, "Introduction: Can't Take it Anymore?," in *Reinventing Foreign Aid*, ed. William Easterly, Cambridge, MA: MIT Press, 2007, p.1.

经济利益。[1] 以前没有殖民地的援助国，在援助中会更多地考虑接受国的实际需求（如贫困指数）。然而，最近也有微观经济学研究对此提出质疑。如奥斯特罗姆等在2001年的研究中发现，尽管瑞典以前没有殖民地，但瑞典的对外援助仍然在追求商业利益。以前没有殖民地只会让这些国家更少考虑从哪里去通过援助获得经济利益。[2]

在国别比较研究方面，希芮德、胡克和泰勒在他们1998年的研究中发现：日本的对外援助主要受经济和贸易利益驱动；瑞典的援助倾向于支持抱有进步的社会民主思想的政权；法国的对外援助几乎完全集中在法语区国家。[3] 纽莫尔也发现，包括沙特、科威特和阿联酋在内的石油输出国组织（OPEC）援助国更热衷于援助其他阿拉伯国家或非阿拉伯穆斯林国家。[4] 阿雷斯纳和多勒这方面的研究也得到类似结论：美国把1/3的对外援助给了埃及和以色列，法国的对外援助主要给其前殖民地国家，日本的援助与接受国在联合国投票的模式有高度相关性。[5]

在一国援助的价值取向方面，阿雷斯纳和多勒发现，如果不考虑埃及和以色列，美国援助的价值取向主要是扶贫、支持民主制和开放的经济。北欧国家也类似，只是较少地集中在中东地区。法国的援助

[1] A. Alesina and D. Dollar, "Who Gives Aid to Whom and Why?," *Journal of Economic Growth* 5, 2000, pp.33—63.

[2] E. Ostrom, C. Gibson, S. Shivakumar, and K. Andersson, *Aid, Incentives and Sustainability: An Institutional Analysis of Development Cooperation*, Stockholm: Swedish International Development Agency, 2001.

[3] Peter Schraeder, Steven Hook, and Bruce Taylor, "Clarifying the Foreign Aid Puzzle: A Comparison of American, Japanese, French, and Swedish Aid Flows," *World Politics* 50 (2), 1998, pp.294—323.

[4] Eric Neumayer, "What Factors Determine the Allocation of Aid by Arab Countries and Multilateral Agencies," *Journal of Development Studies* 39 (4), 2003, pp.134—147.

[5] Owen Barder, "Reforming Development Assistance: Lessons from the U.K. Experience," in *Security of Other Means: Foreign Assistance, Global Poverty, and American Leadership*, ed. Lael Brainard, Washington D.C.: Brookings Institution Press, 2007.

与扶贫和支持民主制几乎没有什么关系。日本的援助主要服务于投资和贸易关系，与前殖民地的关系在援助决定中的作用不明显。这些国家的非官方援助与接受国法制水平和经济政策的好坏密切相关，与民主制度和地缘政治的相关性不强。因此私人援助更多地给予高收入的发展中国家，原因或许是因为那里的市场更大。[1] 此外伯廷·马滕斯也指出，非营利性慈善组织的援助有所不同，它们更多的是支持人权、支持提高妇女地位和改善自然环境。[2]

这些研究的一个共同特点是，发现相关性（association），而不揭示因果性（cause-effect）。它们虽然揭示了大量的相关性现象，但仍不够深入。显然，不同的参与者，从个人到慈善组织，从一国政府到多边国际机构，对于对外援助都抱有不同的目的，受不同的理念推动。这方面也有不少研究成果，我们将其归纳为以下五种主要观点。

微观理论：个人捐助的心理学动因

私人捐款是一种个人收入有意识地转让给另一方的自愿行为。帮助他人是一种古老的人类行为，可能源于人类最早出现的两个人之间。心理学家认为，彼此帮助是人性中与生俱来的一种现象，也是人类之所以能历经灾难而生存下来的原因。在亲属之间共享食物和其他基本生存资源对人类在严峻条件下生存至关重要。这与其他动物很相似，不同的是，人类的分享可以超出亲属的范围，可以与他们从未谋面的人分享资源。

卡尔、艾利希和迈克拉奇兰在他们合著的《援助心理学》著作

[1] Owen Barder, "Reforming Development Assistance: Lessons from the U.K. Experience," in *Security of Other Means: Foreign Assistance, Global Poverty, and American Leadership*, ed. Lael Brainard, Washington D.C.: Brookings Institution Press, 2007.

[2] Bertin Martens, "Why do Aid Agencies Exist?," in *Reinventing Foreign Aid*, ed. William Easterly, Cambridge, MA: MIT Press, 2007, p.296.

中，把收入转让行为描述为一种人的心理认知过程。当潜在的捐助者遇到丧失基本生存条件的个人时，他的内心会产生一种同情和认知失调（cognitive dissonance）。观察到丧失基本生存资源的现象与他意识中这个世界应该如何的认知不相符，就会促使他采取行动改变这种局面，减缓这种不协调，也就是改变生存资源分配的相对不平衡。收入再分配可以被视为这样一种交易，即捐助者把部分生存资料转让给接受者以减缓甚至消除捐助者内心不平衡。内心不平衡的减缓或消除也是一种消费满足的形式。然而，这种满足只有在接受者的境况因此得到与捐助者的期望相符的改变后才能实现。如果捐助者对接收者的反应预期不适当，观察到不同的反应和结果，捐助者的认知不协调就得不到改善，甚至还会加重。结论是，捐助者和接收者对捐助使用的偏好应该一致或者非常接近，只有这样才会实现成功的交易，使双方的效用都得到相应增加。[1]

这是一个很有理论意义的心理学探讨。作者从微观层次，描述了一个“舍”与“得”的道理。帮助他人，自己感到快乐。美国经济学家詹姆斯·安德烈奥尼也提出非纯粹利他主义理论来解释捐款行为。“温馨而满足的心情”（warm-glow）是施舍行为带来的情感效用，是助人者从帮助他人中得到的一种正情感。[2] 脑研究也显示，慈善捐款和帮助他人可以激活大脑奖赏中枢，使人体神经系统得到一种正反馈，这也从生理学上为由“舍”而“得”提供了证据。[3]

---

[1] S. Carr, M. Maclachlan, and E. McAuliffe, *Psychology of Aid*, London: Routledge, 1998. 转引自 Bertin Martens, “Why Do Aid Agencies Exist?,” in *Reinventing Foreign Aid*, ed. William Easterly, Cambridge, MA: MIT Press, 2007, p.288.

[2] James Andreoni, “Impure Altruism and Donations to Public Goods: A Theory of Warm-Glow Giving,” *Economic Journal* 100 (401), 1990, pp.464—477. James Andreoni, “Giving with Impure Altruism: Applications to Charity and Ricardian Equivalence,” *Journal of Political Economy* 97 (6), 1989, pp.1447—1458.

[3] W. Harbaugh, U. Mayr, and D. Burghart, “Neural Responses to Taxation and Voluntary Giving Reveal Motives for Charitable Donations,” *Science* 316 (5831), 2007, pp.1622—1625.

这些理论告诉我们，帮助他人，不管认不认识，如果被帮助者的境遇得到符合预期的改善，就是一种授受双方都受益的交易，各有所得。而现代通讯技术和新闻报道的发达，也使千里之外他人的苦难，进入潜在捐助者的感知范围，让捐助者感同身受。这也间接地解释了为什么越来越多的富豪和社会名流加入慈善捐助的行列。

另一方面，这个理论也有欠缺。它还不能解释，同样看到在落后国家大量存在的贫困、疾病和灾难，为什么只有少数或部分人有所触动和有所行动，并寻求通过慈善捐助换取内心的平衡与和谐。同样，在落后国家内部，也有贫富差距，为什么本国的富人没有普遍地因为内心的不安而都去帮助周围的穷人呢？看来，这个理论还只是部分解释了对外援助的动因，还有更多的因素有待进一步挖掘。

此外，也有学者提出“地位显示”（status-signaling）理论，认为某些捐助行为特别是捐助以自己名字命名的医院、大学楼舍、文化设施的捐助是出于“地位显示”，其动机不是利他的，而是利己的，目的是在社会等级中维护自己的地位或希望提高自己的地位。[1]这种援助行为如果放大到对外援助层面，就类似于“声望援助”（prestige aid）。它不直接帮助接受国脱贫或经济发展，而是为其自身带来某种声望或提高知名度。

基于信仰的援助

在官方双边和多边援助大量出现以前，教会组织的志愿者是向落后国家的穷人提供经济和服务方面援助的主要力量。世界教会委员会非洲主席阿哥纳斯·阿布姆就曾说，那个时期 40%—60% 的卫生、教

[1] Amihai Glazer and Kai A. Conrad, “A Signaling Explanation for Charity,” *American Economic Review* 86, 1996, pp.1019—1028. William Harbaugh, “The Prestige Motive for Making Charitable Transfers,” *American Economic Review* 88, 1998, pp.277—282.

育、水和食品安全服务是由非洲的教会提供的。[1] 多个世纪以来，西方的宗教团体经常资助探险家、殖民者和征服者，并跟随他们到世界各地，给贫困地区需要帮助的人传播“福音”，为他们提供金钱和服务方面的直接帮助，并热情教化他们皈依其宗教——主要是基督教。

这些人参与对外援助，是因为他们相信，上帝的博爱包括爱那些还不认识他的人和还没有皈依和信奉他的人；相信上帝爱人的主要目的是拯救人的灵魂，此外也关心人体的健康，致力于让人不仅在天堂而且在尘世过上好生活；相信上帝的方法是让所有的人参与进来为需要帮助的穷人提供帮助；相信给需要帮助的人提供适当培训和必要的资源，这些人就能变成自食其力的人。[2]

由于历史的原因，基督教在世界各地建立了庞大的网络组织。这使基督教传教组织能够深入到世界上外人难以到达的很多偏远地区，为当地民众带去卫生和教育等多方面的服务。然而，宗教传播也影响到土著自身的宗教信仰和文化传统。因此，也有人将它批评为宗教殖民主义。

宗教组织的另一个优势是财力雄厚。除了世界性宗教组织的支持外，它们也得到政府的财政资助。例如，2006 年 10 月《波士顿环球报》追踪调查了小布什总统任期内的五年中美国国际开发署资助的 5 万个外援项目，发现给宗教团体的资助从 10% 提高到 20%，总金额高达 17 亿美元，其中 98% 流向基督教团体。这些资金在发展中国家使用时很少受到政府监督和效果评估。[3]

美国的基督教援助团是个很有影响力的组织。它们资助 800 多个土著或当地的传教士深入到全球 3 000 多个部落或族群中去传播基督

[1] Rogers C. Riddell, *Does Foreign Aid Really Work?*, New York: Oxford University Press, 2008, p.25.

[2] 参 Mission Aid International 网站，http: //missions-aid.org/, 2013 年 11 月 13 日。

[3] http: //en.wikipedia.org/wiki/Faith-based_foreign_aid, 2013 年 11 月 10 日。2004 年，美国人给宗教团体的捐款高达 883 亿美元。

的福音。这些地方大多是极端贫穷地区，没有接触过外来宗教。传教士被派到那里，建立圣经学习和宣教培训中心，当地人在那里接受培训。他们还通过广播电视，基督教学习资料和圣经翻译等方式传扬福音。与此同时，他们也为有需要的儿童、残疾人、老年人、患有疾病和遭受灾难的人们提供医疗服务和困难救助。[1]

以基督教为代表的宗教团体参与对外援助的主要动因是传播他们的宗教，为信徒或可能信仰其宗教的贫困民众提供各种帮助。这种帮助客观上给贫困地区的人们带来切实的受益。可见，援助在这里还是一种手段，服务于宗教传播。包括美国在内的西方国家也在经济上支持教会，以帮助政府把影响力投射到官方援助难以达到的地方。

现实主义的对外政策工具论

现实主义政治学家认为，对外政策不是一国内部斗争或政策制定的结果，而是对外部国际体系特点的反应。[2] 把对外援助视为一种国家对外政策工具是现实主义的特征。他们认为，对外援助本身不是目的，而是手段，是向接受国购买"服务"支付的价钱。摩根索说："资金和服务从一个政府向另一个政府转移是为已经获得的或即将获得的服务支付的代价。"[3] 在他看来，对外援助就如买卖交易那样"现实"，受援国向援助国提供所需的服务，援助国以援助的形式来支付这种服务。摩根索强调，质问美国是否需要有一个对外援助政策这样的问题是毫无意义的，这就像问美国是否要有对外政治或军事政策一样没有意义。只要美国存在军事和外交保护不到的海外利益，对外

[1] http: //www.christianaid.org/AboutUs/Default.aspx，2013 年 11 月 13 日。

[2] K. N. Waltz, *Man, the State, and War: A Theoretical Analysis*, New York: Columbia University Press, 1959, 2001.

[3] Hans Morgenthau, "A Political Theory of Foreign Aid," *American Political Science Review* 56 (2), 1962, p.302.

援助就有必要。他还断言，把对外援助看成一个自成一体的经济和技术问题是没有出路的。这主要是因为援助必须与接受国的统治精英合作，期望通过援助让他们放弃特权、改变旧有的社会政治经济秩序是不可能的。相反，如果把对外援助看成援助国总体对外政策的一部分，却是大有可为的。对外援助本质上是政治性的，它不是一门科学而是一门艺术。这门艺术是如此重要，以至于不能交由经济学家来管理。[1]

这种现实主义观点在美国的对外政策圈里占主导地位。多数研究对外援助的文献[2]都承认，对外援助只是手段，不是目的，与军事力量和外交一起服务于国家安全、国家利益和国家价值观。不管这种援助是真能带来发展，还是只带来声望，是冠冕堂皇的官方援助，还是暗地里输送的贿赂，都不重要。重要的是要“买”到受援国的“政治忠诚”，服务于援助国的国家利益。

理论界关于对外援助的一些辩论由于在手段和目的上的混淆而往往不得要领。他们用经济增长速度和贫困人口减少的数字来衡量对外援助的成效，结果得出令人沮丧的结论。现实主义者批评说，他们忘了发展援助和减少贫困人口只是手段，手段的成功并不是目的成功的必要条件。美国援助埃及 40 年，每年大约 20 亿美元，这笔援助成功地维持了阿拉伯世界与以色列关系的相对稳定。当然，美国政府也为埃及经济市场化和政治民主化的进程缓慢感到沮丧，但只要援助埃及还能有效地服务于美国在中东的战略利益，这个援助政策在他们看来就是成功的，就会继续。即使埃及民选总统在 2013 年被军方废黜，美国也不把它定性为军事政变。即使后来面对国会和舆论压力，也只是不得已地暂停部分援助项目。只要看一看美国每年对外援助的预算

[1] Hans Morgenthau, “A Political Theory of Foreign Aid,” *American Political Science Review* 56 (2), 1962, p.309.

[2] 例如，*Security of Other Means* edited by Lael Brainard, *Buying National Security* by Gordon Adams and Cindy Williams, *Reinventing Foreign Aid* edited by William Easterly。

就会清楚，在对外发展援助中只有一小部分（少于 15%）是用于严格意义上的经济发展和扶贫援助，其余都是用于广义上的安全或人道主义的援助。例如，埃及从美国得到平均每人 27 美元的援助，而加纳只有人均 4 美元，尽管加纳人均 GDP 只有埃及的一半。美国国际开发署分配资金中也有高达 60% 用于战后重建和人道主义救援，而不是发展扶贫援助。[1]

值得指出的是，冷战结束后，由于“冷战援助”的因素消失，全球官方发展援助总额在 1992 年达到约 600 亿美元的顶峰后开始下滑，这个下行的趋势持续了长达 10 年之久。按英国学者罗杰·瑞德尔的统计，到 2002 年降为约 520 亿美元。[2] 这次下行的时间比 20 世纪 80 年代上半期的下降时间还要长。进入 21 世纪，特别是 2001 年的“9·11 事件”后，全球官方发展援助又开始快速上升。到 2009 年援助资金达到 1 200 亿美元，比 20 世纪 90 年代初增加了一倍。这背后的原因值得玩味。

现实主义工具论受到全球恐怖主义的挑战。“9·11 事件”使手段和目的的一致性开始变得重要了。没有发展的援助最终不利于援助国的国家利益。政治治理失败、生活水平低下、社会动荡不安的“失败国家”会对富裕发达强国构成现实的安全威胁。它们往往成为滋生恐怖组织的温床，成为有组织的跨国犯罪的来源地，成为国际性流行病的滋生地，成为大规模杀伤性武器管控的薄弱环节，成为毒品和非法移民的输出国。在信息技术和全球旅行高度发展的世界，抱有极端思想的个人或一小撮恐怖分子可以向一个强国发起进攻，造成的生命财

[1] Lael Brainard, “A Unified Framework for Foreign Assistance,” in *Security of Other Means*, ed. Lael Brainard, Washington D.C.: Brookings Institution Press, 2007, pp.8—9.

[2] Owen Barder, “Reforming Development Assistance: Lessons from the U.K. Experience,” in *Security of Other means*, ed. Lael Brainard, Washington D.C.: Brookings Institution Press, 2007, p.22

产损失堪比一场小型战争。

因此，21世纪的发展援助变得既是手段也成了目的，或者说一定程度的发展至少是中介性的目的。只要落后国家的治理失败和民众的贫困没有一定程度的改善，“贫困的武器”就是一把悬在富裕发达国家头上之剑，使之难以真正享受太平。对付分散和隐蔽的恐怖袭击，军事斗争和外交角力都难以找到有效的着力点。它或许能治标，但不能治本。这就产生了对一种更软、更灵活、更能深入到落后国家社会内部的政策的需要。21世纪全球化和国际恐怖主义给对外援助注入了新的动因。

福利跨国延伸：消除贫穷和发展经济

在分析了援助手段论后，也不应该完全排除出于为落后国家经济发展和脱贫而进行的经济性援助。虽然政府的官方援助很难完全摆脱政治的考量，但某些国家援助项目的经济发展取向还是很突出的。

为这种援助提供理论基础的是发展经济学家。发展经济学家倾向于把对外援助视为经济问题，因此发展援助是帮助落后国家社会经济进步的重要条件。来自西印度群岛的经济学家、诺贝尔奖获得者阿瑟·刘易斯认为，妨碍落后国家发展的主要障碍是资本短缺和必需的结构性改造。[1] 密立肯和罗斯托认为，对外援助可以在两个方面帮助发展中国家实现快速发展：一是技术援助，二是提高金融资本。他们同时也提醒说，不要以为有了这些援助，援助的效果就会自动出现。如果不改革经济制度以便给经济发展提供有利的环境，援助的效果很难实现。[2]

---

[1] W. A. Lewis, “Economic Development with Unlimited Supplies of Labor,” *The Manchester School* 22 (2), 1954, pp.139—191.

[2] M. F. Millikan and W. W. Rostow, *A Proposal: Key to an Effective Foreign Policy*, New York: Harper and Brothers, 1957.

多边国际援助（如联合国和世界银行）和北欧国家的援助带有突出的发展色彩。1969年世界银行发布了题为《发展中的伙伴》(亦称《皮尔森报告》)的报告，把消除贫困摆到了援助的中心舞台。1980年国际发展事务独立委员会发表的题为《北方和南方：争取生存的纲领》的报告（亦称《勃兰特报告》)，提出在一个互相依赖的时代，帮助贫困国家就是帮助富国自己的新观念。在2000年世界峰会上，联合国确立《千年发展目标》，提出的目标包括：到2015年消灭极端贫困，保证儿童完成基础教育，提高妇女地位，减少儿童死亡率，控制艾滋病和疟疾等疾病，保证环境可持续性和建立全球发展伙伴关系。[1] 这些影响深远的报告和发展目标，主要是以落后国家发展需要为目标，地缘政治的色彩较少。

1970年为实现第二个“发展十年”目标，联合国提出到20世纪70年代中期发达国家拿出国民生产总值的0.7%用于官方发展援助的目标。事实证明，这个目标对绝大多数发达国家来说定得过高，经合组织成员国中只有四个国家达到并超出了这个目标。例如在2011年，瑞典的对外援助额占国民生产总值的1.02%，挪威占1.0%，卢森堡占0.97%，丹麦占0.85%。2009年美欧发生金融危机，欧洲继而发生欧元区主权债务危机，对外援助国际捐款大幅下滑，但仍有九个经合组织成员国2011年的援助款比2010年还增加了，其中意大利增加了35.9%，瑞士增加了12.9%，瑞典增加了10.4%，澳大利亚增加了9.8%，新西兰增加了9.4%。[2]

对于发展援助，挪威国际事务研究所资深研究员奥拉夫·斯多克提出的人道国际主义给予了适当的诠释。他按“国家内部因素外化理论”，把对外援助分为人道主义、现实主义和激进主义三种国际主义。

---

[1] Rogers C. Riddell, *Does Foreign Aid Really Work?*, New York: Oxford University Press, 2007, pp: 30—42.

[2] http: //www.oecd.org/dac/stats/data.htm, 2013年11月11日。

人道主义援助从人道关怀出发，希望福利国家的理想与实践能够跨国界延伸。[1] 大卫·朗姆斯丹在《国际政治中的道德视野》中也表达了类似的观点。他称，越来越多的证据显示，对外经济援助不能用援助国政治经济利益来解释，援助国的人道主义关怀是支持对外援助的基础。援助是基于道德观和人道主义思想的对世界贫困的一种反应，也是基于只有在一个慷慨和正义的人人都幸福的国际秩序中才会有长期和平繁荣的信念的反应。[2] 阿姆斯特丹大学教授兹莫曼进一步研究了平等观与对外援助的关系。他的结论是，平等价值观和原则的制度化对于对外援助水平有积极影响。一旦这种观念和原则制度化，就会通过民主程序汇聚成一种公共偏好。因此，福利国家的对外援助政策享有很高的公众支持，高的公众支持就会导致对外援助支出的提高。[3] 这种福利延伸的思想在北欧福利国家很有代表性。丹麦外交大臣多次强调："减少贫困仍然是丹麦发展合作的根本性挑战。"[4] 挪威发展合作署也强调，援助应该"有效地为减少贫困做贡献"[5]。一些发展中国家从援助中得到的捐款对其缓解贫困起到了明显作用。2012 年，有 25 个国家得到的国际援助占其国内生产总值的 10% 以上，最高的是圣多美和普林西比，它占的比例高达 75.2%。[6]

---

[1] 参 Olav Stokke (ed.), *Western Middle Powers and Global Poverty*, Uppsala: The Scandinavian Institute of African Studies, 1989。转引自施爱国:《印度洋海啸灾难与国际人道主义援助》,载《国际论坛》2005 年第 3 期。

[2] D. Lumsdaine, *Moral Vision in International Politics: The Foreign Aid Regime*, Princeton, NJ: Princeton University Press, 1993, p.3.

[3] R. Zimmerman, "The determinants of Foreign Aid," 2007, http: //www.oecd.org/dev/40699467.pdf (November 20, 2013).

[4] "Danish Development Policy, " Ministry of Foreign Affairs website, http: //www.um.dk/en/menu/DevelopmentPolicy/DanishDevelopmentPolicy/ (December 4, 2010).

[5] "About Norad, " NORAD website, http: //www.norad.no/en/About+Norad/About+Norad.125317.cms?show=all (December 4, 2010).

[6] http: //statisticbrain.com/countries-with-highest-foreign-aid-statistics/, 2013 年 11 月 11 日。

政治经济学的“外部市场”理论

说世界市场分为“内部市场”和“外部市场”，很容易想到“国内市场”和“国外市场”。在马克思主义政治经济学里，“内部市场”是不是等同于“国内市场”，“外部市场”是不是等同于“国外市场”？

世界市场有两种不同层次的含义。从政治（或国家）上讲，国界把市场分为国内市场和国外市场，这是政府管理国民经济的概念。从马克思主义政治经济学（或生产关系）上讲，一种生产关系内部的经济活动构成内部市场，而跨越生产关系的经济活动，或者说两种不同的生产关系之间的经济交往，构成内部市场和外部市场。这对分析和理解对外援助的国际政治含义和经济意义的不同很重要。

如果不从名词而从实质内容上看，内部市场和外部市场的区分是由马克思提出来的。马克思说：“如果在16世纪，部分地说直到17世纪，商业的突然扩大和新世界市场形成，对旧生产方式的衰落和资本主义生产方式的勃兴，产生过非常大的影响，那么，相反地，这种情况是在已经形成的资本主义生产方式的基础上产生的。世界市场本身形成这个生产方式的基础。”[1] 这里马克思提出“新世界市场”和“世界市场”两个概念。后者应该是指跨越国界的资本主义生产方式内部交换形成的跨国的内部市场。从历史上看，就是西欧和地中海沿岸最初产生的资本主义的内部交换，所以这种世界市场是资本主义内部市场。前者指的应该是欧洲资本主义经济，与地理大发现后的美洲、亚洲、非洲的前资本主义经济之间的交换，所以这种新的世界市场是资本主义的外部市场。

值得一提的是，在这里，马克思特别强调新世界市场虽然对资本

[1] 马克思：《资本论》（第三卷），北京：人民出版社2004年版，第372页。

主义生产方式的勃兴产生过非常重大的影响，但它是在资本主义生产方式已经存在的前提下产生的。换言之，这个时期的外部市场不是资本主义产生的前提条件，其历史作用是加快了资本主义再生产的积累和扩大。

列宁也明确地将这两种市场加以区分。他说，“国内市场与国外市场的界限在什么地方呢？采用国家的政治界限，那是太机械的解决办法”。“如果中亚细亚是国内市场，而波斯是国外市场，那么把希瓦和布哈拉列在哪一类呢？如果西伯利亚是国内市场，中国是国外市场，那么把满洲列在哪一类呢？”[1] 这里，国内市场指的应该是资本主义经济之间或内部的市场，国外市场指的应该是资本主义经济与非资本主义经济之间的外部市场。

德国经济学家罗莎·卢森堡把这个问题表述得更直白。她说：“德国与英国在相互交换商品上，主要构成国内市场。但德国工业与德国农民间的交换，就德国的资本上看，表现为国外市场的关系。”[2] 这里，国内市场就是德国资本主义与英国资本主义之间的交换，是内部市场；德国工业资本主义与德国个体农民之间的交换，是外部市场。因此，卢森堡又把资本主义经济和非资本主义经济的贸易称为“国外贸易”，而不问这种贸易是否超越国界。俄国经济学家布哈林在同卢森堡争论时，很了解卢森堡的用语，认为她的国外贸易一词，“不一定表明生产方式的区别”，最好改为资本主义“同非资本主义环境相交换”。[3] 这就是指外部市场。

理解外部市场的意义在于，在资本主义自由竞争时代，外部市场

---

[1] 列宁：《俄国资本主义的发展》，《列宁全集》（第三卷），北京：人民出版社 2013 年版，第 544—545 页。

[2] 罗莎·卢森堡：《资本积累论》，北京：生活·读书·新知三联书店 1959 年版，第 290 页。

[3] 罗莎·卢森堡、尼·布哈林：《帝国主义与资本积累》，柴金如、梁丙添、戴永保译，哈尔滨：黑龙江人民出版社 1982 年版，第 258—259 页。

的作用是增加资本主义利润率，或阻止利润率下滑，但并不是正常利润实现的条件。到了资本主义垄断阶段，垄断资本主义攫取的垄断利润不能从垄断资本主义生产关系内部产生，只能来自一般资本主义、雇佣劳动者和非资本主义经济体，即垄断资本主义的外部市场。

资本主义的利润攫取有个发展过程。我们知道，商品生产是由生产资料（工具和原材料）和雇佣劳动者结合完成的。在这过程中，生产资料的价值转移到商品中，雇佣劳动创造的价值分为劳动力价值和使用价值。工资是劳动力价值，但在资本主义的词汇里被歪曲为劳动的价值，似乎工人得到其劳动所创造的所有价值。剩余价值是劳动创造的价值多出劳动力价值的部分，但在资本主义的词汇里被歪曲为资本的利润。

资本主义自由竞争还不充分时期，利润在各行各业差别很大。"商品按照它们的价值或接近于它们的价值进行的交换，比那种按照它们的生产价格进行的交换，所要求的发展阶段要低得多，按照它们的生产价格进行的交换，则需要资本主义的发展达到一定的高度。"[1]当自由竞争和资源在各行业流动充分发展时，就会出现社会平均利润，在同一个生产部门的个别价值就会转化为社会价值，在不同生产部门的社会价值就会转化为生产价格。但即使如此，社会总价值和总生产价格必然是相等的，总生产价值和总平均利润必然是相等的。

但到了资本主义垄断阶段，交换价格就人为地扭曲了。由于取得了垄断地位，垄断经济就可以在商品的交换中实现垄断价格，即在出售商品时以高出商品价值的价格卖出去，在采购商品时以低于商品价值的价格买进来，从而攫取一般资本主义经济的部分剩余价值，攫取劳动力价值的部分价值，攫取个体劳动者的部分收入。国界在这里不起作用，垄断资本攫取垄断利润时看不到国界，看到的只是非垄断经

[1] 马克思:《资本论》(第二卷), 北京: 人民出版社 2004 年版, 第 197 页。

济体，即它的外部市场。

然而，现实世界又是被分为国家的，垄断经济的经济活动并不能完全超然于国家干预。于是垄断经济必然要通过自己操纵的本国政府，为自己攫取垄断利润服务。在帝国时期，一个帝国就是军事和政治强制力维持的为垄断利润服务的“领地”。在新殖民主义时代，虽然靠政治和军事维护的有形帝国土崩瓦解了，但各国还是千方百计通过更隐蔽和柔性的手段巩固和扩大为本国垄断资本服务的势力范围，建立没有帝国外壳的经济殖民地，对外援助就充当了这种手段。

对外援助的目的就是要维护一个有利的国外市场。这样一个有利的国外市场的益处，对不同经济体是不同的。前面讲了，对垄断经济体而言，就是维护一个有利的国外的外部市场，为攫取垄断利润服务。对一般资本主义经济体而言，通过对外贸易和资本输出，可以降低生产成本，提高平均利润率。对雇佣劳动者和个体劳动者来说，也可以在收入不变的情况下，降低生活成本，提高实际生活水平。

在当今经济全球化时代，劳动分工是在全世界展开的，经济活动的收益来自全球市场。但是，经济利益的分享却不是无国界的。国家依旧是最重要的利益集合体。只要国际移民不能自由实现，全球化利益的差异就存在于不同国界之间。因此，当代国际政治的主要矛盾，应该是“经济活动和利润来源全球化与经济福利国家化之间的矛盾”。美国政治学者吉尔平也看到这一点，指出：“全球性经济及技术相互依存关系的发展，同主权国家构成的世界政治体系的持续分化的冲突，是当代国际政治经济学著作的一个重要主题。”[1]

发达国家大都是商品经济高度发达的国家，处于垄断资本主义阶段。它们在世界分工中处于最有利可图的上游，通过垄断价格，获得丰厚的垄断利润。由于其经济活动大都是高科技和创新型产业，对劳

[1] 罗伯特·吉尔平:《国际关系政治经济学》，北京：经济科学出版社 1992 年版，第 17 页。

动力的培养和素质要求高，所以劳动力价值大，并被扭曲地表现为工资高。为了把社会收入差异控制在不引发社会危机的范围，发达国家也实行相应的福利政策，其国内家庭收入贫困线比发展中国家高得多。

处于世界分工中游的大都是新兴发展中国家，它们要么是接收从发达国家转移出来的夕阳产业，如制造业，要么承接技术含量不高的外包项目。通过参与国际分工，这些国家的制造业和为之服务的能源、原材料加工、基础设施、房地产等产业得到大发展的机遇，就业人口大幅增加，从而也带动了城镇化的发展，国民的生活水平也因此明显提高。

处于世界分工下游的大都是发展中国家，通过参与世界分工，国内商品生产和市场经济得到培育，以有相对优势的手工加工品、土特产、能源和农产品，与国外市场交换，虽然也获得比较利益，但其经济关系是以大量劳动交换发达国家的小量劳动，因为工业品的生产价格高于价值，农产品的生产价格低于价值。这就是“一国的三个劳动日可以和另一国的一个劳动日交换”，“在这个场合，富国会剥削贫国，纵然……贫国也会由交换得到利益”。[1]

在这样一个经济全球化的舞台上，各国政府都在营造最有利于自己的国际环境。处于最有利地位的垄断资本主义国家，由于不能再采取殖民帝国的方式维护这个分工和体系，就只能另辟蹊径，采取更隐蔽和柔巧的方式，“对外援助”政策应运而生。它就像一张隐形绳网，在全球范围内营建一个为本国服务的经济殖民地。

外援出于共生互益的需要

21 世纪的全球化，让国际社会日益呈现命运共同体的特点。由于

[1] 马克思:《剩余价值学说史》(第三卷), 北京: 生活 · 读书 · 新知三联书店 1957 年版, 第 111—112 页。

财富的创造国际化，越来越多的个人、财团、慈善机构乃至政府把眼光投向国外。作为一种影响国际事务的手段，对外援助活动得到空前发展。然而，不同行为者参与到对外援助中来的动因各不相同，甚至是千差万别的。

现有的研究给我们带来了不同的洞察和见解：有的人慷慨解囊帮助他人，可能是看到他人的境遇与自己的心理认知预期不吻合，产生难以自持的内心纠结，于是拿出自己的部分收入帮助他人。如果接收者的境遇因此与自己的认知预期吻合，自己的内心和谐得到补偿，双方在交易中都会得到正效用。宗教组织对外援助更多的是基于宗教的博爱精神，按照上帝或先知或神的教谕，把对人的关爱付诸对外援助的实践中，并通过这种援助让更多的人信奉自己的宗教，发展自己的宗教势力。上述两种理论可以视为广义的人道主义援助观点。现实主义国际政治理论把对外援助视为一种与军事和外交并列的对外政策工具。对外援助是政治的延续，都是为国家利益服务的。工具和目的不一定总是一致，对外援助是否带来受援国真正的发展或脱贫是次要的，只要是能促进援助国的利益，就是成功的政策。然而在21世纪，国际政治却对此提出新的挑战，落后国家的贫困和动荡可能滋生出威胁发达国家安全的势力，因此手段也开始成为了目的；主张对外援助经济性的国际福利主义观点，把对外援助更多地看成福利政策向国外的延伸，把消除贫困作为对外援助的重要目标。北欧的一些福利国家、联合国发展援助机构和一些私人慈善机构是这种理念的主要实践者。[1]

马克思主义政治经济学从生产关系的角度，把市场分为内部市

[1] 这里的情况也很复杂。一些多边国际组织，如国际货币基金组织，就在对发展中国家援助中推行西方市场和民主价值观。私人慈善捐款者，如索罗斯，就是西方自由市场事业的大力支持者，曾经给人权观察捐助了1亿美元。参见《时代周刊》2013年10月21日，第24页。

场和外部市场，尽管不同的经济成分（垄断经济、非垄断资本主义经济、雇佣劳动者和消费者）都从与外国的外部市场的经济关系中获得相对利益，但垄断资本攫取垄断利润与众不同，外部市场是其获得垄断利润的来源。没有垄断利润的来源，垄断经济也就失去了生存的条件。作为掌握了国家机器的垄断资本，要用对外援助把国外的非垄断经济成分纳入到为自己提供垄断利润的体系中来，成为自己的经济殖民地。这是垄断资本主义国家对外援助的经济动因。

总之，对外援助都是有目的的，而且这个目的直接或间接都是有利于援助国或援助人的，无论是心理满足、国际地位提高还是为了经济或政治利益服务。垄断利润依赖于外部市场的理论从生产关系上为我们揭示了对外援助对垄断资本主义存在的必要性，因此它比其他理论更深刻。人道主义和福利主义的出发点不是利己主义，但达到的效用还是利己的。现实主义高举利己主义旗帜，从出发点到目标都围绕援助者自身的利益，但在命运共同体受到关注的今天，完全不兼顾受援国发展的援助也显示出其局限性。

第三章

对外援助的条件和效果

对外援助的条件是指援助方对接受方提出的援助之外的要求。援助国或多边国际组织（如国际货币基金组织和世界银行）在提供援助时往往附加条件，要求受援国在使用援助时遵守某些规定，执行某些政策或作出某些改革。它们附加的条件多种多样，可以是要求对援助资金使用的监控，也可以是对内政外交提出调整，如紧缩开支、减少赤字、产业私有化、改善人权、在国际政治中支持援助国等。

对外援助附加条件凸显其作为对外政策工具的职能。给援助附加条件在理论上和实践中都引起了很多争议。经济发展援助附加的条件暗含着一个前提，即援助国知道如何最有效地使用援助，接受国无力做出这样的判断，只能被动地按照这些条件去执行。支持这种做法的人认为，附加条件是为了保证援助有效地用于经济发展和改善民生；批评者则反驳说，附加的条件大多是出于援助国自身的利益，真正的可持续发展终归要由接受国自己来主导。为什么要附加条件、附加怎么样的条件、附加条件有没有积极作用，都是外援领域很现实的问题，值得深入分析。

第一节 援助附加条件的原因

对外援助可以说是一方对另一方有目的的利益转让行为。心理学有一种理论认为，相互援助是人性中与生俱来的一种倾向，也是人类之所以能历经灾难而生存下来的重要条件。在亲属之间共享食物和其他生存资料对人类在严峻条件下生存至关重要。这与其他动物有相似之处，不同的是人类的分享可以超出亲属范围，可与从不相识的人分享。

心理学家把个人援助的起心动念描述为一种人心的认知过程。[1] 布鲁塞尔自由大学教授伯廷·马滕斯对此做过系统的概括。[2] 他说当潜在的援助者看到有人陷于饥寒交迫的窘境时，内心会产生一种同情和认知失调（cognitive dissonance）。丧失基本生存资料的存在与他的观念中这个世界应该如何的认知形成反差，这种反差会促使他采取行动去减少或改变这种存在，改变生活资料分配的相对不平等。以捐款的方式再分配收入是一种交易，即援助者把部分生活资料转让给接受者以求内心的平衡，达到内心平衡也是一种消费满足的形式。然而，这种满足只有在接受者的境况因此得到与援助者的期望相符的改变时才能实现。如果援助者在做出援助行为后，没有在接受者身上产生预期的效果，援助者的认知不协调仍然得不到改善，甚至还会加重。因此，成功的援助必须是援助者和受援者对捐助使用的偏好接近或一致。只有这样才会使双方的效用都得到增加。

[1] S. Carr, E. McAuliffe, and M. MacLachlan, *Psychology of Aid*, London: Routledge, 1998.
[2] Bertin Martens, "Why Do Aid Agencies Exist?," in *Reinventing Foreign Aid*, ed. William Easterly, Cambridge, MA: MIT Press, 2007, pp.288—289.

他还分析说，这里要分清丧失基本生活资料是由丧失者所不能控制的因素导致的，还是丧失者自主选择的结果。如果是自主选择的结果，就表明其行为偏好与援助者不一致。他本可以做出不同的选择以避免陷入目前的困境。在援助者看来，给这种人施以援手是毫无意义的，因为还可能会鼓励他继续做出不明智的决定。当然，援助者可以影响援助的使用，保证援助以符合其偏好的方式发挥作用。也就是说，援助者和接受者的偏好差异可以通过附加条件加以纠正，通过给援助附加限制性条件，让援助者保留一定的控制权，以减少接受者在援助使用上的任意性。援助附加条件是在援受双方偏好出现差异的情况下，接受方为了获得援助而付出的代价。在实践中，所有援助行为都是有目的的。为达到目的，接受者必须做出某种改变。援助是捐助方对接受方愿意按条件改变的一种"补偿"。

"投入条件"和"产出条件"

对外援助条件可分为两种。一种是"投入条件"，即接受方在接受援助时必须遵守的条件，例如，必须从援助国采购商品和服务，援助款拨付必须符合一定程序等。传统项目援助大都采用"投入条件"，援助项目实施与资金拨付的程序挂钩，给援助方在项目管理中很大的决定权。经合组织的数据显示，与援助挂钩的"投入条件"因国而异。挪威最少，只有0.1%，而加拿大则高达48%。[1] 另一种援助条件是"产出条件"，即把援助与接受方的政策和制度改革挂钩，从具体的政策制定到制度改革，都可以是援助的条件。在这种援助中，接受者通常负责援助项目的具体执行，援助方按阶段评估预先设定的改革目标以决定下一阶段是否继续拨款。

[1] Bertin Martens, "Why Do Aid Agencies Exist?," in *Reinventing Foreign Aid*, ed. William Easterly, Cambridge, MA: MIT Press, 2007, p.289.

这两种条件都是协调援助国与接受国偏好差异的方法。“投入条件”意味着援助方要做大量的工作：收集信息，制定详尽的合同，监督受援者的执行，参与项目的管理和进度评估。这些工作会大大增加援助的交易成本，但好处是可以减少效果的不确定性，保证援助的使用与援助方的期望一致。附加“产出条件”的援助，其援助款不是事先一次性给予，而是视项目的进展分阶段支付。这种条件多见于要求接受方调整经济结构、紧缩预算或调整政策。由于这些都是接受方的内部事务，外界很难直接插手，只能用“产出条件”分阶段评估和推进。由于信息不对称，捐助方承担着接受方可能出现的“道德风险”，如果到援助评估时才发现问题，再补救就为时已晚了。

援助方具体附加哪种条件，取决于援助的具体情况。一般来说，如果是商业利益占主导的援助，就可能选择“投入条件”。反之，如果是真心为接受国的经济发展考虑，则可能采用结果导向的“产出条件”，而不是过多地介入具体实施。这样的援助更愿意让受援方自己负起发展的责任。从理论上说，基于结果的援助条件是一种更为有效的援助安排，它虽然带有援助效果的不确定性，但可以降低援助成本。这种援助条件的有效性在很大程度上取决于接受国国内政治的支持。援助界越来越认识到，真正的发展都必须是“内发的”，而不能是“外加的”。外加条件只有真正符合内在的发展需求，转化为内在动力、政策和制度，才可带来真正的发展。接受国本身必须主导自己的发展进程，选择自己的发展道路。任何外来的微观管理都像“代人做功课”，很难使接受国得到真正的发展。[1]

[1] 非官方的欧洲债务与发展网提出类似的观点。参看 Eurodad Report，“World Bank and IMF conditionality: a development injustice，” June，2006，p.15，http: // download.springer.com/static/pdf/518/art%253A10.1007%252Fs11127-009-9486-z.pdf?auth66=1387373076_af853f13c37025bc14ae8940618b31c4&ext=.pdf，2013 年 12 月 16 日。

援助条件与国内政治的互动

有条件的援助如何影响接受国的内政是援助面临的一大问题。迫使一个脆弱的政府强行推行一项不受欢迎的改革政策，很可能使改革在民众的抗议浪潮中失败。即使是一个强有力的政府，如果迫于外来压力而强行推行不适当的改革，也可能会以失败告终。如果政府足够稳定，还可能幸存下来，否则连执政权都难保。如果政府垮台，新上台的政府为了争取民众支持，避免重蹈覆辙，对外来压力会表现出更强硬的抵制态度，这就为未来的改革带来更大阻力。无论哪种情况，接受国民众的福祉都不会增加。因此有学者指出，附加不适当条件的援助还不如无条件援助。

理想的情况是：附加的援助条件适合接受国的国情和实际需要。由于接受国无力制定这样的计划，或没有资源实施这样的计划，或没有政治意愿推动这样的计划，现在由于外来援助提供了这样一个促动力，“一拍即合”最后取得成功。二战后“马歇尔计划”在欧洲的成功就是这样。当时接受“马歇尔计划”的国家大都是成熟的资本主义国家，民众的商品经济意识和市场观念、市场和金融体系的发育程度乃至政治环境都为经济发展做好了准备。只是由于战争破坏了社会再生产的条件和物质基础。美国的援助就像干柴堆里点火，自然而然地就“烧”起来了。它不需触及社会利益的再分配，没有改革的赢家和输者，各阶层在经济复苏和重建中都得到各自的福利。这种“万事俱备，只欠东风”的援助，在发展中国家并不多见。如果附加条件的外援是要促进社会经济关系的深层改革，那么民众必须要有改革的要求，社会精英必须要有改革的意愿，政府必须有改革的决心和资源。而且改革还是一个循序渐进的持续过程，只要不出现极端情况（如战争），都不应中断其进程和方向。

经济学家罗德尼·拉姆查兰总结说，从社会选择理论看，改革中的利益损失者会集合成改革的反对派，他们会采取行动阻挠改革。但抗议活动会使抗议者和改革执行者（这里主要是政府）都付出代价，双方利益都会受损。一般情况下，双方都不确定抗议的最终结果。反对派不确定政府对抗议浪潮的敏感性，政府也不确定反对派阻挠改革的决心。一旦在外援条件的压力下推动改革，政府和反对派都面临这样的选择：如果政府自我感觉政权不稳，决定收回成命，维持现状，这比面对灾难性的抗议浪潮更明智；如果政府自认政权稳固，可能会强力推行而不在反对派的抗议面前改弦易辙，反对派也可能知难而退，避免因抗议给自己带来更大损失。因此，在评价援助附加条件对发展中国家内政的影响时，很难得出“非好即坏”的简单结论。适合发展中国家国情的外援条件有助于增加接受国的福利。反之，只会使情况更糟，甚至还不如无条件的援助。[1]

但是在某种情况下，附加条件的援助有一个作用，即鼓励犹豫不决的政府推行不受民众欢迎的改革。前提条件是如果接受国不改革，带来的损失将会更大（如政府深陷债务危机，无力偿债而破产）。这样可以威慑反对派，为政府改革清除道路。如果附加的条件不够严厉，改革可能在抗议中半途而废，结果对援助方和接受方的利益都造成损害。[2]

另一方面，如果外援强加给受援国的条件过于激进和超前，不仅会在政府外制造反对派，而且会动摇政府自身的统治基础。正如摩根索指出的，在发展中国家，对可耕地的占有和控制是社会精英的地位和政治力量的基础。土地改革和工业化无疑会对当权者的既得利益造成冲击。因为深度改革无疑要重新分配社会资源和政治权利。通常情况下，发展中国家的统治阶层往往是外援的最大受益者，要他们利用

[1] 参见 Rodney Ramcharan, “How Does Conditional Aid (Not) Work?,” IMF Working Paper, 2002, http: //www.imf.org/external/pubs/ft/wp/2002/wp02183.pdf, p.4.

[2] Ibid., p.22.

外援而牺牲自己的利益，表现出社会责任感，几乎是不可能的。结果可能是，为了获得援助，当权者表面接受激进的改革条件，等得到援助后又不着力推行。这样的援助不但达不到目的，反而还可能成为对当权者的“贿赂”，加强他们的政治经济地位。[1] 这种援助不但不能带来经济发展，还会加固旧有的社会和政治秩序。

多边国际援助机构

在国际援助中，多边国际组织在附加援助条件时至少有这样四大优势：一是国家利益的色彩不强，显得立场中立，因此合法性较强，遇到的阻力较小；二是经验丰富，长期专门研究、设计、推行和评估援助附加条件，发展出了一套成熟的机制，培养了一批经验丰富的专业人才；三是如果附加的援助条件失败，可以成为挡箭牌，避免捐款国直接受到指责和批评；四是具有规模效益优势，可以减少援助成本。附加条件的援助，无论是“投入条件”还是“产出条件”，都有相当高的行政成本。如果捐助国各自为政，重复劳动，总的交易成本就会增加。

另一方面，通过国际组织推行援助条件也有不少弊端。首先，各国援助偏好不同。通过多边国际组织的糅合折冲，各出资国的目标不得不大打折扣。而且在按出资额决定投票权的机制下，援助条件大都由出资最多的国家主导。其次是“曝光率”低。如果援助取得成功，则是多边国际组织的功劳，主要出资国的形象和软实力不会有相应的提升。跟在大国背后出资的一般捐款国，更难获得相应的软实力提升。这样做不利于出资国“形象”的提升，“友好姿态”的展示，“忠诚度的购买”或地缘政治利益的实现。再次，多边援助的交易成本也

[1] Hans Morgenthau, "A Political Theory of Foreign Aid," *American Political Science Review* 56 (2), 1962, p.303.

容易超出捐款国的控制。虽说多边国际援助会带来规模效益，但一旦成立组织，难免陷入“官僚机构”无限膨胀的怪圈，其日益增加的预算和行政成本，有可能会减少甚至抵消规模效益带来的好处。

国际货币基金组织的援助条件分析

二战后的布雷顿森林体系创建了一对孪生的世界经济机构：国际货币基金组织和世界银行。两者在国际援助中都扮演举足轻重的角色。国际货币基金组织的专长是财政金融政策，世界银行的业务重点是产业发展和减少贫困。国际货币基金组织提供贷款援助时附加的条件主要有两类，一类是量化条件，另一类是结构性改革条件（或结构性条件）。量化条件是为援助附加一系列宏观经济指标，如设定接受国政府的赤字上限、公共开支规模等。结构性条件主要是要求政策、体制或法律改革。结构性条件又可分为约束性和非约束性两种。约束性结构条件包括“行动前结构性条件”（获得贷款前必须施行的政策）和“结构性改革业绩标准的条件”（在援助项目阶段性评审中必须满足的条件，否则停止贷款）。非约束性条件是指“结构性改革基准评估条件”，即使政策改革没有达到要求也不会自动停止贷款。

从 20 世纪 80 年代中期开始，国际货币基金组织附加越来越多的结构性改革条件。条件范围涵盖立法、政策、经济结构和制度改革，目的是加强接受国宏观经济调整的能力，培育可持续增长的动力，引导经济转型和减少贫困。据该组织统计，1995—2004 年间，国际货币基金组织在 94 个国家的 216 个项目总共附加了 7 139 个结构性改革条件，平均每个项目年带有 17 个条件。[1] 虽然大部分附加条件没有多少结构性深度，但只有约一半援助条件按期达成。符合援助条件并取

［1］ IEO of IMF, *Structural Conditionality in IMF-Supported Programs*, 2008, http: //www.ieo-imf.org/ieo/files/completedevaluations/01032008SC_main_report.pdf, pp.1—2.

得援助效果的主要集中在国际货币基金组织擅长的领域，如公共开支管理和税收事务，在私有化和更广的公共部门改革上收效甚微。[1]

传统上，国际货币基金组织提供贷款附加的都是“事后条件”，但这容易导致借款国出现道德风险。借款国知道如果出现危机，总可得到国际货币基金组织救助，因此可能“有恃无恐”地采取高风险政策。为避免道德风险，国际货币基金组织创立了一些新的制度，如“灵活信用贷款线”制度，给符合条件的国家预先批准一定贷款额度，在陷入危机前，允许它们灵活提取贷款（无须再得到批准）以避免最终陷入危机。

国际货币基金组织附加的贷款条件招致很多批评。例如，太多的外来干预，损害了发展中国家政策自主权；过于严格的宏观经济目标，限制了发展中国家经济增长，妨碍了对急需的教育和卫生等基础设施的投资；附加条件缺乏重点，条件数量超出当地的接受能力；[2]附加条件的滥用迫使接受国采取“策略性措施”来满足条件，一旦援助到手，又恢复原状；[3]在援助条件压力下制定的政策由于没有在受援国广泛征询意见，其合法性受到怀疑；[4]结构性改革条件毫无益处，因为如果接受国有意愿改革，这些条件就是多余的，如果不愿改革，附加条件也没用；条件过于教条并带有太多意识形态偏见，没有考虑到接受国的国情，如贸易自由化、价格市场化和产业私有化，普

---

[1] IEO of IMF, *Structural Conditionality in IMF-Supported Programs*, 2008, http: //www.ieo-imf.org/ieo/files/completedevaluations/01032008SC_main_report.pdf, p.3.

[2] Eurodad, World Bank, and IMF, *Conditionality: A Development Injustice*, *Eurodad Report*, June, 2006.

[3] Argela Wood and Matthew Lockwood, *The "Perestroika of Aid"?: New Perspective on Conditionality*, London: Bretton Woods Project, 1999. Available at www.brettonwoodsproject.org/topic/governance/poa2.pdf.

[4] Oxfam International, *From "Donorship" to Ownership?: Moving Towards PRSP Round Two*, Oxfam Briefing Paper 51, January, 2004.

通民众的生活很难从中得益；[1]给援助附加条件也使援助缺乏长期可靠性，由于援助的可持续性难以预见，援助的效果也大打折扣。从2000年开始，国际货币基金组织也认为有必要改变贷款条件太多的做法，要求各执行部门减少贷款的条件数，集中推行一些国际货币基金组织有能力推行的附加条件。但由于这些要求不是强制性的，情况改善不大。

由于在国际援助中举足轻重的地位，该组织结构性条件的问题还有“放大效应”。由于几乎所有的西方官方援助（双边和多边）都把接受国有国际货币基金组织的援助项目作为其援助的条件，该组织在穷国是否能得到援助贷款或得到多少援助贷款上扮演着“守门员”般的角色。如果某个穷国没能达到国际货币基金组织附加的贷款条件，它不但会失去国际货币基金组织的援助款，也很可能失去其他援助来源。现在很大一部分双边援助都是通过多边机构来执行的。如2004年经合组织580亿美元的双边援助中有180亿美元[2]是交给国际货币基金组织这样的机构来执行的。在“八国集团”峰会上决定的新援助或债务免除承诺，也往往是通过国际货币基金组织（或世界银行）来执行，所以这种“放大效应”影响深远。

世界银行的援助条件

创建世界银行是为了帮助发展中国家减少贫困，发展经济，提高生活水平。世行援助的方式主要是提供低息、无息贷款和赠款，援助发展中国家是世界银行的工作重点。2012年，世界银行为发展中国家或转型国家提供了约300亿美元的贷款或帮助[3]，对这些国家的经济

[1] ActionAid, *Money Talks: How Aid Conditions Continue to Drive Utility Privatization in Poor Countries*, London: ActionAid UK, 2004.

[2] OECD, *Development Cooperation Report 2004*, Paris: OECD, TABLE 12, 2005, p.301.

[3] 参见 http://baike.baidu.com/view/58185.htm，2013年12月17日。

发展起了不可忽视的作用。然而，研究中也发现其援助条件带来不少问题，主要包括[1]：

一是附加的条件太多。例如，2005年20个接受世界银行援助的低收入国家中，给14个国家的援助附加的条件多达50个，其中3个国家的附加条件超过100个，给乌干达的条件更是多达194个（87个社会环境条件、72个公共部门改革条件、35个金融和经济改革条件）。不但如此，这种做法还有不断增加的趋势。2002年给这20国平均附加的条件是48个，到2005年增加到67个。

二是微观管理，介入太深。例如，为建立政府资产会计系统，2005年世界银行要求布基纳法索政府购买相关软件并培训操作人员，以此作为获得世界银行发展援助的条件。马里被要求把一个政府办公室搬到一个新址，这也是一个援助条件。乌干达政府为了得到发展援助被要求审查和批准其大专学校的体育政策。这些条件的必要性和重要性令人费解。它们多此一举地增加了受援国的负担，分散了解决主要问题的精力。

三是附加了很多有争议的改革条件。世界银行给穷国附加的条件中，20%涉及经济政策改革，其中一半以上要求某种私有化和贸易自由化。这使落后国家产业完全暴露在国际竞争中，落后的产业得不到政府政策的保护。鉴于这些问题，英国和挪威政府都正式放弃了在其对外援助中附加私有化和贸易自由化的条件。

战后60年的发展援助规模虽然得到很多发展，但并没有给多数贫困国家带来预期的发展效果。2008年8月26日，世界银行发布了一项报告，根据每天1.25美元的贫困线标准，2005年世界贫困人口从1981年的19亿减少到14亿，按目前的速度，到2015年还有10

---

[1] Eurodad, World Bank, and IMF, *Conditionality: A Development Injustice*, *Eurodad Report*, June, 2006, pp.9—14.

亿贫困人口。中国是发展中国家中减贫成就最显著的国家。如把中国排除在外，1981 年到 2005 年世界贫困人口实际还增加了 1 亿多。以撒哈拉沙漠以南非洲地区减贫进程最为严峻。世界银行的数据显示，1981 年该地区 50.8% 的人生活在贫困线以下，2005 年这一比例仍然达到 50.4%。由于人口增加，该地区实际贫困人口增加了近一倍，由 1981 年的 2.02 亿增加到 2005 年的 3.84 亿。2005 年该地区贫困人口日均消费水平约为 70 美分，在所有地区中最低。[1] 其中的原因很多，但这与援助条件的不合理密不可分。作为扶贫和发展援助机构，世界银行具有不可推卸的责任。伯恩赛德和多拉尔在研究中发现，援助条件与政策改变并没有显著的相关性。[2] 现在越来越多的人认识到，发展的主动力必须来自发展中国家自身，外加的条件如果与接受国国情脱节，并且不能转化为政府的自觉行动，其效果不但会大打折扣，而且还可能起反作用。[3]

第二节 中国不附加条件的对外援助

在各国的援助实践中，中国形成了自己的援外特色，其中最突出的是不附加援助条件。这是基于中国经验形成的具有中国特色的援助模式。

首先，中国与其他发展中国家有类似的被殖民的经历，珍惜来

[1] 参见 http://zhidao.baidu.com/question/293691703.html。数据来源于《光明网》，2013 年 12 月 19 日。

[2] C. Burnside and D. Dollar, “Aid, Policies and Growth,” *American Economic Review* 90 (40), 2000, pp.847—868.

[3] 例如，莫斯里等人撰文指出，政策只有已经被接受才会有援助的一致性。参见 Paul Mosley, John Hudson, and Arjan Verschoor, “Aid, Poverty Reduction and the ‘New Conditionality,’” *Economic Journal* 114, 2004, pp.217—243。

之不易的民族独立。中国对于损害国家独立的干涉内政的行为有特殊的敏感性。互相尊重主权和领土完整、互不干涉内政在中华人民共和国建国初期就成为了外交的指导原则。因此，在开展对外援助中，也特别注意不干涉接受国的内政，尊重受援国自己选择的发展道路。同时，这也是中国传统文化中“己所不欲，勿施于人”的处世哲学在对外援助中的体现。

其次，对外援助不附加条件也是中国广泛发展对外关系、广交朋友的外交需要。中国的对外援助从周边的社会主义国家朝鲜和越南开始，在万隆会议后，援助范围扩大到亚非拉广大地区。“三个世界理论”提出后，中国把自己视为第三世界中的一员，既非苏联东方阵营的一员，也不属于西方集团。长期外交斗争的实际环境，决定了中国对外援助不能以政治制度偏好来选择援助对象，不能坚持以社会制度为援助的条件。

再次，中国长期以来都是发展中国家，底子薄，实力弱，在对外援助中不可能与美欧或苏联集团的外援竞争。如果中国像这些发达国家那样在援助中附加严格条件，无论是“投入条件”还是“产出条件”都会带来很高的交易成本。以当时中国有限的外援资源，附加条件的援助对发展中国家就很难有吸引力和竞争力。相反，不附加任何援助条件并采取双边直接援助的方式，既能体现中国援助的友好诚意，又能控制援助成本，让有限的资源发挥最大的效益。

最后，中国自身的发展道路也在不断探索和改革过程中。鼓励国际上发展模式民主化和多样化，而不是推行某一种发展模式，有利于维护一个有利的外部环境，符合中国的长远发展利益。

当然，就像所有其他国家一样，中国的对外援助也有一个“隐含”的条件，那就是尊重中国的核心利益和对中国友好。友好的基本条件包括接受和平共处五项原则，承认一个中国，中华人民共和国是代表全中国的唯一合法政府。1971 年，中国在亚非拉友好国家的支持下，成为在联合国代表中国的唯一合法政府。这是中国外交的一个历史性胜利，也是中国对外援助政策成功的体现。

中国不附加条件的对外援助政策，与西方国家特别是美国对援外附加条件的做法形成鲜明对比。中国的对外援助为发展中国家提供了利用外援探索符合本国国情的发展道路的选项。不愿接受西方国家援助条件的亚非拉国家如果转而从中国得到援助，中国的对外援助就自然被视为对西方援助政策的挑战。为此，美国等西方国家常常指责中国支持世界上的非民主政权，或只顾通过援助从发展中国家获得经济利益，而不顾其人权状况和民主制度的发展。这是国际政治斗争在对外援助领域中的反映。

这种中西方对外援助偏好的不同带来的分歧在对非洲的援助中表现最为突出。中国是世界上最大的发展中国家，非洲是发展中国家最集中的大陆。长期以来，在非洲各国争取独立的运动中，得到中国大量的无私支持，历时五年建成长达 1 860 公里的坦赞铁路就是这种援助的体现。进入 21 世纪，随着中国经济实力提升，对非洲的援助与对非洲的产品出口、投资和技术合作都快速增长。2011 年中国发表的《中国的对外援助》白皮书表明，从 1950 年到 2009 年，中国援非总额超过 410 亿美元。在 2006 年中非合作论坛上，中国承诺援助非洲 50 亿美元，2009 年承诺 10 亿美元，2012 年 20 亿美元。这些不附加条件的援助提高了中国在非洲的软实力，也引起了一些西方国家和人士对中国动机的猜疑，指责中国为利用非洲资源而推行“新殖民主义”言论也开始出现。

这种言论与不时出现的“中国威胁论”如出一辙。实际上，要培育市场经济，就要加入到世界市场的国际分工中来，通过出口自己有比较优势的产品，从国际市场获得扩大再生产的资金和技术，最终走上可持续发展的良性道路。中国的发展是这样走过来的，其他成功的发展中国家（如四小龙）也是这样成长起来的。把与非洲的正常经济合作，说成是资源掠夺或妨碍其工业化，是无端指责。为此，爱丁堡大学退休教授肯尼思·金特地到非洲旅行并实地访谈了200多名各界人士，在此基础上发表了《中国在非洲的援助和软实力》。他在书中指出，指责中国在非洲推行新殖民主义是站不住脚的。虽然当地人有各种不同的看法，但是绝大多数非洲人对中国的评价非常积极。他并没有看到非洲有多少普通民众对中国不友好。[1]

另一方面，中非经济交往规模的扩大和关系加深，也确实给中国"不干涉内政"的无条件援助带来各种挑战。非洲当地的社会动荡直接影响到中国投资的安全、企业的安全、施工人员的安全。据估计，中国有50万到80万人居住在非洲大陆[2]，他们深入非洲社会各个阶层。维持受援国社会的稳定，以保护中国在当地的利益安全，就不再是简单的双边援助问题，而是涉及体制设计、机构建设、法制发展乃至利益的分配等。这些都是敏感的内政问题。怎么做到不干涉内政又有效保护中国的海外利益，将会是一个长期的挑战。

如果中国不附加条件援助的政府对种族矛盾和分离主义持高压政策，引起暴力冲突并导致人道主义危机，也会给不附加条件援助的做法带来挑战。这是中国对外援助亟须发展和创新的领域。首先，中国可以坚持"不附加条件"援助，但可以在对外援助的受援国选择上做更深入的研究。二战后相当一段时期，中国的外交环境受美苏两个集团的挤压，只要对中国友好，支持中国在反帝反霸斗争的国家都是一份宝贵的国际力量。现在中国的国际环境得到根本性改善，国际地位极大提高，担负的国际责任也相应增大。在国际社会的声誉直接影响到中国的软实力。在与什么政府发展怎样的关系方面，现在有统筹规划的空间和实力。就像在国民党执政时期，为了保持两岸关系健康发

[1][2] http: //www.irinnews.org/report/98771/analysis-untangling-china-s-aid-to-africa，2013年12月6日。

展的势头，中国大陆并不急于与台湾地区的“邦交国”发展外交关系一样，对受援国政策可能导致人道主义危机的政府，也可以有选择或有控制地发展援助关系或经济合作关系。这样既可避免中国的利益在当地的冲突中受损，也可避免给其他国家提供攻击中国的口实。对于这些国家和地区，把援助维持在人道主义紧急援助的水平更为合适。

其次，注重与政治稳定、经济健康、法制健全的发展中国家发展较大规模的经济合作（如投资、贸易和金融贷款）更符合合作双方的利益。对合作国来说，其市场经济有一定基础，有中国的投入和合作，容易取得经济的实质发展。对中国而言，由于对方政治和社会稳定，投资回收，人员安全和合同执行都有相当的法律保障，不会过于依赖政府通过外交提供保护，也可避免干涉他国内政的情况出现。

再者，对于还不具备市场经济条件的贫困国家，不急于开展经济合作、开发当地自然资源。如果资源开发给当地带来收入分配的不平衡，则可能激化种族矛盾和区域冲突，而中国的人员和投资可能成为受攻击的目标。国际上不友好国家也会以此诋毁中国，把友好的经济合作曲解为资源“掠夺”。对这些国家，开展扶贫援助是比较适当的选项。

援助条件的不利影响

对外援助都是有目的的，为保证目的的实现，援助方（国际组织或国家）要附加一些条件，这是援助者的权利。发展中国家可以接受这种附加条件的援助，也可以拒绝这些援助，这也是发展中国家的权利。抽象地看似乎公平合理，但在现实中却没这么单纯。商品经济生产方式已经渗透到世界各个角落，通过旅游、贸易、资源开发、投资办农场和开工厂等经济活动，把世界各地的经济活动都纳入了以西方发达国家为主导的世界经济体系。基于西方市场经济发展起来的现代经济学，按 GDP 和人均收入把各国都排列在一个从高到低的等级序列中。脱贫和发展、努力过上发达国家式的生活方式，渗透到了发展中国家的世俗文化中，影响了一代又一代年轻人的思想观念。他们受到的主流教育是，要发展就要参与世界经济，就要与西方主导的国际经济秩序打交道。闭关自守，拒绝外来的以“扶贫”和“发展”为名的援助，不但落后国家的社会精英会反对，即使普通民众也不会答应。这个过程一旦开始，就不可能回头。尤其是当一国经济陷入困境，如无力偿还外债、极端贫困或流行病泛滥时，发展中国家除了接受援助，别无选择，对援助条件也没有讨价还价的能力。正如前面提到的，越是贫困的国家，被附加的条件越多（例如，2005 年世界银行给乌干达的援助条件多达 194 个）。

援助条件不可避免，因为它们是为援助目的服务的。有的援助条件直接为援助方服务（如有些“投入条件”和地缘政治援助），有的直接为受援方服务（如减贫和经济增长），间接为援助方服务（如软实力提高、缓解南北差别和对立、消除不安全不稳定因素）。有些援助条件会扰动发展中国家国内政治的平衡，特别是当它涉及深度的制度改革和利益再分配时。这时援助就不单纯是经济发展的问题，而会演变为国内政治问题。如果旧有的社会保障机制被打破，而新的社会保障制度还没有建立起来，就容易把社会推进动荡的漩涡。没有社会稳定，再好的援助条件也难以奏效。结果，有的国家为维护稳定，出现强人政治，贫富差距可能因此增大，腐败也可能变得更严重；有的资源丰富的地区会推动独立，造成地区冲突和种族对立。可见，成功走上一条可持续发展道路是一个很复杂的社会工程，不是强加援助条件就能一蹴而就的。正如摩根索指出的，深度的发展援助实质上是个政治问题，而不是经济问题。[1] 不合理的过激的援助条件，不但没有

[1] Hans Morgenthau, “A Political Theory of Foreign Aid,” *American Political Science Review* 56 (2), 1962, p.309.

好效果，而且容易适得其反。

不附加条件的援助是中国对外援助的特色。这主要是指援助不附加直接条件，但实际上还是有“不言而喻”的前提条件（如在外交上友好、尊重中国的核心利益等）。这是在中国特殊的历史发展条件中形成的。援助条件有时带有干涉他国内政的色彩，而不干涉他国内政是中国提倡的和平共处五项原则之一。随着中国成长为世界第二大经济体，国际地位显著提高，海外利益和跨国经济活动极大增加，中国对外援助的理论和实践也面临新的机遇和挑战。

第三节
对外援助的效果

外部援助能否为受援国带来经济增长，是对外援助研究中最有争议的一个课题。学术界发表了大量研究论文，得出的结论各不相同。这些研究从各自的角度和掌握的数据出发评估援助效果，结果是“横看成岭侧成峰”，得出了有关援助与增长的各种研究结论，它们包括：（1）援助对增长有双重倍增效果；（2）援助与增长存在线性正关联性；（3）只有特定的援助才对增长有积极效果；（4）援助效果取决于政策的好坏；（5）援助对增长没有作用；（6）外来援助不但没有效果还有副作用。总体上说，受援国经济增长的回归研究由于数据筛选和变量的主观取舍不同，使研究结论常常陷于“盲人摸象”的窘境。

现有的研究

1985年，世界银行和国际货币基金组织部长理事会联合委员会特别工作小组授权英国萨塞克斯大学发展研究所的卡森教授领导一个由21人组成的专家小组，专门评估对外援助是否有效果。该专家组发表了题为《援助到底起作用吗？》的研究报告。该报告总结说，广而言之，大部分援助确实“有作用”。它们达到了援助项目的主要目标，对受援国的经济表现起了积极作用。这些援助并没有取代那些即使没有援助也会出现的发展。援助帮助低收入国家实现了实际收入的增加和生活水平的提高。从1960年到1982年，发展中国家平均寿命预期提高了1/5，婴儿死亡率减少了1/3，基础教育入学率几乎增加了一倍，人均收入增长率虽然只有令人失望的1.1%，但如果换一种说法，可以表达为，“虽然在过去20年低收入国家人口增加了65%，但人均收入还是增长了25%”。这样说并不意味着援助在每个方面都起了积极的作用，在不同国家和部门，援助的情况各异。就扶助贫困而言，援助虽实现了其目标，但并不令人十分满意。要强调的是，扶贫的效果有赖于援助和受援国的合作，而且外来援助只能扮演一个辅助角色。与此同时，也有相当一部分援助没有起到作用，它们要么回报率太低，要么在援助结束后被废弃，成为烂尾项目，造成负面影响。再者，双边援助经常带有政治和商业目的，这影响到其发展目标的实现。当这些政治和商业性动机占主导时，就会对经济增长和穷人的生活带来消极影响。有人可能会问，既然援助的效果不完善，怎么能说大部分援助是起作用的？回答是，虽然援助有效的结论不是黑白分明的事实，但至少是受过良好教育的专家们在全面评估后得出的结论。[1]

20世纪90年代末，世界银行也发表了一系列关于援助效果的报告，在国际援助界影响很大。它们包括1998年世界银行发表的题为《评估援助：什么有用？什么没用？为什么？》的研究报告[2]和2000年克雷格·伯恩塞德和戴维·多拉尔联合发表的题为《援助政策与增

[1] Robert Cassen and Associates, *Does Aid Work? Report to an Intergovernmental Task Force*, Oxford: Clarendon Press, 1985, pp.11—13.

[2] World Bank, *Assessing Aid: What Works, What Doesn't and Why*, Washington D.C.: World Bank, 1998.

长》的研究论文。[1]这些研究发现，当援助对象为财政、货币和贸易政策良好的国家时，援助对其综合经济增长起了积极的作用；当援助对象为财政、货币和贸易政策不佳的国家时，援助不起积极作用。捐款国试图通过附加援助条件让接受国改变经济政策也不起什么作用。换言之，只有援助政策好的国家才能取得积极的援助效果。这个政策建议影响了以后十多年的国际援助实践。

对于援助的效果，“联合国千年项目”的报告也表达了类似的看法：“只有发展中国家制定好和实施好减少贫困的计划，只有富国相应地大幅度增加其支持力度，最穷国家的贫困才能极大地减少。”[2]与之呼应的代表人物包括哥伦比亚大学地球研究所主任杰弗里·萨克斯。在《贫困的终结》一书中[3]，他为对外援助描绘了一个宏大的愿景：“要帮助建立能使科技的益处惠及世界各地的经济制度；帮助培育和保证持久和平的国际合作；帮助推动源于人类理性的科技不断改善人类生存状况的前景。这个存在了两个世纪的议程既广泛又大胆，但许多甜美的果实已经近在眼前了。”[4]对于消灭极端贫困的时间表，他在书中乐观地估计，通过仔细规划发展援助，到 2025 年就能在全球消灭极端贫困。[5]

哈佛大学教授保尔·法默也认为外援对落后国家起了不可替代的积极作用：援助在全球范围内提供了不可或缺的公共产品，提高了婴

[1] Craig Burnside and David Dollar, *Aid, Policies and Growth*, World Bank Policy Research Paper No. 1777, Washington D.C.: World Bank, 2000.

[2] United Nations Millennium Project, *Investing in Development: A Practical Plan to Achieve the Millennium Development Goals*, New York: United Nations, 2005, p.4.

[3] Jeffrey Sachs, *The End of Poverty: Economic Possibility for Our Time*, New York: Penguin, 2005.

[4] Jeffrey Sachs, 2005, *The End of Poverty: Economic Possibility for Our Time*, New York: Penguin, 2005, p.352.

[5] 另据报道，他还许诺如果每年给他 2 000 亿美元，他能做到完全消除极端贫困。见 http: //news.sohu.com/20080409/n256181850.shtml，2013 年 12 月 28 日。

儿生存率，减少了 HIV、疟疾和其他疾病的感染率。“19 年前卢旺达还是一片废墟。今天，卢旺达是撒哈拉以南唯一有希望实现联合国千年健康目标的国家。这个目标包括在 1990 年至 2015 年间把 5 岁以下儿童死亡率减少 2/3，这是目前看到的减少未成年人死亡率最好的记录。尽管许多经济健康指标失衡，但在卢旺达的发展趋势令人鼓舞：从 1994 年以来，人均收入几乎翻了三倍，GDP 翻了四倍，从 2000 年以来实现了 8.1% 的年增长率。”[1]

美国国务卿约翰·克里 2014 年访问非洲，他在那年 5 月 2 日的《华盛顿邮报》发文，赞扬非洲在国际社会帮助下过去数十年获得了显著发展：实际收入扭转了过去二十多年来的跌势，增长了 30%。全球 10 个增速最快经济体中有 7 个在非洲，撒哈拉以南非洲艾滋病毒感染率下降了近 40%，儿童疟疾死亡率正在下降，预期寿命增加。预计未来 10 年内非洲经济将增长 6%。[2]

然而，纽约大学教授威廉·伊斯特利的看法却不这么乐观。他肯定援助有用而且必要，但认为目前的顶层设计式的援助方法效果不好。伊斯特利说，在世界贫困地区，两大悲剧正在上演。一是极端贫困还在困扰数十亿人口，每年数百万的儿童还在死于很容易预防的疾病：可以使一半死于疟疾的人免于死亡的药物每一剂只要 12 美分；保护儿童免于感染疟疾的蚊帐只要 4 美元；只需在每位新母亲身上花 3 美元就可以在未来十年让 500 万儿童免于死亡。另一个悲剧是，在过去五年里国际社会向发展中国家援助了多达 2.3 万亿美元，但仍然

[1] Paul Farmer, “Rethinking Foreign Aid,” 2013, http://www.foreignaffairs.com/articles/140495/paul-farmer/rethinking-foreign-aid (December 25, 2013).

[2] John F. Kerry, “Africa is on the rise, and we need to help make sure it continues,” 2014, http://www.washingtonpost.com/opinions/africa-is-on-the-rise-and-we-need-to-help-make-sure-it-continues/2014/05/02/e9684466-d165-11e3-9e25-188ebe1fa93b_story.html?wpisrc=nl_opnsat, 2014 年 5 月 3 日。

未能让那里的人们得到12美分的药物，否则一半死于疟疾的人本来可以免于死亡；仍然未能让儿童得到4美元的蚊帐以避免感染疟疾；仍然未能让每位新母亲得到3美元以避免500万儿童死亡。[1] 政治家和慈善家只看到了第一个悲剧，号召加大援助力度，但对第二个悲剧却视而不见，或保持沉默。[2] 这才是真正的悲剧。“顶层设计”的援助方法被证明是失败的，我们应该改变思路，推广“探索者”的方法，从基层做起，解决一个个具体的问题。

英国经济学家彼得·鲍尔的观点更悲观，认为援助根本无效，它的作用不过是“把钱从富国的穷人手里转移到穷国的富人手里”。[3] 鲍尔的结论源于经济自由主义理论。他认为中央计划、外援、价格控制和保护主义带来贫困，增加政府干预使经济生活政治化，减少个人自由。在他看来，发展的实质是个人选择度的扩大；贫困不会自我强化，中央计划和大规模公共投资也不是增长的前提条件。他不认同“穷人不会为未来储蓄或没有改善其现状动力”的观点。在他看来，政府间援助既不必要也不足以给受援国带来发展，相反会阻挠其发展。援助的危险在于扩大了政府的权力，导致腐败、资源错用并伤害公民社会。[4]

近年来计量经济学的研究显示，发展援助对于受援国发展速度没有多大帮助，相反却会带来以受援国货币不平衡地升值为特征的“荷兰病”[5]、导致腐败、延迟必要的经济政治改革等负面影响。腐败的典型例子是前扎伊尔（后改名为刚果民主共和国）独裁者蒙博托，在他1997年死去时个人的财富高达40亿—150亿美元[6]，而当时刚果人均

[1] William Easterly, “Can Foreign Aid Same Africa?,” *Clemens Lecture Series* 13, 2005.

[2] John F. Kerry, “Africa is on the rise, and we need to help make sure it continues.”

[3] Old Hickory, “The sad loss of Lord Bauer,” 2002, available at http: //www.la-articles.org.uk/bauer.htm.

[4] Peter Bauer, *Dissent on Development*, Cambridge, MA: Harvard University Press, 1972.

[5] 简言之，经济学上的“荷兰病”是指由于外援或其他原因，受援国货币升值使该国其他产业失去国际竞争力。

[6] http: //en.wikipedia.org/wiki/Mobutu_Sese_Seko.

GDP只有约800美元。[1]除了官员贪腐，另一个严重问题是援助资金被滥用。例如在乍得，世界银行曾援助一个石油产业的“乍得出口项目”，其每年营收的650万美元不是用于经济发展而是用于购买武器。对此，乍得官员辩称“没有安全就不可能有发展”。但当时乍得军队滥用武力、强奸、掠夺供应物资的事件经常发生，在危机中也并没能有效地保护本国国民。世界银行因此于2008年停止了对该项目的援助。浪费也是发展援助中的一个大问题。研究发现，2005年荷兰提供了40亿美元发展援助，只有1/3的发展援助是成功的，1/3是失败的，剩下的1/3效果不明。这意味着当年可能有13.3亿—26.6亿美元被浪费了。[2]

援助的投入和产出：让数据说话

发展援助的实际效果到底如何，可以从国际援助的投入和发展中国家实际发展状况来评估。援助的客观效果可以从联合国千年发展目标的实现情况来衡量。

在援助的投入方面，经合组织的统计数据代表了国际官方援助的主体。经合组织的发展援助委员会（DAC）由世界上所有重要的援助捐款国组成。根据DAC的统计数据，二战后官方发展援助虽然有的年份有所下降，但总体呈增长趋势。如下图所示，1950—1955年，DAC总共给发展中国家的官方发展援助才19.53亿美元，到2012年增长到1 255.86亿美元，62年间绝对数量增长了约63倍，累计总数达到约2.35万亿美元。[3]这还不包括DAC之外的政府援助，也不包

---

[1] http://www.indexmundi.com/facts/congo/gdp-per-capita.

[2] http://en.wikipedia.org/wiki/Development_aid#cite_note-Tsjaad_by_Dorrit_van_Dalen-11.

[3] 这个援助额包括如下24个主要捐款国：澳大利亚、奥地利、比利时、加拿大、丹麦、芬兰、法国、德国、希腊、冰岛、爱尔兰、意大利、日本、韩国、卢森堡、荷兰、新西兰、挪威、葡萄牙、西班牙、瑞典、瑞士、英国和美国。

括非政府组织、公司、基金会、慈善机构、个人的捐款。

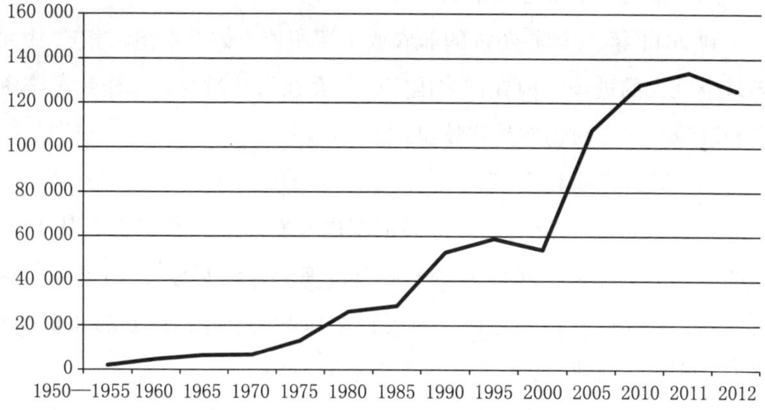

资料来源：OECD 数据库。

图 3.1 DAC 官方发展援助（百万美元）

在这不断增加的援助下，发展中国家在实现联合国千年发展目标的情况又如何呢？这些目标包括如下八个方面：

（1）消除极端贫困和饥饿。

实现把极端贫困人口减少一半的目标比设定的 2015 年提前了 5 年完成。到 2010 年，全球日收入低于 1.25 美元的人口比 1990 年减少了 7 亿，是 1990 年的一半。但是，现在全球还有 12 亿人口处于极端贫困，有 8.7 亿人口营养不良，有 1 亿 5 岁以下儿童营养不良和体重不足。尽管如此，把 1990 年的饥饿人口减少一半的目标到 2015 年实现。

（2）普及基础教育。

发展中国家基础教育入学率从 1999 年的 82% 增长到 2010 年的 90%，但在 2011 年还有 5 700 万适龄儿童没能上学。全球还有 1.23 亿青年人不具备读写能力，其中 61% 是妇女。可喜的是，识字率的男女性别差异在减小，从 1990 年的 90（女）:100（男）缩小到 2010 年的 95:100。

（3）推动性别平等和给妇女更多权力。

到 2011 年，全球 40% 的非农业工薪职位由妇女承担，相比 1990 年是个巨大的进步。但在许多国家，妇女在得到教育、工作和经济资产和政治参与方面仍然受到歧视。

（4）减少儿童死亡率。

尽管人口在不断增长，世界范围内 5 岁以下儿童死亡数从 1990 年的 1 240 万减少到 2012 年的 660 万，等于每天少死 1.7 万儿童。尽管如此，在撒哈拉以南地区儿童死亡率却还在上升，1/10 的儿童在 5 岁前死亡。在南亚，5 岁前儿童死亡率是 1/16。

（5）改善妇女健康。

1990 年以来，产妇死亡率几乎减少了一半。2010 年全球有 28.7 万产妇死亡，比 1990 年减少了 47%。东亚、北非和南亚的产妇死亡率减少了 2/3。然而，发展中地区的死亡率仍然是发达地区的 15 倍。2010 年，发展中地区接受产前护理的妇女比 1990 年增加了 63%，但发展中地区只有一半妇女享受到建议的卫生服务。

（6）向艾滋病、疟疾和其他疾病宣战。

在大部分地区新感染 HIV 人数在下降，但还有 250 万新感染者。到 2010 年，所有需要治疗的艾滋病患者都得到治疗的目标没能在全球范围实现，到 2011 年也只有 11 个国家达到这个目标。到 2011 年底，有 800 万 HIV 感染者得到治疗，比 2010 年的 140 万增加了 660 万。

2000 年以来，估计全球患疟疾的人数减少了 17%，死亡率减少了 25%。从 2000 年到 2010 年，110 万疟疾患者的生命得到挽救，儿童疟疾患者的死亡率下降了 20%。从 1995 年到 2011 年，有 2 000 万肺结核患者的生命得到挽救。

（7）保证环境的可持续性。

在发展中地区，2000 年到 2010 年，南美和非洲有大片森林消失。

据估计，1990 年以来，全球二氧化碳排放增加了 46%。《蒙特利尔协定》生效以来，全球消费影响臭氧层的物质减少了 98%。1990 年以来，地球被保护的面积增加了 58%。1990 年到 2000 年，全球有 20 亿人口的饮水条件得到改善，但到 2011 年仍有 7.68 亿人口面临水源困难。1990 年，6.5 亿人居住在贫民窟，这个人数到 2012 年增长到 8.63 亿人。

（8）开发全球发展伙伴关系。

尽管 G20 成员国反对贸易保护主义，只有一小部分 2008 年设立的保护措施得到消除，这些措施影响到 3% 的全球贸易。2004 年以来，发达国家向发展中国家征收的关税没什么变化。2011 年发达国家给撒哈拉以南非洲国家的双边援助还减少了 1%。2010 年给交通不便的发展中国家的援助 10 年来首次减少。[1]

这八个方面可以比较全面地衡量发展中国家和地区的社会经济发展状况。它们从不同方面综合反映了经济发展的状况，概括地说，可谓成绩和问题都很明显，尤其是发展区域上不平衡，非洲特别是撒哈拉以南地区严重滞后。现在的问题是，发展成绩中有多少是援助带来的，多少是各国自身努力的结果。杰弗里・萨克斯认为，没有外援，落后国家很难发展，因为其贫困严重，原始资本无从积累，因此靠自己无从走出“贫困陷阱”。所以这些地区的发展与外来援助密不可分。如果外来援助足够大，就能把这些国家推出“贫困陷阱”。[2]

威廉・伊斯特利反驳说，只要做一个简单的测试就可以证明“低收入陷阱”或“援助帮助逃脱贫困陷阱”的观点站不住脚。他把每一时期最穷的 20% 的国家分为两组，一组得到的外援最高，另一组得

[1] 上述数据来自联合国网站：http：//www.un.org/millenniumgoals/global.shtml，2014 年 4 月 22 日。

[2] Jeffrey Sachs，*The End of Poverty*：*Economic Possibilities for Our Time*，New York：Penguin，2005，pp.56—57.

到的外援最低，虽然按外援占 GDP 的百分比，前一组的外援是后一组的 2—5 倍，但两组的经济增长率没有明显差别。1950—2001 年或 1950—1975 年，最穷的低外援国都取得了经济的正增长。另一个现象是，这些穷国在近期的增长率表现很糟糕，而同时期它们得到的外援却要高得多。这使得经济增长与外援的关系似乎成反比。[1]

现在世界的目光更多地集中在非洲撒哈拉以南地区。如果援助真那么有效，为什么撒哈拉以南地区的发展依然举步维艰？卡森及其专家组的回答是，援助的成功主要集中在亚洲和其他发展中地区，撒哈拉以南地区发展条件非常艰难，使得外来援助也很难有成效。这包括识字率低、受教育的人口少、政治结构不稳定、行政体制历史短且不够成熟、经济上严重依赖单一产品出口又经常面临价格大起大落的困境、长期贸易条件恶化。这使得外来投资裹足不前，许多国家产生了对外来资本援助的严重依赖。[2]

不同的历史条件决定了不同的发展命运

在过去半个世纪的发展中，总体上讲拉美国家最早取得显著的发展成就，其次是亚洲国家，特别是“四小龙”和中印两大国的发展，非洲即使到现在还在“贫困陷阱”中挣扎。陈其人教授的两种殖民地理论，为我们理解其中的差别提供了一个有意义的理论视角。[3]

从西欧一隅辐射到全球的殖民主义由于当地不同的社会经济条件，出现了两种殖民模式，一是移民垦殖殖民地，一是奴役土著殖民地。在拉美和澳洲，地广人稀，除了极少的土著，人口极少，丰富的

[1] William Easterly (eds.), *Reinventing Foreign Aid*, Cambridge, MA and London, England: MIT Press, 2008, p.15.

[2] Robert Cassen and Associates, *Does Aid Work? Report to an Intergovernmental Task Force*, Oxford: Clarendon Press, 1985, p.14.

[3] 陈其人:《殖民地的经济分析史和当代殖民主义》，上海：上海社会科学院出版社 1994 年版。

自然资源和土地基本处于未开发状态。为了给宗主国工业提供原材料，必须而且可以全盘移植宗主国的生产关系、经济制度和政治文化，使这些地区很容易成为宗主国政治、经济、文化的延伸，使之成为移民垦殖殖民地。这种殖民地唯一的制约因素是劳动力不足，就通过从其他地区特别是非洲大规模暴力移民加以解决。这些殖民地与宗主国的不平等主要表现在赋税、政治权利和国民福利待遇方面。一旦取得政治独立，就可以用政治力量保护自己在全球分工中的经济地位和利益，并在壮大后取得更有利的经济地位。成功的例子包括美国、加拿大、澳大利亚和新西兰，它们已经成为了世界富国强国。其余的像墨西哥、巴西、阿根廷、秘鲁、智利等的发展也较其他发展中国家要好。

与此相反，在亚洲和非洲，当殖民主义者到来时，当地的人口已经达到相当规模，各种社会经济形态也普遍存在，虽然都是前资本主义生产方式。当地的自然资源得到相当深度的开发，人们过着自然经济的生活。要把这些地区纳入全球资本主义生产体系，就必须在政治上控制当地政府（建立殖民政府或利用当地代理人），经济上瓦解当地的自然经济，迫使他们加入交换经济的世界市场，这样才能成为宗主国的工业品市场和原材料供应地，使之成为奴役土著殖民地。这些地区要完全转型成为商品生产经济，很难像拉美国家那样顺利，因为当地存在长期的前资本主义思想意识和政治文化、大量的非资本主义经济成分、宗主国对这些地区的奴役和盘剥也更为严酷。像中国和印度是典型的奴役土著型殖民地。

那么，同是奴役土著型殖民地，为什么在过去50多年来，非洲的发展较之亚洲更为迟缓和艰难呢？有学者指出，这是由于非洲面临各种特殊的挑战。长期在非洲从事援助工作的外交家吉尔斯·博尔顿总结了三条：第一，在上世纪五六十年代取得独立时，非洲国家的基础特别薄弱。长期以来殖民主义者没有在当地发展教育，刚果在独立时据说只有16个人具有大学学历，在布隆迪只有两人，绝大多数非洲人从未接受过学校教育。联系各个地区间的交通设施也几乎是一片空白。没有公路或铁路系统，内陆的原材料无法外运，人员也很难往来。法律体系从欧洲宗主国生搬硬套。在英属殖民地，当地法官戴18世纪英式法官假长发，在法国殖民地，公务员之间的通信必须使用法国巴黎政府的旧式法律术语。第二，在多数国家缺乏民族国家认同感。非洲的国界有许多直线，这些是19世纪末西方列强任意瓜分非洲的“地理印记”。它们是根据经纬度来决定的，而不是根据种族和地形地貌。在撒哈拉以南地区，除了索马里、莱索托和斯威士兰，其他国家都是任意划分的不同部族的集合体。有些部族被四分五裂地划分到不同国家，有些是长期敌对的部族被分到一个国家，有些从未共处过的部族也被划到一个国家。例如马赛族被一分为二,一部分在肯尼亚，一部分在坦桑尼亚，他们在两国都成了少数民族。尼日利亚是在19世纪90年代由英国尼日尔公司老板乔治·戈尔迪爵士建立的，由讲200多种语言的不同部族组成，很难想象这样一个人为划到一起的多种族社会能够达成什么共识。实际上，独立时的非洲国家只有国家之名，而难有国家之实。第三，担任公职的得益大大超出国家的财富水平，导致贫富差别巨大。这可能是殖民主义者最有破坏性也是最容易被忽视的政治遗产。为吸引宗主国的低级官员到殖民地任职，宗主国政府给他们在那里建立起富豪般的生活：豪宅、漂亮的花园、游泳池、汽车、津贴和仆人。独立时的新掌权者一夜间接掌了这些财产，他们不可能主动放弃这些为家庭和部族带来荣耀和享受的待遇。相反，这些人争权夺利并使腐败之风滋生蔓延。[1]

相比之下，多数亚洲国家在沦为殖民地之前，已经是统一的国

[1] Giles Bolton, *Africa Doesn't Matter: How the West Has Failed the Poorest Continent and What We Can Do About It*, New York: Arcade Publishing, 2007, pp.31—39.

家，并有其成熟的政治体制和中央政府。独立时对国家有高度的认同感，因此也具有更大的政治稳定性。印度独立时，英国留下了一个健全的行政体系，而且在印巴分裂后民族认同危机不复存在。这些亚洲国家能较快地“站立起来”，一旦找到适合本国国情的发展道路，就能利用有利的国际发展机遇，在经济社会发展中取得进展。

改善援助效果的努力

为了改善援助效果，不少学者做过努力。麻省理工学院的阿比吉特·本纳吉和何瑞敏对几个援助项目做过严格的独立评估，提出了多方面的援助改进措施。这些措施的目的是直接让贫穷人群受益，解决具体的问题，它们包括：对家庭儿童教育和健康支出予以补贴；给校服和课本发放教育资助；有选择地教育不识字成人读写；援助驱虫药和维生素 / 营养补充剂；资助疫苗和 HIV/ 艾滋病预防项目；资助室内疟疾喷洒剂和防蚊蚊帐；资助适用的化肥；清洁水供应。[1] 这些建议与伊斯特利提出的“探索者”援助思路类似，有针对性地解决一个个具体问题。

英国发展研究院研究员罗莎琳德·艾本主张，有效的援助不但要加强资金管理而且要致力于理顺关系；发展援助机构改进管理多边合作机构的方法，支持工作人员这方面的努力；在多边合作中会对什么是成功的援助和如何取得成功产生不同的想法，这些想法应该反映在评估援助效果的方法论上；程序上的和谐不意味着对复杂问题的单一解决方法；在衡量一种结果时，捐款方也应对照各方同意的指标，评估项目中在国家层面和国际层面合作关系的质量；决策应该听取熟悉当地情况的部门的建议，具体问题具体分析；负责任的国家应依赖公

[1] Abhijit Banerjee and Ruimin He, “Making Aid work,” October, 2003, available at http://web.archive.org/web/20080410233354/, http://www.econ.nyu.edu/cvstarr/conferences/ForeignAid/papers/Banerjee.pdf.

民社会的力量，让他们积极参与；英国开发部门也应该对英国国民负责，就援助的切实挑战和局限与本国公民对话。[1]也有学者提出，来自西方国家的外援不断增加，但援助不能只给非洲资金和食物，还要给机会。如果能让非洲人有更多机会接受高等教育，那是个更有效的让他们脱离贫困的方法。

经济学家阿桑特 1985 年对援助非洲的效果评估非常悲观。他说，从非洲国家或地区的经历而言，站在中立的立场毫不夸张地说，外来援助，特别是外来资本主义，在一定意义上对非洲的发展是有害的。当然，应当承认，各国的发展情况非常复杂，援助对发展的影响还不能明断。但从有限的证据来看，过去 25 年外来资源对非洲援助的方式，就经济发展的效果而言在很大程度上是适得其反的。[2]皮特·辛格也认为在过去 30 年间，“援助给最穷的 10 个国家带来大约 1% 的年增长率”，但这只是“停滞与严重积累性衰退”的差别。[3]肯尼亚经济学家詹姆斯·史瓦提认为外援对接受国造成危害，特别是如果由地方政治家来分配援助，等于是资助了腐败政府，掏空当地经济。在接受德国《明镜》周刊采访时，史瓦提以从美国运玉米给肯尼亚作为粮食援助为例，指出部分玉米被腐败官员挪用到他们自己的部落，或在黑市上出售，低价抛售，伤害本地的农民。同样，由于接受西方捐助的衣物，肯尼亚人不再从本地裁缝买衣物，致使他们破产。[4]

此外，援助很少是出于纯粹的利他动机。它经常是国际政治中

---

[1] Rosalind Eyben, “Putting Relationships First for Aid Effectiveness,” 2003, available at http: //www.ids.ac.uk/go/news/putting-relationships-first-for-aid-effectiveness.

[2] S. K. B. Asante, “International Assistance and International Capitalism: Supportive or Counterproductive?,” in *African Independence: The First Twenty-Five Years*, ed. Gwendolyn Carter and Patrick O’Meara, Bloomington, IN: Indiana University Press, 1985, p.249.

[3] Peter Singer, *The Life You Can Save*, New York: Random House, 2009.

[4] http: //www.spiegel.de/international/spiegel/spiegel-interview-with-african-economics-expert-for-god-s-sake-please-stop-the-aid-a-363663.html, 2014 年 3 月 11 日。

支持盟国的手段，也可能出于影响受援国政治进程的目的。援助是否有用要看它是否符合出资国的议程，这些议程包括防务支持、市场扩张、对外投资、宗教传播和文化渗透。在冷战中，美苏利用援助影响他国内政，或支持弱小盟国。马歇尔计划是美国要把欧洲巩固在资本主义阵营。给欠发达国家的援助有时被批评为是出于援助国的利益，而非受援国。有学者指出国际货币基金组织和世界银行首先是为全球资本主义开疆扩土的工具，其次才是为接受国民众的福祉，其所为是一种新殖民主义。[1]

有的研究指出，援助国自相矛盾的政策也使援助效果大打折扣。例如，一方面鼓励发展中国家发展出口农业，另一方面大量补贴国内农业，使出口农产品没有市场；一方面援助发展中国家卫生事业，帮助培训医务人员，另一方面又对技术好的医务人才移民发达国家打开绿灯。[2] 全球发展中心（CGD）研究了 22 个最富裕国家影响发展中国家的政策，发现除了援助外，贸易、投资、移民、环境、安全和技术等政策对发展中国家影响也很大。有的援助国开始重视这些问题，研究共同农业政策的可能性。这可能带来援助重点从贷款、债务取消、预算支持等到全面支持发展中国家。如果真能实现，援助效果有可能得到改善。

经济学家保罗·科利尔和戴维·多拉尔的研究也指出了一个援助分配效率低下的问题。在很多情况下援助是出于政治目的为鼓励政策改变而给予的，因此并非经济上最有效率的。虽然他们认可不好的政

---

[1] S. K. B. Asante, "International Assistance and International Capitalism: Supportive or Counterproductive?", in *African Independence: The First Twenty-Five Years*, ed. Gwendolyn Carter and Patrick O'Meara, Bloomington, IN: Indiana University Press, 1985, pp.249—251.

[2] Alan Hudson and Linnea Jonsson, "'Beyond Aid' for sustainable development," London: Overseas Development Institute, 2009. Available at http: //www.odi.org.uk/publications/3288-beyond-aid-policy-coherence.

策不利于经济增长，改善政策是结束贫困的关键条件，但援助款事实上并没有带来多少政策改变。为此，多拉尔建议援助资金应该向援助边际效率最高的国家倾斜。所谓援助边际效率是指每增加一美元带来的边际产出率。他们认为，如果现有的援助按现在的分配方法可以让1 000万人脱贫，那么按边际效率最高的方法分配援助款，就可以使脱贫人数增加到1 900万。[1]

第四节
贸易和市场比资金援助更有效

在综述了关于外援效果的各种观点后，可以看到对外援助无论多好，最多只能创造发展条件，而不能直接“创造”发展。只有不断地扩大本地的再生产，才能创造实实在在的经济增长和良性循环。亚当·斯密的分工论和李嘉图的比较优势论为经济效率提高和经济总量增长提供了理论基础。无论现代经济发展多么不平衡，各国都有自己的相对优势，按国际分工，集中以本国相对优势的产品与国际市场交换，如果这种交换可以不断循环进行，工资和利润就可以不断产生，有效需求就会不断出现，从而拉动当地经济这台机器运转起来。它像引擎，可以把一国经济拉出“贫困陷阱”，并不断前行。

在经济全球化时代，一国如果能加入国际贸易大循环，就搭上了全球经济的列车，就可能收获经济全球化的红利。相反，如果没有挂上全球经济的“齿轮”，不但本国经济原地空转，而且本国有限的市场还可能会被全球经济“传送带”运来的廉价商品淹没。拉美特别是亚洲一些国家和地区的经济发展较快（如“四小龙”、泰国、中国、

---

[1] Paul Collier and David Dollar, “Aid allocation and poverty reduction,” *European Economic Review* 46 (8), 2002, pp.1475—1500.

印度、越南等）是由于它们加入了国际市场。它们不但脱贫效果显著，而且走上了可持续发展的轨道。相比之下，非洲特别是撒哈拉以南的国家却大都没有深入参与国际市场。虽然国际援助量这些年不断增加，但其经济发展依然举步维艰。非洲内部市场固然重要，但当地富人很少，很难挣到多少利润。只有把产品卖到富裕的国外市场，带来外汇流入，以推动扩大再投资，才能使经济良性发展。研究发现，如果非洲大陆能保持1980年在世界市场上占有的出口份额，到2007年左右其平均收入会是目前的两倍。[1] 可以说，没有国际贸易就很难有经济发展。

二战后贸易自由化为欧洲和日韩经济恢复、为美国的经济霸权带来巨大成功。但在《关贸总协定》(1947年）和后来的“世贸组织”(1994年）框架下，开放的市场主要集中在工业制成品，这些是西方经济的强项。农产品和纺织品却被保护起来，没有开放。出于国家安全的考虑，“衣食”生产即使成本再高也要掌握在自己的手里，农产品和纺织品因此一直是各国严密保护的产业。

不幸的是，农业和纺织业是落后经济起步的主要产业，是绝大多数劳动力就业的产业。落后国家在20世纪六七十年代独立时，不得不被动接受既有的国际贸易安排，非洲的情况尤其如此。非洲市场对西方国家工业品没有多大吸引力，而欧美市场又通过补贴、关税等排挤甚至对非洲农产品和纺织品进行关闭。

补贴是西方国家保护农产品的主要手段。西方国家一边援助落后国家，一边又大量实施农业补贴，使其援助的作用被抵消。联合国开发计划署前署长马克·布朗2002年估计，西方国家每年花3 500亿美元补贴其农业，使发展中国家农业出口损失了约500亿美元，这个数

[1] Giles Bolton, *Africa Doesn't Matter: How the West Has Failed the Poorest Continent and What We Can Do About It*, New York: Arcade Publishing, 2007, p.167.

目相当于当年全球发展援助总额。[1] 2006年美国为产棉农场提供了40亿美元的补贴，使非洲1 000万棉农的棉花外销受阻；日本把年收入的1%（平均每户至少600美元）用于大米补贴，使得像加纳这样的非洲国家的大米，由于外来补贴大米的竞争，即使在当地市场也没有销路。[2]

吉尔斯·博尔顿也列举了类似的现象。他说，西方国家的农场每年得到约3 000亿—3 500亿美元的农业补贴，是给非洲国家的援助的10倍。以棉花生产为例，美国有2.5万棉农，而西非却有约1 100万棉农。2001—2002年，美国给棉农的补贴高达39亿美元，是贝宁国内生产总值的2倍，是美国2001年给所有撒哈拉以南非洲国家援助的3倍，比美国当年生产的棉花价值总和还高，相当于给每个棉农补贴了15.6万美元。补贴让美国棉农即使以低于成本的价格出售棉花仍然有利可图。美国和欧洲的棉花补贴估计每年给西非棉农带来2.5亿美元的损失。在非洲国家的一再申诉下，2005年3月世贸组织裁定美国的棉补违法，但美国依然一意孤行，当年的棉补更高达42亿美元。同样的情况也发生在其他农产品上。欧洲给饲养每头牛的补贴是803美元（平均每天2.2美元），美国是1 057美元（平均每天3美元），日本更是高达2 555美元（平均每天7美元）。而与此同时，3亿非洲人平均每天的生活费还不到1美元。产糖业在英国、芬兰和法国的成本是其他国家的3倍（如莫桑比克和巴西），但还是用大量纳税人的钱去扶植产糖业，人为地扭曲了市场功能。

关税是西方国家运用的另一保护主义手段。咖啡原产于非洲，由

[1] Address by Mark Malloch Brown, UNDP Administrator, Makerere University, Kampala, Uganda, 12 November, 2002; Nicholas D. Kristof, "Farm Subsidies That Kill," *New York Times*, June 5, 2002.

[2] Giles Bolton, *Africa Doesn't Matter: How the West Has Failed the Poorest Continent and What We Can Do About It*, New York: Arcade Publishing, 2007, pp.7—8.

于深受西方消费者青睐，咖啡现在成了排在石油之后的第二大宗出口商品。这对非洲本是好消息，但咖啡的加工和包装都是在富裕的西方国家完成，而咖啡深加工才是最挣钱的环节。2004年全球咖啡销售额高达700亿美元，但咖啡生产国却只拿到55亿美元，只占8%。造成这种局面的是西方国家长期给咖啡制成品课以高额关税，而进口咖啡豆却非常便宜。结果是，不产一粒咖啡豆的德国却是世界第四大咖啡制品出口国。非洲国家另一个具有比较优势的产品可可的命运也不例外。西方国家给可可征收的递增税率是：可可豆0%，可可糊5%，脱脂可可糊10%，可可粉13%，巧克力和其他精致的可可制成品280%以上。这就能解释为什么是比利时和瑞士不出产可可却建立起了强大的巧克力产业，出产全球70%可可豆的西非却没有。[1]这样的农业政策和关税等于完全拒绝了落后国家的发展机会，有效地把它们排斥在全球贸易之外或者将其挤压在产业链的最底端。

缺乏及时的市场信息，也造成穷国彼此竞争，出口农产品价格大起大落。20世纪80年代，为增加非洲国家外汇收入，国际货币基金组织建议其多向西方市场生产和出口优势产品，咖啡生产成了当地农民的首选。结果由于咖啡产量增加而价格一路下行，到21世纪，全球咖啡价格下跌了64%，一方面大大减少了西方咖啡加工业的进口成本，另一方面也大大减少了出产国的出口收入。在这个时期，其他产品的价格也出现类似下滑：可可下跌了71%，棕榈油下跌了55%，橡胶下跌了60%。[2]生产周期长的大宗农产品和原材料的出口价格波动是正常的，但长期只跌不涨却是全球性的结构问题。而且，落后国家由于对定价权的掌握和信息的收集能力不强，抵御价格波动的能力

---

[1] Giles Bolton, *Africa Doesn't Matter: How the West Has Failed the Poorest Continent and What We Can Do About It*, New York: Arcade Publishing, 2007, pp.177—184.

[2] Ibid., p.185.

也不强，经济遭受的打击也更大。

科技的扩散和教育标准的趋同化，加速了全球人才的流动，落后国家特别是非洲，在这场人才竞争中同样处于毫无控制力的不利地位。西方发达国家利用全球人才的渠道主要有两种：一是把技术含量不高的工作外包给教育水平较高的其他国家和地区，或者在那里建离岸研发中心和加工厂，二是向全球招募本国急需的人才或为外国留学生在当地就业开绿灯。第一种方式能为所在地带来就业机会，提高当地工资水平从而增加有效需求，带动当地和周边经济发展。这些外包中心主要集中在东欧、东亚、南亚和拉美那些经济和基础设施完备的发展中国家，像印度的班加罗尔就是一个典型的全球经济外包中心，而非洲却很少被涉及。资源贫乏的卢旺达把建立 IT 服务中心作为发展战略的一部分，但要取得实质进展还有很长的路要走。

西方国家在全球吸纳人才的第二种方法，是阻碍发展中国家发展的一大障碍。例如，培养一个医生要长达 8 年或者更长，医生是发展中国家的稀缺人才。在美国一家大医院可以有多达 250 个医生，但在马拉维 1 300 万人口中却只有 250 名医生。赞比亚独立后培养的 500 名医生中只有 60 名还在当地行医，其他都移居海外。[1] 美国医院只要缺医生就在全世界招募，据说塞拉利昂的医生在美国芝加哥的数量比在国内的还多。[2]《纽约时报》报道说，美国的医生有 1/3 是国外培养的。[3] 护士的来源也是如此。1998 年到 2004 年，有 12 115 名护士从非洲移民英国，英国缺少护士是由于同期有几千名英国护士被高工资吸引而移民美国。南非说，它 1994—2000 年花费 10 亿美元培养的医护人才大多移民欧美，这笔费用相当于同期外来援助的 1/3。[4]

[1] Editorial, *British Medical Journal*, July 2, 2005.

[2][4] Giles Bolton, *Africa Doesn't Matter: How the West Has Failed the Poorest Continent and What We Can Do About It*, New York: Arcade Publishing, 2007, p.188.

[3] Leana Wen, "Where Are the Doctors?," *New York Times*, June 25, 2007.

其他专业人才如科学家和工程师的情形也大致如此。

外来援助或者投资如果没有相应的人才（管理人才、工程技术人才和熟练工人），很难得到有效利用；而一旦投入生产性利用，如果没有市场，私人劳动还是不能转化为社会劳动，不但实现不了利润，而且会血本无归。后续援助要看前面援助的效果，投资还要还本付息。如果再生产循环不能完成，援助和投资就会变为负担，积累成为债务。这就是发展中国家作为受援国的困境。没有人才，没有发展；没有贸易，也没有发展。如果外来援助没有驱动发展中国家的经济机器转起来，而只是拖着这台机器往前走，是很难达到发展效果的。

为受援国的民族工业提供市场更重要

全球经济发展到今天，是300多年资本主义生产方式扩张的结果，而且现存的结构性力量还在不断地固化这种不合理、不公平的发展趋势。真正的援助不仅需要资金援助，更要市场援助、关税援助和产业政策援助。有人指出，如果非洲的出口总量占世界的份额提高一个百分点，其带来的收入是目前接受援助的3—4倍，[1]而且这种收入是自身经济活动的产出，是可持续的。这种结构性困境难以改变还是源于当代国际政治经济关系的主要矛盾：经济活动的全球化与经济利益分配依然国家化。所有的国家，即使像美欧日这样的富裕发达国家，在推动贸易自由化的努力中，只愿意开放自己竞争力强的产业，而在保护像农业这样涉及国家安全的产业时都不遗余力。这凸显了对外援助经常是一种为国家利益服务的工具。援助国的利益是援助的出发点，受援国能否因此而发展是第二位的考虑。当这种发展有利于促进本国的安全利益、政治利益和经济利益时，援助国愿意投入资源。

---

[1] Giles Bolton, *Africa Doesn't Matter: How the West Has Failed the Poorest Continent and What We Can Do About It*, New York: Arcade Publishing, 2007, p.282.

反之，经常可以视而不见。

在这样的国际体系中，坐等援助、指望依靠援助发展本国经济是不可靠的。发展中国家的发展还是要立足于自身“造血功能”的培养，在社会稳定、政治清廉、分配公平、法制健全和基础设施建设等方面扎实练好内功，做到“打铁还靠自身硬”，同时争取有利的国际环境，抓住稍纵即逝的发展机遇，利用包括国际援助在内的一切有利因素，争取做到积累性发展、结构性发展和可持续发展。

第四章
中国对外援助 1.0 版

在前面各章中，我们就国际上对外援助的一般情况进行了分析，对中国的对外援助略有涉及。从本章开始，我们着重研究中国的对外援助。

第一节
中国对外援助的起步

对外援助是一国对外关系的组成部分。从 1950 年到 20 世纪 70 年代末，中国的对外援助是沿着两条线展开的，就其提供援助的对象国而言可分为两大类。一类是社会主义国家（或曰共产党领导的国家）、革命运动或独立运动。这类对外援助是由意识形态主导的，即援助意识形态相同或相近的国家或运动，因而意识形态成为判识和决定对外援助的尺度，以及政策执行的尺度。如同毛泽东在 1958 年 5 月的一个批语中所说："就共产主义者队伍说来，四海之内皆兄弟。"[1]

[1]《建国以来毛泽东文稿》（第七册），北京：中央文献出版社 1992 年版，第 231 页。

基于共同的意识形态，它们从事相同或相似的革命运动或国家建设，也认为他们所从事的是一个相同或相似的事业，各个国家的革命运动都是这同一个事业的组成部分，这就是著名的国际共产主义运动，简称国际共运。[1]

另一类为“民族主义国家”，大体指新近获得独立但尚未走上社会主义道路的国家。在中国看来，已经获得民族独立的国家有义务帮助尚未或即将获得独立的国家，提供这种帮助是理所应该、理当如此的，它们应携起手来共同反帝、反殖。“已经获得革命胜利的人民，应该援助正在争取解放的人民的斗争，这是我们的国际主义的义务。”[2]

中华人民共和国成立后不到一年，在百废待兴的条件下，于1950年开始对外提供经济援助。援助的对象国首先是朝鲜和越南。这两个国家有两个共同的特点：一是与中国地理邻近、国土接壤，堪称“家门口”；二是朝、越都属于社会主义国家，意识形态相同或相近。由于地理上的邻近和政权性质相同，无论是提出援助要求还是对外提供援助，都似乎顺理成章，十分自然；无论是其持续时间之长还是这一援助在对外援助总规模中的占比，都十分突出。

这种情形的出现，是跟国际共运和党际关系密不可分的。

1945年9月，在印度支那共产党（1951年改名为越南劳动党）[3]

---

[1] 1964年10月31日，周恩来总理接见苏联驻华大使契尔沃年科，听取他转告苏共中央和苏联政府欢迎中国党政代表团去苏联参加十月革命四十七周年庆典的意见。在契尔沃年科表示“感谢中国这样重视十月革命节”时，周恩来说：这是个国际节日。这首先是你们的节日，但不仅仅是你们的节日。十月革命给我们开辟了道路。毛泽东同志早在纪念中国共产党二十八周年的文章中谈到十月革命时说：“走俄国人的道路——这就是结论。”《周恩来年谱（一九四九—一九七六）》（中卷），北京：中央文献出版社1997年版，第683页。

[2] 毛泽东接见非洲客人时的谈话，载《人民日报》1963年8月9日。

[3] 越南共产党成立于1930年2月3日，以后数度易名。刚成立不久，根据共产国际指示，改名印度支那共产党。在1951年2月党的“二大”上，改名越南劳动党。在1976年12月召开的党的“四大”上，又将党名改回越南共产党。

领导下，越南民主共和国在越南北部地区成立，以胡志明为首。初期，越南民主共和国条件艰难，并无固定首都。中华人民共和国成立后，于 1950 年 1 月 18 日同越南民主共和国建立了外交关系。1948 年 9 月，朝鲜民主主义人民共和国在朝鲜半岛北部成立。中华人民共和国成立后不久，两国即建交。中朝国家间关系是由在此之前便已建立的中朝两党关系演变而来的，也深受党际关系的影响，形成为社会主义“大家庭”中的“兄弟”关系。在国际共产主义运动的结构下，新中国认为自己有义务支援正在开展革命运动或革命尚未成功的兄弟党，因而有义务支援朝鲜民主主义人民共和国的“祖国解放战争”，并在朝鲜战争结束后，继续向朝鲜提供援助，帮助其经济重建和发展。

1950 年 6 月，朝鲜战争爆发。9 月，美军在仁川成功登陆，战局发生逆转，对北方极为不利。10 月，在毛泽东的主导下，中国从战略上作出了“参战利益极大，不参战损害极大”的判断，决定派出本国军队抗美援朝，并相应地作出了巨大的国力投入。由于援朝抗美和战争的巨大支出，1951 年中国政府的全年预算已较上一年预算增加了 60%，而总预算中有 32% 均直接用于朝鲜战争，苏联给予中国的军事贷款还未计算在内。

1953 年 7 月，朝鲜战争结束。中国当年 11 月决定，对朝鲜的援助由两个部分组成：第一，决定将 1950 年朝鲜战争爆发时至 1953 年 12 月 31 日止，这一时期援助朝鲜的一切物资和费用，无偿地赠送给朝鲜政府。中国在过去三年半中对朝鲜的援助金额为 7.295 万亿人民币。第二，决定在今后四年内再无偿地赠送朝鲜政府 8 万亿人民币。[1]

---

[1] 中共中央文献研究室编：《周恩来年谱（一九四九——一九七六）》（上卷），北京：中央文献出版社 1997 年版，第 195、334 页。当时的旧人民币 8 万亿元，折合新人民币 8 亿元。中国人民银行根据国务院第五次会议通过的《关于发行新的人民币和收回现行人民币的命令》，于 1955 年 3 月 1 日起在全国发行新人民币，新币 1 元等于旧币 1 万元。

对于越南，中国也实行了类似的援助举措。1955年6月底7月初，胡志明率越南政府代表团来华访问。中国决定以人民币8亿元无偿地赠送给越南，帮助越南恢复国民经济，进行国家建设。从当年起，分五年支付。[1] 以后越南又多次要求中国增加援越项目，以致中国领导层于1960年初指示由外贸部将援越项目及所需款项开一账目，经过中国驻越经济代表转告越方，使其心中有数，不致一再要求增加项目。可见越南方面需求之“旺盛”。

成套设备的对外援助工作开始于1955年。至1961年，这方面已经签订协议的项目共计282项（另有11个通过贸易结算的项目，不包括在内）。截至1961年9月1日，已经完成和基本交完设备的有77项，正在交付的有41项，尚未开始的有164项。累积提供援外的设备共5.8万吨，材料30万吨，其中钢材18.4万吨；先后共派出工程技术人员和工人约3万名（仅为成套设备项目部分，科技合作人员不在内），接受实习生约4 000人。[2]

在整个20世纪50年代，对朝鲜和越南的援助是中国援外的主流，除此之外还包括对蒙古、柬埔寨、尼泊尔、阿尔巴尼亚等国的若干援助。进入60年代后，中国对外援助又有所扩展，朝鲜和越南仍是重点，同时援助对象国趋于增多。

中国对朝鲜的援助花了很大力气，由以下一例可见。1960年10月5日，周恩来接见朝鲜内阁副首相李周渊。在朝方介绍了朝鲜的农业情况后，中方表示，今年阿尔巴尼亚灾情最严重。中国政府有一个原则，那就是先帮助受灾的兄弟国家。另外，革命的国家也要帮助，如古巴、几内亚、阿尔及利亚。此外，还要拿大米去换橡

[1] 中共中央文献研究室编：《周恩来年谱（一九四九——一九七六）》（上卷），北京：中央文献出版社1997年版，第195、334页。

[2] 方毅：《当前援外工作存在的问题及今后的安排》（1961年9月1日），见《方毅文集》，北京：人民出版社2008年版，第49页。

胶。“我们进口橡胶除了自用外，还供给你们、苏联和东欧国家。这些粮食加在一起，数量就大了，因此，今年对苏联和东欧兄弟国家要欠账了。”再则，最近苏联把专家都撤走了，这就给中国带来了新的困难。关于援助项目问题，同意供应 10 万锭子的棉纺设备，其他项目也同意供应。中方提出以下建议，请朝方考虑：（1）先建设有原料把握的工厂，避免设备停工，而能迅速投入生产；（2）先建设建厂时间既快又短的项目，这样可以省力，又能增加收入，很快收回资金，并为国家创造利润；（3）厂址要靠近原料产地，以便于运输，但不能过分集中在大城市。关于贷款问题，同意把 4.2 亿卢布在 1961 年至 1964 年分四年用完。至于偿还期限，到时候能还就还，不能还也可以延期，推迟十年甚至二十年再偿还何尝不可？等我们的后代去还也可以。[1] 同月，决定全部满足阿尔巴尼亚政府所提出的各项要求，即供应粮食、食油、糖和无息自由外汇。[2]

由上述情况可以看到两点：随着时间的推移，一是中国对外援助的对象扩大开来，援助的面已经有点宽；二是对朝援助十分慷慨，贷款的还款期限长且不说，还事先就承诺可延期，甚至可由后代来进行，这就近乎无限期了。

早在 1961 年，作为援外工作负责人之一的方毅就已经意识到了这一问题。在以对外经济联络总局（简称外经总局）名义向国务院领导上报的《当前援外工作情况及今后安排的请示报告》中，方毅已看到：“几年来的援外工作，从政治上说，是完全必要的，但从经济上和技术上说，嫌多了些，和我们的能力不完全适应。在工作中也存在一些缺点和错误。……协议签订执行期限过紧。有些项目我们技术上

[1]《周恩来年谱（一九四九—一九七六）》（中卷），第 355—356 页。
[2] 同上，第 359 页。

还未过关就答应下来。协议不能按期履行，造成被动。”[1] 方毅就此提出四点意见：（1）适当延长用款年限，三年的事五年办，五年的事七年办。在具体做法上，对外仍应积极热情，但又要量力而行。所有项目要严格按照援外基建程序办事，收集资料、设计工作可以做得更细、更深些，时间上适当延长些。在审批设计文件时，如对方力所不及，我们不主动催促，耐心等待。1961 年以后，一般物资、现汇及其他援外开支，亦必须适当控制和妥善安排。（2）成套项目可以按照先易后难，先大后小，先投资少、收效快，后投资大、技术复杂的次序分期分批进行。所有项目必须技术过关、设备有把握才能对外提供。在地区上，要有重点，但又要避免过分集中。对所有受援国家都要有相应的安排。对朝鲜、越南、蒙古等国，要继续做好援助工作，善始善终。对阿尔巴尼亚的援助，正在开始，要十分重视。对非洲、拉丁美洲，要谨慎小心，加强调查研究，选择适当项目，打响“第一炮”。（3）援外设备在技术上尚未过关的，建议有关部门加紧试制，以适应援外和出口的需要，同时亦可促进我国工业技术水平的提高。援外和出口设备的制造要定点定厂，产品的规格和质量要加强检查，颁布必要的规章制度。订货手续要简便易行。（4）对于新提出的援助要求，除特殊必不可少者以外，建议暂时不再承担，以便集中力量做好现有援外工作。[2]

这就是说，在中国援外进行了大约十年后，到 20 世纪 60 年代初，相关部门就已经看到了问题所在，特别是对外援助要量力而行这一条，尤为重要而切中核心，同时，也看到了初步暴露出来的一些具体问题。

---

[1] 方毅：《当前援外工作存在的问题及今后的安排》（1961 年 9 月 1 日），见《方毅文集》，第 50 页。

[2] 同上，第 51—52 页。

20 世纪 50 年代末至 60 年代初，中国经历了三年经济严重困难时期。在对外关系上，与美国继续处于对立对抗状态，同时中苏关系渐行渐远，逐步走向破裂，中印关系因边界领土争议趋于紧张，并最终在 1962 年发生了一场边界战争。

面对国内经济困难和国际上四面树敌的严峻形势，时任中央书记处书记、中共中央对外联络部部长的王稼祥忧心忡忡，经过反复思考，形成了对外工作的一些想法。1962 年春，王稼祥提出了对外政策方面的四点建议，其要点是：第一，发表一个全面的对外关系的声明，正确地全面阐明我们的对外政策是和平外交政策；第二，对外采取缓和的方针，避免采取加剧紧张的方针；第三，在国际斗争中要注意策略，发挥主观能动性，对孤立和分裂中国的图谋保持高度警惕；第四，我国的对外援助要根据国情，实事求是，量力而行。[1]

然而，这些正确的观点和建议却被错误地扣上了“三和一少”的帽子。“三和一少”中的“三和”意指被批评者认为对美国斗得过分了，对修正主义斗得过分了，对尼赫鲁斗得过分了，要缓和一点；“一少”，是指对亚洲、非洲、拉丁美洲支持太多了，要少一点。后来，这些正确主张又进一步被诬为“三降一灭”。[2]

1962 年，中国指导思想中的阶级斗争论重新抬头。在此后的两年间，身为领袖的毛泽东曾对一些国家的共产党领导人说，修正主义的国内纲领是“三自一包”，国际纲领是“三和一少”。毛泽东强调，针对“三和一少”，我们的方针就是“三斗一多”，就是对帝国主义

---

[1] 参见李淑铮:《党的优良作风是事业胜利前进的源泉——纪念建党 90 周年暨中联部建部 60 周年的几点思考》，载《当代世界》2010 年第 11 期，第 28 页。李淑铮为中共中央对外联络部前部长。

[2] “文革”中，康生在一次接见外事口造反派时说：“最近，我看了一些文件，发现不是三和一少问题，是三降一灭。向帝国主义、修正主义、反动派投降，扑灭人民革命。”

要斗，对修正主义要斗，对各国反动派要斗，要多援助反对帝国主义的、革命的马列主义的政党和马列主义派别。[1] 根据这一思想，“革命”逐渐成为这一时期的主调。在这一主调下，要以支援一些国家的革命为己任，对外要“多援助”，其逻辑是，国际上反对帝国主义的力量增强了，就是支援了我们自己。“革命”原本是一个名词，渐渐地却成为了一个形容词，表明了某种政治立场。

实际情形是，迄 1964 年，“要求我国提供援助的国家愈来愈多，我们承担的义务日益加重”。[2] 根据 1964 年 8 月对外经济联络委员会向中共中央上报的《关于对外经济技术援助工作基本情况和今后意见的汇报提纲》，在此前 14 年内，中国各年的援外支出占财政支出的比重，最高达到 2.85%（1962 年），1964 年可能超过 3%。汇报提纲主张，今后这项支出必须经常保持在一个适当的水平上。[3] 这反映了相关主管部门比较实事求是的看法。

第二节 中国对外援助思想和原则的形成

经过十多年的对外援助实践，中国政府于 1964 年提出了对外援助的八项原则。这八项原则是在一段时间中陆续提出并形成的。1962 年，周恩来总理曾要求有关方面负责人方毅[4]、叶季壮[5] 和国务院外事办公室，对社会主义国家和民族独立国家的经济合作和贸易来往进

[1] 朱良：《无私无畏、追求真理的王稼祥——1962 年被扣上“三和一少”修正主义罪名的真相》，载《炎黄春秋》2006 年第 8 期。

[2] 见《方毅文集》，第 64 页。

[3] 同上，第 65 页。

[4] 时任国家计划委员会副主任、对外经济联络总局局长。

[5] 时任对外贸易部部长。

行分类，提出几条原则送中央审批。[1] 1963 年 12 月 2 日，周恩来在第二届全国人大第四次会议上作关于国际形势、社会主义教育和过渡阶段国民经济计划的报告。在国际形势部分，概括地提出了中国对外援助的八项原则，稍后又对其内容作了进一步丰富和完善。

1963 年 12 月 13 日至 1964 年 2 月 5 日，周恩来总理率中国政府代表团先后访问了亚非十三国，其中对非洲十国的访问均属建国后的首次。1964 年 1 月 15 日，在同加纳总统恩克鲁玛会谈时，周恩来首次介绍了中国对外援助的八项原则，同日在答加纳通讯社记者问时，宣布中国政府在对外提供经济技术援助时严格遵守八项原则。稍后，在发表于 21 日的中国与马里共和国政府联合公报中正式写入了这八项原则，即：

第一，中国政府一贯根据平等互利的原则对外提供援助，从来不把这种援助看作单方面的赐予，而认为援助是相互的。

第二，中国政府在对外提供援助的时候，严格尊重受援国的主权，决不附带任何条件，决不要求任何特权。

第三，中国政府以无息或者低息贷款的方式提供经济援助，在需要的时候延长还款期限，以尽量减少受援国的负担。

第四，中国政府对外提供援助的目的，不是造成受援国对中国的依赖，而是帮助受援国逐步走上自力更生、经济上独立发展的道路。

第五，中国政府帮助受援国建设的项目，力求投资少，收效快，使受援国政府能够增加收入，积累资金。

第六，中国政府提供自己所能生产的、质量最好的设备和物资，并且根据国际市场的价格议价。如果中国政府所提供的设备和物资不

[1]《周恩来年谱（一九四九——九七六）》（中卷），第 500 页。也因此，刘延东副总理“在纪念方毅同志诞辰 100 周年座谈会上的讲话”中称，“在周恩来总理主持下，方毅同志参与了我国对外经济技术援助八项原则的制定”，见《人民日报》2016 年 2 月 27 日第 6 版。

合乎商定的规格和质量，中国政府保证退换。

第七，中国政府对外提供任何一种技术援助的时候，保证做到使受援国的人员充分掌握这种技术。

第八，中国政府派到受援国帮助进行建设的专家，同受援国自己的专家享受同样的物质待遇，不容许有任何特殊要求和享受。[1]

这八项原则中的第一、二项，是中国援外的基本政治原则，即平等互利，相互支援，尊重对方国家主权，绝不附带任何条件，绝不要求任何特权。第三、四项，说明了中国援外的目的和方式。目的在于帮助受援国自力更生，逐步建立和发展独立自主的本国经济。除无偿援助外，采取提供无息和低息贷款的方式。贷款到期，归还如有困难，可以延长期限，决不逼债。第五至第八项，说明了中国援外的主要做法。项目力求投资少，收效快。对外供应的设备和其他物资，是中国现有技术水平下最好的；如有不合格的，一定负责退换。作价公平合理，按照国际市场价格议价。传授技术毫无保留。专家与受援国人员同工同酬。

这样的八项原则，很难想象外方会不欢迎，或者不能感受到中国的真诚。八项原则也为中国对外援助树立了一根标杆，其影响十分深远。

对外援助中具有建设性的思想还有后续的发展。20世纪50年代，新生的中华人民共和国自身在争取和获得苏联的援助，同时为自己确立了争取外援但不依赖外援的思想。[2] 相应地，中国在对别的国家提供援助的同时，也希望对方努力建立起独立自主的本国经济而不

[1] 周恩来：《对外经济技术援助的八项原则》，见中华人民共和国外交部、中共中央文献研究室编：《周恩来外交文选》，北京：中央文献出版社1990年版，第388—389页。

[2]《争取外援，但不依赖》，见中华人民共和国外交部、中共中央文献研究室编：《周恩来外交文选》，第172—174页。

形成对中国的依赖。根据周恩来总理的表述，“亚非国家在各自发展独立的民族经济的过程中，应该互通有无、互补短长、互相援助。一切援助都是相互支持的，都应该完全符合平等互利和互不干涉内政的原则，决不允许利用援助进行控制、掠夺、干涉甚至颠覆”。[1] 1967 年 8 月 12 日，就中国援助马里共和国贷款一事，周恩来提出：“决不能以我方援助，填补马（里）法（国）贸易差额，把马里重新推入殖民地经济而不能自拔。”两天后，周恩来在同马里共和国部长级代表库亚特谈话时说：“如果拿我们的援助来满足法国的欲望，弥补了财政赤字和贸易逆差，等于我们帮助你们重新回到殖民地。我们不能做这种事。”[2] 这也说明，马里方面曾经提出过以中国援助“填补贸易差额”式的设想和要求，这当然有违中国提供援助的初衷和本意，因而是中国不能照做的。

随着 60 年代非洲新独立国家不断产生，中国对第二类国家（尤其是非洲国家）所开展的援助的范围不断扩大。1964 年 7 月 18 日，周恩来主持召开国务院各部委党组成员会议，作关于国际形势的报告，阐述了当今世界存在四个根本矛盾和两个中间地带[3]的理论，对国际形势作了具体的分析，认为非洲最有发展的希望，要加强对它的援助。为加强对亚非国家的经济援助，提出给对外经济联络委员会进一步配备人员。[4] 7 月 31 日，周恩来在与李先念等谈援外工作时指出，各部门都要改变观念，注意抓援外工作，在支持外事工作方面，重点

[1]《周恩来外交文选》，第 394 页。这是周恩来在 1964 年 1 月访问几内亚期间的一次讲话中说的。

[2]《周恩来年谱（一九四九——一九七六）》（下卷），北京：中央文献出版社 1997 年版，第 179 页。

[3] 毛泽东对当时世界划分问题的看法，即亚洲、非洲和拉丁美洲属于第一中间地带，而法国、意大利、德意志联邦共和国、英国，包括加拿大和日本，则属于第二中间地带。

[4]《周恩来年谱（一九四九——一九七六）》（中卷），第 657 页。

是支持对外经济联络委员会；援外在财政支出中的比例，可以考虑安排在3%左右，在外汇支出中的比例，可以进一步研究；援外要注意提高技术，要引进一些新的技术设备做样板。8月7日，周恩来又提议每年的财政预算中，援外拨款可占3%左右，先右后左；外汇现金可占出口外汇收入3%左右，亦先右后左。[1]

其时中国对外提供的援助，一部分为无偿援助，另一部分则采取无息或低息贷款的方式。中国给予外国的贷款，从形式到实质，通常都十分优惠，设身处地替对方着想。这些贷款多半是无息的，一小半是低息的。偿还期限都规定得较长。贷款的提供、使用和偿还，不附带任何政治的经济的或其他性质的条件。中国政府从不以要求对方国家实行某种为中国服务的政策作为贷款的先决条件，对贷款的使用也不进行任何监督和干涉，从来不强使接受贷款的国家用特定的战略原料或别的贵重物资偿还贷款。如果贷款偿还期限已到，对方国家由于一时经济困难不能按期还款，中国政府常给予充分的谅解，延长还款期限，从不乘人之危，进行逼债，借以施加政治压力。这是当时的实情。

中国对外提供的一部分贷款，用于帮助受援国的建设解决长远需要的成套设备项目，即工农业企业和运输设施，包括纺织、食品、机械、冶金、化学、燃料、电力、建筑材料等工业部门的各种类型的企业，以及农场、公路等等。还有一部分贷款，用于提供单项的技术援助和对方眼前急需的各种物资。[2]

在更为具体的援外建设问题上，1966年8月，周恩来接见阿尔巴尼亚水电代表团，得悉中方参加陪见的对外经委有关负责人并未到过阿尔巴尼亚，周恩来说："援外建设要到受援国现场去调查、去实践，

[1]《周恩来年谱（一九四九——九七六）》(中卷)，第660、663页。

[2] 方毅：《亚非国家经济合作应遵循的原则》(1964年6月16日)，见《方毅文集》，第60—61页。

要使我们的援建符合当地实际。否则，在援助亚非国家建设上是危险的。一是我们取不到经验，二是损害了受援国。这是援外建设工作中最重要的一环。”[1]

与此同时，在中国国内的一定范围内，这一时期也正确地提出过“革命不能输出”的思想。譬如，1962 年 3 月，时任中共中央对外联络部部长的王稼祥主持撰写并审定了《关于支持别国反帝斗争、民族独立和人民革命运动问题——实事求是，量力而行》的提纲，指出，共产党在执政前和执政后，在支持别国革命问题上，是应该有所区别的。执政前的支持，不管采取什么形式，都不受国际关系方面的约束。在执政以后，因为有了国家政权，有了军队，有了外交关系，情况就复杂得多了，而且不能不受到国际关系方面的约束。它不能号召别国人民起来打倒本国的统治者。相反地，只能说不干涉别国内政。……中国支持别国的反帝斗争、民族独立和人民革命运动，但又必须根据自己的具体条件，实事求是，量力而行，不要说过头，做过头，不要乱开支持的支票。[2] 同年 6 月，经过认真思考后，王稼祥又提出，我们的战略目的是要赢得世界和平，赢得时间，使我们的社会主义建设取得胜利，同时又使各国人民的进步事业得到发展和逐步地取得胜利。我国的外交政策是和平外交政策；我国外交政策的方针是：争取建设社会主义的国际和平环境。民族解放和人民革命是每一个民族自己的事情。人民只能自己解放自己。任何一个国家人民的解放，要取决于该国人民的觉悟和革命条件的成熟。革命不能输出，也不能输入。[3] 应该坚持不同社会制度国家之间的和平共处政策。那种认为“在帝国主义存在的条件下，不可能有和平共处”，“必

[1] 《周恩来年谱（一九四九——一九七六）》(下卷)，第 48 页。

[2] 王稼祥：《实事求是，量力而行》，见《王稼祥选集》，北京：人民出版社 1989 年版，第 444—445 页。

[3] 同上，第 446—448 页。

须打倒帝国主义，才能有和平共处”，以及“必须彻底消除帝国主义和殖民主义，才能实现和平共处和世界和平”等等的说法，是错误的。[1]

1964年10月24日，周恩来在同菲律宾新闻工作者谈话时表示，革命是不能输出的。我们一贯坚持这个原则。革命要靠本国人民自己来进行。大多数人民选择什么制度，这个国家就实行什么制度。这决不能由别国人民的意志来决定。尽管各国人民都希望世界进步，但这只是一个良好的愿望，而各国人民如何实现进步，这条道路还是要由各国人民自己去走。[2]“革命不能输出”这一重要思想，中国领导层人士在此前后的不同时间、不同的场合曾多次谈及。然而，就最高领导人毛泽东而言，则是比较偏向于更多地支持和援助别国革命这一端的。

1963年8月9日，毛泽东会见来访的索马里总理舍马克，当对方说到自由主要靠当地人民自己去争取时，毛泽东表示完全赞成，并说：“我们认为，支持就是声援，给予经济上的帮助，必要时并给予武器援助，如对阿尔及利亚，我们就给了武器援助。全世界被压迫的民族和被压迫的人民，在争取政治、经济、文化方面的独立和解放的斗争中共同努力，争取从帝国主义和殖民主义的压迫下解放出来。这就是我们的希望。”[3]或许毛泽东“言者无意”，并不觉得其中有什么问题。但这里是可能存有内在矛盾的，可以区分出三种情况。如果所支持或援助的外国政党是执政党，中国提供支持应不会产生什么问题；如果对方是非执政的某国的合法政党，问题也不至太大。而如果对方属于非执政且以武装斗争夺取政权作为其目标的共产党，对它的支持就很可能与不干涉别国内政的原则发生冲突。因此，假如支持别

[1] 王稼祥：《实事求是，量力而行》，见《王稼祥选集》，第454—455页。
[2]《周恩来外交文选》，第429页。
[3]《毛泽东文集》（第八卷），北京：人民出版社1999年版，第332、336页。

国非执政的共产党，无论以何种方式，都可能引起与所在国政府或大或小的矛盾。正是在这一点上，历史给中国留下了教训。

随着中国对外援助范围的扩大和国际形势持续的发展变化，到“文化大革命”开始前，中国援外面临的形势已然十分复杂。就地理位置而言，受援国有的处于温带，有的处于寒带，有的处于热带。各国的政治经济状况彼此悬殊，差别很大。在政治上，有些是社会主义“兄弟国家”，有些是“民族主义国家”。而各个民族主义国家，其政治态度又各不相同。在中国看来，有的国家反帝反殖比较坚决，坚持和平中立，对华友好。有的国家在一定程度上反帝反殖，保持和平中立，对华一般友好，同时对“帝国主义”存有较多的幻想，摇摆较大。还有的国家对华存有很大的戒心，有时甚至追随“帝国主义”，进行反华。在国际局势的发展过程中，这几类国家经常会发生转化。在经济上，有的受援国比较先进，建立了一些现代化的生产部门，有的则极端落后，封建经济和手工业生产占主导地位，有的还是“部落封建社会”。

由于各受援国情况和条件不同，其需要互异，有的要求提供成套项目，有的主要需要现汇，有的主要需要商品。经济落后的国家要求援建中小型项目，有的还要求在企业的建筑安装、原料供应、经营管理、产品销售等环节上一包到底，全面援助。经济比较发达的国家要求援建大型现代化项目。有的国家在政治上对中国态度友好，在技术上则有疑虑。[1]

在综述了这些情况后，对外援助主管部门负责人方毅承认，“我国援外工作面对着这种错综复杂的状况，处于继续上升、不断扩大的阶段，任务是很艰巨的”，“经济技术力量同援外的需要还不相适应。

[1] 方毅:《我国援外工作的基本情况》(1964 年 11 月 16 日), 见《方毅文集》, 第 69—70 页。

在援助的规模、内容和进度上，受援国的需要同我们的可能往往还有不小的距离。这就使我们的工作经常感到被动”。[1]这种经常感到的“被动”，当然不是由于具体主管部门及其负责人的过错或过失，而是源于中国不断扩大对外援助的主观愿望同实际国力所能允许的限度之间的“不相适应”。

1965年8月19日，周恩来总理接见赞比亚农业部长穆登达时表示，万隆会议十年后，亚非国家面临的第一个任务是维护独立、主权和领土完整，争取国际平等地位；支持尚未取得独立国家的斗争；支持现在遭受新殖民主义干涉、颠覆甚至武装侵略的国家。除了政治方面的任务之外，第二个任务是进行经济领域内的共同斗争，即在经济上的平等互利与互助合作。这是个新问题。十年前与十年后，亚非国家的经济力量有了增长。但总的说来还很不够，某些方面甚至还很落后，中国也是这样。要摆脱这种情况，需要亚非国家之间实行真正平等的互助合作，其目的是各个国家的经济得到独立自主的发展。我们主张自力更生，并不排除平等互利的相互合作，但首先要有独立自主的经济，这样的合作才有力量。亚非国家的经济互助合作必然是相互的，不是单方面的。[2]这一认识和估价是恰如其分的，遗憾的是，它得到各方面的充分认识却经历了很长时间。

到“文化大革命”爆发前夕，中国的对外援助思想基本体现为：对于各国人民的建设事业，一方面要满腔热情，积极支持；另一方面又要实事求是，谨慎从事，决不能过分天真，过分热心，过分积极，越俎代庖，包办代替，把好事办成坏事。就对外援助主管部门而言，重点还在后一方面，意识到在国家力量还有限的情况下，尤其要注意突出重点，援助面不宜铺得过宽。越南、朝鲜、阿尔巴尼亚是我国对

---

[1] 方毅:《我国援外工作的基本情况》(1964年11月16日),见《方毅文集》,第72页。

[2] 中华人民共和国外交部外交史研究室编:《周恩来外交活动大事记(1949—1975)》,北京:世界知识出版社1993年版,第473—474页。

外援助的首要重点，应当大力给予援助。对于民族主义国家，要根据团结反帝的方针和区别对待的原则提供援助。对有些独立不久、政局多变、当权派对我疑虑较大的国家，只能酌情提供援助，边做边看，逐步扩大，决不能一厢情愿。对重点受援国的工作，应当起到以点带面、典型示范的作用。[1]

大致在这一时间点上，中国政府和朝鲜民主主义人民共和国政府于 1965 年 11 月签订关于中国向朝鲜提供物资援助的协定，确定中国给朝鲜无偿援助三亿六千零四十万元。包括这项援助额在内，全年共向朝鲜提供援助额（无偿、有偿都在内）为四亿九千三百七十九万元。在这一年中，中国还同其他国家签订了援助协议，规定了各种形式的援助额度，其中确定援款数字比较大的主要有：援助印度尼西亚四亿一千零三十四万元，巴基斯坦三亿六千六百六十二万元，阿富汗六千八百九十三万元。1965 年中国对外签订了额度为三十三亿七千零四十万元（其中无偿援助二十亿二千三百九十六万元）的援助协议，是 1949 年以来到那时为止对外援助最多的一年。1965 年对外援助财政拨款，由上年的十二亿四千万元增加到二十亿八千万元，对外援助财政拨款占国家财政支出的比重，由上年的 3.1% 上升到 4.5%。[2]

第三节
“文化大革命”时期的对外援助

中国在十五年间形成的对外援助思想，在“文化大革命”时期受到了重大冲击。其结果是对外援助的指导思想出现了重大变化；在具

[1] 方毅 1966 年 1 月 29 日在驻外使节会议上关于对外援助工作的发言，见《方毅文集》，第 74—75 页。

[2] 房维中主编：《中华人民共和国经济大事记（1949—1980）》，北京：中国社会科学出版社 1984 年版，第 403 页。

体实践上，常常反此前的正确之道而行之。“革命外交”的一些口号和做法甚嚣尘上。

1966年5月，随着“无产阶级文化大革命”的正式开始，对外工作中的极“左”也逐步达到了高峰。8月，中共八届十一中全会提出，“当前正处在世界革命的一个新时代，帝国主义走向全面崩溃，社会主义走向全世界胜利；无产阶级国际主义是我国对外政策的最高原则”。用当时的另一种说法，是“外交服从革命”，等等。1969年4月，中共“九大”修改后的党章，正式写上了“打倒以美国为首的帝国主义，打倒以苏修叛徒集团为中心的现代修正主义，打倒各国反动派”的奋斗任务。[1] 对外关系中的“四面出击”，达到了登峰造极的地步。

在此氛围下，“革命”成为这一时期的主题词。毛泽东在1970年5月20日发表的《全世界人民团结起来，打败美国侵略者及其一切走狗》的声明中称：“新的世界大战的危险依然存在，各国人民必须有所准备。但是，当前世界的主要倾向是革命。”对此，周恩来于同年11月在同巴基斯坦总统叶海亚·汗会谈时作了一个解释，表示：“在这里，革命是广义的，包括争取和维护民族独立，反对外来侵略和干涉，这是更主要的。”[2] 这当然是一种苦心孤诣的理解或解释，是周恩来务实精神的体现。而对作为最高领导人的毛泽东而言，革命是其毕生的理想追求、浪漫情怀，只有现实条件的允许还是不允许，没有其主观上的愿意还是不愿意。

当时，还有人提出过“中国是世界革命的根据地”一说，同意并支持一些亚洲国家的共产党以中国为基地进行公开的政治活动。1966年至1969年，中国同意并帮助几个外国共产党在中国境内设立广播电台，还帮助一些共产党和左派人士来中国学习军事，为他们提供军

[1] 朱良:《对外工作回忆与思考》, 北京: 当代世界出版社 2012 年版, 第 42 页。
[2]《周恩来外交文选》, 第 467 页。

事、物资和经济援助，甚至派军事骨干去协助他们。与此同时，国家大量增加对外援助，特别是援越抗美和援助非洲。援外支出最高时占到国家财政支出的 6%—7%。[1] 在此过程中，领导人的主观随意性加剧了援外规模的急剧扩大。1970 年 11 月，毛泽东会见巴基斯坦总统叶海亚・汗，谈话时批评第四个五年计划安排的对外经济援助太少，特别是对巴基斯坦的经济援助很不够，提出要由原定的 2 亿元增加到 5 亿元。[2]

在“文化大革命”中，中国对外援助的规模不断扩大，根据主其事者的总结，“从这几年援外工作的开展情况可以看出，对外援助的范围愈来愈广，援建成套项目的任务愈来愈重，技术要求愈来愈高，这是我们面临的新形势和新问题”。[3] 截至 1973 年 4 月，中国援外的情形是：

第一，继续全力支援印度支那三国人民的抗美救国战争。1972 年中国对越南、朝鲜、阿尔巴尼亚、罗马尼亚等社会主义“兄弟国家”提供的援助，占全部对外援助支出的 85.5%。其中援越支出占 60%，为越南坚持进行抗美战争和战时经济建设贡献巨大，中国认为履行了自己应尽的国际主义义务。

第二，新的受援国不断增多。仅 1972 年就有 12 个国家同中国建立了“经济技术合作关系”。中国经援进入拉美一些国家和地中海的重要岛国——马耳他，支持它们维护民族独立和发展民族经济。在中国看来，这有利于进一步扩大国际反霸统一战线。

第三，对非洲一些国家的农业、水利援助项目迅速发展。若干年来，一些非洲国家的领导人逐渐认识到解决农业问题的重要性，对农、轻、重的关系也有了进一步的理解，表示希望学习中国的经验。

[1] 朱良:《对外工作回忆与思考》, 第 43 页。
[2] 房维中主编:《中华人民共和国经济大事记（1949—1980）》, 第 470 页。
[3] 方毅在 1973 年全国援外工作会议上的讲话, 见《方毅文集》, 第 98 页。

许多非洲民族主义国家在同中国商谈建交或复交时，都恳切要求中方派遣农业技术人员顶替台湾农耕队，这被视为不仅是个经济问题，也是一场政治斗争。一年间，中国派出100多名农业技术人员前往塞拉利昂、卢旺达、加纳、塞内加尔、多哥等国，以配合外交斗争。

第四，援外成套项目建设的工作量大于以往任何一年。1972年，发往国外的成套项目设备、材料达52.4万吨，年末在国外的援外人员总数达22 800余人。除大批援越项目因美国扩大轰炸暂停建设外，新上马和续建项目共205项。该年建成49个项目，其中较大的有：阿尔巴尼亚毛纺厂、舰艇修理所，朝鲜橡胶轮胎厂、热工仪表厂，斯里兰卡国际会议大厦，尼泊尔的逊科西水电站和赞比亚的公路等。正在继续进行的重点工程有：阿尔巴尼亚冶金联合企业、菲尔泽水电站和综合炼油厂、索马里公路等。坦赞铁路累积铺轨已达到710千米，超越了全线施工最复杂的关键地段，为今后加速全线施工创造了有利条件。

第五，对外科技合作有了进一步开展。1972年，中国对外提供的技术资料、实物样品、种子苗木等共264项，对方向中国提供的共64项。科技合作具有花钱少、收效快的特点。通过相互往来，对于增进中国同有关国家人民的友谊，交流科技成果，起了一定的作用。[1]

在以上情形下，1973年计划安排的中国援外任务继续有所增长。这一年对外援助支出计划比1972年增长5%左右，其中一般物资和成套项目都有不同程度的增加。援外成套项目，计划安排303个（不包括最近新增的援越项目）。其中新上马116个，续建88个，收尾16个，准备83个。当年计划中，大中型项目建设任务繁重。仅阿尔巴尼亚冶金联合企业、综合炼油厂、菲尔泽水电站、朝鲜地铁设备一期工程、坦赞铁路、索马里公路和苏丹公路等七个项目，就占成套项目

[1] 方毅:《突出重点　统筹兼顾　开创援外工作的新局面》(1973年4月14日)，见《方毅文集》，第87—89页。

建设投资总数的一半以上。[1] 1971 年以来，亚非拉 25 个国家先后向中国提出了七十多个大型项目要求。仅铁路一项，就有 9 个国家提出了援建要求，大大超出当时中国财力、物力所能承担的限度。拉美、北非地区的一些受援国和罗马尼亚对援建项目的工艺技术要求很高。一些老受援国在技术上要求也越来越高。中国援外主管部门负责人士承认，以中国当时的水平，“还不能完全适应”。[2] 这是一种在当时条件下委婉的表达，实际上已是非常吃力了。

这一年，中国同越南共签订七笔援助协议，确定援助数量价值人民币二十五亿三千九百多亿元，均属无偿性质。中国在 1973 年还同其他一些国家签订了援助协议，全年对外签订的援助协议总额度为四十亿零六千三百多万元，实际对外承担三十四亿七千多万元，比上年减少十一亿二千多万元。尽管签订的援外协议额度有所减少，但由于以前签订因而需要执行的援助数量多，使得这一年国家财政对外援助支出达到五十七亿九千八百万元，为新中国成立三十多年来对外援助支出最多的一年；对外援助支出占国家财政支出的比重达到 7.2%，是新中国成立三十多年来援外比重最大的一年。[3] 这一占比也大大高于以往曾经确定的占财政支出 3% 左右的比重。

第四节
对越南、阿尔巴尼亚、朝鲜的援助及其教训

中国援助越南

在当代中国的对外援助历史中，对越南的援助持续时间最长，数

[1]《方毅文集》，第 95—97 页。
[2] 同上，第 98 页。
[3] 房维中主编:《中华人民共和国经济大事记（1949—1980）》，第 512—513 页。

量最大。初期阶段，中国援越抗法，对于越南赢得抗法战争的胜利发挥了直接的重大作用。其后的援越抗美，则为时更长，投入更大。

20 世纪 50 年代中后期法国撤离越南后，美国势力进入。1961 年，美国在越南南方发动“特种战争”，次年在南越西贡成立驻越南军事援助司令部。1964 年 8 月 5 日，美国海空军发动对越南的突然袭击，是为“北部湾事件”，战火扩大到越南北方。到 1965 年底，美国派往越南参加越战的美军增加到 18. 4 万人，1967 年增加到 38. 5 万人，1969 年增加到 54. 4 万人，[1] 几达最高峰。

“北部湾事件”发生次日，中国政府就郑重声明：“越南民主共和国是中国唇齿相依的邻邦，越南人民是中国人民亲如手足的兄弟，美国对越南民主共和国的侵犯，就是对中国的侵犯，中国人民绝不会坐视不救。”“七亿中国人民是越南人民的坚强后盾，辽阔的中国领土是越南人民的可靠后方。”毛泽东著名的话语显示了当年中国倾力援越的决心和姿态。以后，中国援越的规模不断扩大。1965 年 5 月，在周恩来主持下，组成了包括外交部、铁道部、交通部、解放军总政治部、总后勤部、海军、空军、铁道兵、工程兵、总参作战部等 21 个单位的援越协调小组，统一组织、实施援越事宜。此外还成立了由李先念、薄一波、罗瑞卿等七人组成的领导小组，负责掌握援越的方针政策，审批新增援越项目。全部援越工作是在周恩来总理统一指挥下进行的。[2] 周恩来曾指示有关方面，援助越南是我们的头等任务。对越南提出的要求都要严肃、认真、积极地对待。给越南南方的装备，要便于使用、便于携带、便于隐蔽和便于运送。[3] 具体的事例，可说不胜枚举。

[1] 李家忠:《印支外交亲历》，上海：上海辞书出版社 2010 年版，第 10 页。李家忠为中国前驻越南大使。

[2] 同上，第 11 页。

[3]《周恩来年谱（一九四九—一九七六）》（中卷），第 663 页。

有关研究显示，截至 1978 年，中国援越的军事物资可以装备 200 万陆海空军队，各种物资折价 200 多亿美元。包括轻重武器、弹药和军需品，450 个成套设备项目，346 亿米棉布，3.5 万辆汽车，500 多万吨粮食，200 多万吨汽油，3 000 多千米油管，6.35 亿美元的现汇。这些援助不附带任何条件，绝大部分无偿，一小部分是无息贷款。在《关于中国 1955 年援助越南议定书》的附件中，中国不顾本国大米供应紧张，援助越南 3 万吨大米以及 300 吨面粉、5 吨葡萄干、1 130 箱酒及粉条、香烟、中成药、医疗器械等；还有电炉、轮船、电话机、卡尺、灯泡；农业援助项目从农作物栽培、选种育种、病虫害防治，到建兽医院、家畜防疫药剂制造厂、火柴厂、加固水坝等，还包括 10 个碾米厂、两个汽油库。这份清单给人的感觉是中国确实把越南当成了兄弟，无所不给。从 1962 年起，根据越方要求，中国提供各种旧式武器和中国生产的无汉字新武器。越南战争期间，中国生产的大型武器装备很多供应给了越南，甚至从现役装备中抽调，而自己需要换装的坦克和大口径火炮却很少更换。1965 年 5 月，中共中央成立援越运输领导小组，组长为总参谋长罗瑞卿，负责统一处理有关援越事务。周恩来在越南最困难时，五次出访越南，尽中国所能满足越方的要求，还经常主动帮助越南解决困难。1965 年 10 月，应胡志明主席要求，中国先后向越南派出防空兵、铁道兵、工程兵和后勤部队共计 32 万人，最高年份高达 17 万人。1970 年，中国军队奉命全部撤回国内，而 1 442 位烈士的遗骸至今仍留在越南。周恩来曾对越南领导人说：为了支援你们，我们不惜承担了最大的民族牺牲。[1]

1968 年前，中国生产的 63 式电台 3 000 余部，绝大多数支援了越南，自己仅留下少数样机。有的新武器生产不足，宁可自己缺编，也先用于支援越南。由于援越的野战输油管不够，中国推迟当时正在

[1] 舒云:《纠正与国力不符的对外援助》，载《同舟共进》2009 年第 1 期，第 40—44 页。

铺设的战备输油管线，将优质钢管运往越南。1968年6月，越南副总理范雄与中国副总理李先念商谈1969年的援助，提出急需107毫米火箭炮，中国已停止生产这种型号，就把库存全部给了越南。1971年至1972年，越南更是把中国当成了免费武器库，提出要1 000架飞机、三个营的红旗2号地空导弹地面设备及导弹180枚（这些当时最先进的武器都是从苏联进口的，中国自己还没有这么多）、警戒雷达两部、水陆坦克20辆、舟桥两套、大口径加农炮204门、炮弹4.5万发。这张清单完全超出了中国的军事和经济实力所允许的程度。

1973年6月7日，周恩来就中国政府1974年向越南提供无偿援助事致信毛泽东、叶剑英、李先念等中央政治局成员，提到："这几年由于越南抗美救国战争规模扩大，我国援越的物资和外汇也随着扩大。这次，越方提了一个估计值为81亿元人民币的大计划。这个计划太大了，也不切实际；不仅我们做不到，也不合他们急需。我们从越南实际出发，告以恢复和发展经济不是一年做得到的，要用几年时间计算。故现在先定一金额为25亿元（包括外汇1.3亿美元在内）的援助计划，然后再分类计算。"并告：该项计划已同越方商定。毛泽东批准了修改后的援越方案。[1] 次年3月，在接见越南交通运输部长潘仲慧和越南驻华大使时，周恩来向对方介绍了新中国成立二十年来国内基本建设中的经验教训，说，中央管的大中型工程项目不能搞得太多，"如超过一千二至一千八百项，就有三分之一完不成"，"超过了，又得调整"，"造成人力、财力、物力很大浪费"。我们已经吃过两次大苦头[2]了，小苦头还不算。指出：基本建设"要集中力量打歼灭战"，搞大中型项目要分类排队。"即使都是急的，也要分前后，要

[1]《周恩来年谱（一九四九—一九七六）》(下卷)，第598页。

[2] 指1958年至1960年和1970年至1971年两次盲目扩大基本建设规模，超出了国力的承受范围，造成国民经济各方面比例严重失调。

有个步骤。”[1] 这样的经验分享，真可谓是推心置腹，也可说苦口婆心。中国领导人试图让对方明白，国家建设和要求别国援助，都要实事求是，循序渐进。1974 年 8 月 3 日，周恩来总理在医院会见越南副总理黎清毅时说，从你们抗美救国战争开始以来，我们一直把援越摆在援外工作首位，至今仍是如此，有的属于贷款，但大部分是无偿的，援越经济、军事总金额占我们援外的 48%，外汇、粮食都占我援外的首位。根据毛主席和我们党中央的精神，你们在打仗，不援助你们，就不是无产阶级国际主义者。[2]

1975 年 4 月，越南全国统一。那一年的 8 月 4 日，主持国务院日常工作的邓小平在李先念副总理报送的《关于越南要求我国提供一九七六年经济援助问题的请示》报告，作出批示：“从明年起，物资供应和成套设备均宜改为贷款。”[3] 由此可见，尽管越南战争结束了，越南仍在要求援助，而中国根据形势的变化，对援越问题及援助方式这时已不可能不作新的考虑。

中国援助阿尔巴尼亚

中国援助阿尔巴尼亚始于 1954 年，援阿鼎盛时期为 20 世纪 60 年代初。

在国际共运内部的分歧和斗争中，中国和阿尔巴尼亚两党两国走到了一起。在 1960 年 6 月举行的 12 个社会主义国家的共产党、工人党布加勒斯特会议上，苏联及其他东欧国家领导人都批评指责中国共产党，唯独阿尔巴尼亚劳动党代表团力排众议，发言表示不同意苏共

[1] 《周恩来年谱（一九四九—一九七六）》（下卷），第 654—655 页。
[2] 中华人民共和国外交部外交史研究室编：《周恩来外交活动大事记（1949—1975）》，第 704 页。
[3] 中共中央文献研究室编：《邓小平年谱（一九七五—一九九七）》（上），北京：中央文献出版社 2004 年版，第 76 页。

批评中共的做法。在同年 11 月举行的 81 国共产党、工人党莫斯科会议上，阿劳动党第一书记霍查发言，批判苏共领导的理论和政策，说苏共代表团在布加勒斯特会议上犯了错误，对中国共产党的指责是不正确的。阿尔巴尼亚的立场观点赢得中国领导人的重视和钦佩。中国逐步认为，以霍查为首的阿尔巴尼亚劳动党是“真正的革命的马克思列宁主义政党”，是捍卫马克思列宁主义、反对现代修正主义的“坚强战士”。[1]

1961 年 12 月，苏联同阿尔巴尼亚断交。12 月 15 日，《人民日报》公布了苏联外交部关于撤离驻阿尔巴尼亚外交人员和要求阿尔巴尼亚外交人员离开苏联的公报，以及有关这一问题苏方的三个通知和阿方的两个照会。中国为了表示对阿的支持，对社会主义国家举行的会议，凡是未邀请阿尔巴尼亚或者邀阿而阿不参加的会议，中国均不参加。

苏阿 1961 年底断交后，苏停止援助，东欧国家的援助也减少以至停止。阿尔巴尼亚经济上遇到很大困难，急切要求中国支援。在此之前，中国已经开始援助阿尔巴尼亚，此后迅速大幅增加。1961 年至 1969 年，中国向阿尔巴尼亚提供的贷款总额达到 15.5 亿元人民币，均为无息贷款。同时向阿提供大量军事援助。

据统计，1954 年至 1978 年，中国援阿成套项目共计 142 个，其中已经建成的 91 个，基本建成和正在建设的 23 个，已经考察和进行设计的 17 个。中国为阿尔巴尼亚兴建了钢铁、化肥、制碱、制酸、玻璃、铜加工、造纸、塑料、军工等新的工业部门，增建了电力、煤炭、石油、机械、轻工、纺织、建材、通讯和广播等部门的项目，大大提高了阿的工业化水平。据时任中国驻阿尔巴尼亚大使耿飙在回忆

[1] 王泰平主编:《中华人民共和国外交史（第二卷）1957—1969》, 北京：世界知识出版社 1998 年版，第 335—336 页。

录中所述:“军援项目之繁多，数量之大，也超出了阿国防的需要。”

在援助物资的使用上，阿方浪费极其严重。“应当指出的是，中国向阿提供大量援助之际，正是在中国三年困难时期，以及遭受唐山地震等国内经济十分困难的情况下提供的。中国尽了最大的努力，把自己最新最好的技术、设备、机械、拖拉机、车辆等提供给阿尔巴尼亚，其中仅粮食就达 180 万吨。中国人节衣缩食、勒紧裤带，万里迢迢，很不容易运去的大量钢材、机械设备、精密仪器等，阿方随意堆放在露天地里，常年风吹雨打。中国专家看到后心疼得直掉眼泪。据说，当中国人员向阿方提醒不要随便浪费时，阿国人竟毫不在乎地说:‘没关系，坏了，没有了，中国再给嘛。’”耿飚还发现，马路边的电线杆都是用我国援助的优质钢管做的。他们还把我国援助的水泥、钢筋用来到处修建烈士纪念碑，在全国共修建了 10 000 多个。我们援助的化肥被乱七八糟地堆在地里，任凭日晒雨淋。诸如此类的浪费现象，不胜枚举。[1]

中国的慷慨和无私，始料不及地养大了一些受援国的胃口，以致对中国的要求越来越多，甚至提出了各种难以置信的援助要求。根据耿飚的忆述，“我们帮他们搞了纺织厂，但他们没有棉花，我们还要用外汇买进棉花给他们。他们织成布，做了成衣，还硬要卖给我们，倒过来赚我们的钱。记得有一次阿副总理查尔查尼向我提出，要我们帮助更换化肥厂的主要设备。该化肥厂是我们援建的，本应使用我国生产的机器设备，但阿方不要我国的机器，指定要用意大利的，我们只好用外汇从意大利买来机器安装上。现在这台机器坏了，查尔查尼还要我们从意大利买机器来更换。我当即拒绝了他的这个不合理要求”。[2]

之所以如此倾力援助，是因为政治挂帅，但如此“有求必允”的

[1][2] 耿飚:《耿飚回忆录》, 北京: 中华书局 2009 年版, 第 484—485 页。

援助法，一路发展下去，终至中国无力承担。[1] 而当中国无法完全满足对方的要求时，却成为对方指责抱怨中国的理由。情形于是变成受援的一方获得好处理所应当，提供援助的一方倾尽全力还捉襟见肘，有时甚至“打肿脸充胖子”，却反而好像理亏，只能给予而不能不给，只能增加而不能减少。如此一来，一切都颠倒了。

1954 年至 1978 年 6 月，中国对阿的援助可概括如下：

（1）提供援款共 75 笔，协议金额为人民币 60.45 亿元，其中贷款 30.58 亿元（包括现汇），无偿援助 29.86 亿元（其中军援 26.39 亿元）。以上援款总额、贷款部分系按两国协议金额和贸易作价原则计算，现汇按人民银行交付时外汇牌价计算，无偿部分按国内价格计算。当时军援作价偏低，据有关部门后来计算，较合理价值至少为 79 亿元。所以，中国致阿方照会称中国援款总额为人民币 100 多亿元。

（2）在贷款项下，中国承担提供成套设备 142 项，其中已建成投产 90 项、正在建设的 24 项、尚未施工的 28 项。项目包括冶金、采矿、水利、电力、石油、机械制造、纺织、建材、通讯等各个行业。

（3）在贷款项下提供的一般物资包括：粮食 180 万吨、饲料 100 多万吨、钢材 100 多万吨、食用油 7 万多吨、棉花 7 万多吨、拖拉机 1 万多台等。

（4）军援属无偿援助，主要包括：各种飞机、导弹、坦克及装甲车、各种舰艇、火炮、枪支、子弹、各种运输车等。据中国有关部门估算，到 1975 年，中国供应的装备已可供阿 40 万正规军和 30 万民兵之用。

（5）中国先后派往阿各方面专家 6 000 多名，在华培训阿实习生

---

[1] 1975 年，阿尔巴尼亚进一步向中国提出军援要求，中方表示，“你们提的单子太大、太大、太大，我们确实心有余而力不足”。连续三个“太大”，足见阿方的过分和中方的困窘。见王泰平主编：《中华人民共和国外交史（第三卷）（1970—1978）》，北京：世界知识出版社 1999 年版，第 266 页。

1 600 多名。

据统计，截至 1978 年 3 月，阿偿还贷款仅 2.56 亿元人民币。在中国的对外援助中，阿尔巴尼亚所获数量上仅次于战争中的越南，占第二位，按人口平均则占第一位。[1]

当阿尔巴尼亚变本加厉地提出要求时，中国未能完全满足阿尔巴尼亚对经援、军援的庞大要求，这成为后来中阿关系恶化、破裂的重要原因之一。

中国援助朝鲜

朝鲜战争于 1953 年结束，中国在战争援助之后继之以对朝鲜的经济援助。1953 年 7 月朝鲜停战，11 月间朝鲜领导人金日成访华。中国党和政府决定将 1950 年 6 月 25 日至 1953 年 12 月 31 日期间援助朝鲜的物资和费用全部无偿赠给朝鲜政府，并且再加拨部分经费作为无偿援助，支援朝鲜国民经济的恢复工作。[2]

根据已经公开的材料，中国对朝鲜的援助包括：1950 年 6 月至 1953 年底中国援助朝鲜的 72 900 亿元（合 14.5 亿卢布）全部免于偿还；1954 年至 1957 年四年内，再提供 80 000 亿元（合 16 亿卢布）的无偿援助，其中 1954 年提供 30 000 亿元（合 6 亿卢布），这些款项将用于供应工业原料、建筑材料、机器设备、粮食和其他用品，以及修复铁路和桥梁；在三年（1954 年至 1956 年）期限内，中国拨出资金收养 22 735 名朝鲜难民儿童，并赡养负责教育这些儿童的 7 186 名朝鲜公民及其家庭成员。除了资金、技术和物质的援助外，中国对朝鲜重建作出的无可替代的贡献，是几十万志愿军官兵所提供的大量无偿劳动力。这一点，在朝鲜劳动力极为紧缺的战后初期，尤其重要。在

[1] 王泰平主编:《中华人民共和国外交史（第三卷）(1970—1978）》, 第 271—272 页。
[2] 王家瑞主编:《中国共产党对外交往 90 年》, 北京：当代世界出版社 2013 年版，第 43 页。

停战后的三个月内，志愿军铁道兵便修复、修整和新建桥梁308座，全长1.5万米，并修复车站37处，协助朝鲜铁路员工全部恢复了朝鲜北部原有铁路线。此外，在城市重建，修筑水坝、河堤、水渠，植树造林，春播秋种，修建民宅，修复校舍等各个方面，志愿军都投入了巨大人力支援。仅1957年上半年，志愿军投入朝鲜经济建设的人力就达43万个劳动工日。到1958年全部撤军前，志愿军共帮助朝鲜修建公共场所881座，民房45 412间，修复和新建桥梁4 263座，修建堤坝4 096条，全长429 220米，修建水渠2 295条，长达1 218.71千米，进行田间劳动8.5亿坪，送粪1 314.6万担，植树3 608.65万棵，运送粮食物资63 853吨。此外，志愿军官兵节衣缩食，以粮食2 126.05万斤、衣物58.9万件，帮助部分驻地民众渡过灾荒，还为朝鲜人治病188.39万人次。[1]

1957年9月13日至10月6日，以金一为团长的朝鲜经济代表团访问中国。中方确定的方针是：根据双方需要和可能的原则，在物资供应上帮助朝鲜解决困难。据中方估计，1958年至1961年中国对朝鲜贸易出超将达到人民币8 000万到1亿元。中方决定不再以无偿援助或贷款的方式解决其差额，而是尽可能进口一些中国并不急需的朝鲜物资，以促进朝鲜自身的生产建设。由于中国“二五”计划尚未确定，故这次只商谈1958年的贸易问题。对于朝鲜最关心的几项物资，中国都尽力予以解决。如中国1958年计划煤炭缺口在600万吨以上，但还是完全满足了朝鲜的需要（87万吨）。硫黄中国自己也缺，橡胶还要靠从国外进口，也都满足（硫黄）或基本满足（橡胶）了朝鲜的需求。只有棉花难以达到朝鲜的要求。中国连续两年未完成棉花播种计划（1956年差500万亩，1957年差700万亩），因此打算1958年

[1] 沈志华、董洁：《朝鲜战后重建与中国的经济援助（1954—1960）》，载《中共党史研究》2011年第3期，第50—52页。

从苏联进口几万吨棉花。在这种情况下，对于朝鲜要求供应的棉花（12 000 吨）、棉纱（1 500 吨）和棉布（1 000 万米），经过反复谈判，中方最后答应只能提供 8 000 吨棉花、500 吨棉纱和 500 万米棉布。至于进口物资，水泥、漂白粉、硝酸铵三种大宗物资，以及黑铅等，中国实在不需要，且无法转口，故不能接受。除此之外，尽量接受了朝鲜的货单，如中国的碳化钙已经过剩，而朝鲜要求出口 3 万吨，最后中国接受了 8 000 吨。朝方对谈判结果感到满意，认为“基本上解决了要讨论的所有主要问题”。在实际执行中，中国又作出一些让步，如对贸易差额的处理。因中国无偿援助的款项到 1957 年已经用完，为满足朝方需要，除提供一般物资贷款外，采取了扩大贸易的积极措施。而中国对朝贸易年年出超，1957 年至 1960 年共计 6 229 万美元，这些差额最后基本上都用贷款方式解决了。[1] 而贷款能不能收回，只有天晓得了。

此后，从 1958 年下半年起，中苏矛盾开始在一系列问题上表现出来，至 20 世纪 60 年代初走向分裂。在这场意识形态斗争中，中苏双方都希望获得朝鲜劳动党的支持，因此竞相向朝鲜提供援助。60 年代初，中共在国内面临严重经济困难的局面下，尽己所能地向朝鲜提供经济援助。鉴于中国的经济援助保质保量且有求必应，朝鲜提出的要求越来越多，中国竭尽全力仍不能完全满足朝鲜的需求。[2] 中苏对立加剧后，鉴于中朝两党都对苏共路线不满，加之朝鲜的重要战略地位，中国进一步加强了对朝鲜的经济援助。在中国援朝的过程中，更加注重政治影响，经济利益的考量被进一步忽视。中国出口朝鲜的商品，有些按成本计算亏本很高，但考虑到是朝鲜工业发展的必需原

[1] 沈志华、董洁:《朝鲜战后重建与中国的经济援助（1954—1960）》，载《中共党史研究》2011 年第 3 期，第 53—54 页。

[2] 董洁:《中苏分裂后中国对朝鲜的经济援助（1961—1965）》，载《外交评论》2014 年第 4 期，第 43—44 页。

料，中方便全部满足了朝鲜的要求。如石膏和硫磺，朝鲜的需求量较大。按成本计算，中国每出口一吨仅能收回成本价的20%—25%，并且由于劳动力缺乏，中国的生产很不稳定。无论从经济核算的角度看，还是从生产状况的角度看，这两项商品都是中国不应该出口和不应当多出口的。但是中国考虑到这两项商品都是朝鲜发展“七年计划”所必需的重要原料，如果不供应，会“影响朝鲜的生产和发展”，因此之故，中国克服自身困难，全部满足了朝鲜在长期贸易中对这两项商品的要求。[1]正如外贸部所总结的，中国对外经济关系总的原则就是“经济要服从政治”。在中国对朝经济援助过程中，“只算政治账，不算经济账”的特征十分显著。

中国这样竭尽所能地援助朝鲜，固然在政治上得到了朝鲜的某些支持，但这种支持不是牢固的、长期的，而是易变的、不牢靠的。好景不长，1966年，随着中国开始“文化大革命”，在外交领域也实行极左路线，也由于中国国内红卫兵、大字报对朝鲜的攻击批判，中朝关系再次跌入深渊。

多年的中国对朝经济援助，呈现出两个特点：一是政治考虑优先，“只算政治账，不算经济账”；二是尽己所能，甚至超出自己所能承受的合理负担。这两个特点的突出表现，是中国在贸易方面给予朝鲜种种“特殊照顾”。在出口方面，中国在自身供给不足的情况下，优先保证朝鲜需要，赔钱生产朝方需要的产品，甚至动用宝贵的外汇进口某些物资以满足朝方需要；在进口方面，中国经常接受本国所不需要而朝鲜希望出口的物品。此外，朝鲜随意更改援助计划所造成的经济损失也由中国承担。从实际结果看，中国在经济上的巨大付出并未使得中朝关系进入稳定持久的友好状态，也即对朝援助本来就是主

[1] 董洁:《中苏分裂后中国对朝鲜的经济援助（1961—1965）》，载《外交评论》2014年第4期，第49页。

要从政治考虑出发的，但其结果，中国对朝鲜的政治影响力仍很有限。中国不附带任何条件、主要以满足对方需求为目的的援助方式，使得援助国很难对受援国的行为加以约束，也难以对受援国的内部结构产生影响。[1]

经过对苏联看法的分歧和“文化大革命”的关系波折，1970 年 4 月，周恩来总理应金日成首相邀请对朝鲜进行了正式友好访问。这是中国总理时隔 12 年后第一次访问朝鲜，双方坦诚相见，说明了自 1965 年以来中朝各自的情况，取得了谅解。这次访问后，两国关系又“全面发展”。1975 年 4 月，朝鲜劳动党中央委员会总书记、国家主席金日成率团正式访问中国。这是金日成自 1961 年后第一次正式访华，也是他 1972 年当选为国家主席后第一次正式出访。1970 年至 1974 年，两国政府共签订了五个贷款协定。此外，在 20 世纪 70 年代，中朝两国政府还先后签订了两个《相互供应主要货物的协定》《渔业互助合作协定》《国境铁路协定》等。[2]

1976 年 1 月 8 日，新华社报道，中朝两国共同建设的中朝友谊输油管竣工。中国对朝鲜供油，1970 年为 15 万吨，1972 年增加到 140 万吨。为了运输石油，中朝双方于 1972 年商定建设输油管。这项工程于 1974 年 2 月动工，1975 年建成。这条管道过江地点选在中国丹东和朝鲜的新义州附近，年输油能力为 400 万吨，其中输原油 300 万吨，输成品油 100 万吨。[3]

除了援助越南、阿尔巴尼亚和朝鲜外，中国还勒紧裤带援助了很多发展中国家。例如中国曾无偿为非洲国家建造了 20 多座体育场馆。国际奥委会主席萨马兰奇曾说：“要想看中国最好的体育建筑，请到

[1] 董洁:《中苏分裂后中国对朝鲜的经济援助（1961—1965）》，载《外交评论》2014 年第 4 期，第 57—58 页。

[2] 王泰平主编:《中华人民共和国外交史（第三卷）（1970—1978）》，第 35—39 页。

[3] 房维中主编:《中华人民共和国经济大事记（1949—1980）》，第 558—559 页。

非洲去。”截至1966年，中国援非金额累计已达4.23亿美元。[1]在东南亚，柬共夺取政权后，1975年8月18日，中柬两国政府签订了经济技术合作协定。协议规定，中国向柬埔寨提供价值6亿元人民币的一般物资和成套项目的无偿援助。1976年2月10日，签订中国向柬埔寨提供无偿军事援助协定，援助额折合人民币2.26亿万元。[2]

中国援建坦赞铁路

为坦桑尼亚和赞比亚修建坦赞铁路是迄今为止中国最大的单个援外项目。在当时的条件下，决定援建这条铁路是需要下很大决心的。20世纪60年代，非洲民族独立运动席卷整个非洲大陆。一些新独立国家由于长期受殖民主义的压榨，政治上虽然取得了独立，但经济极为困难，很需要得到支持和帮助。在这一情形下，非洲被认为是开展工作的一块广阔天地。坦桑尼亚和赞比亚独立较早，对华态度一直友好。坦总统尼雷尔计划开发南部的决心较大，想借此发展民族经济，扩大政治影响。赞比亚是个内陆国家，没有出海口，原有的三条铁路是供出海用的，一条通过扎伊尔到安哥拉的洛比托港；一条通过罗德西亚到南非的开普敦和伊丽莎白港；还有一条通过罗德西亚到莫桑比克的贝拉和马普托。独立后，这三条铁路相继被封锁或半封锁，只剩下一条通往坦桑尼亚首都达累斯萨拉姆的土路，且雨季不能通行，致使货物运输发生严重困难，急需修建一条新铁路，但苦于经济无援。修建一条连接坦赞两国的铁路是两国的共同愿望。坦赞政府曾一起向世界银行提出援建坦赞铁路的要求，但被婉拒。坦桑尼亚又曾要求苏联政府帮助修建这条铁路，又被苏联拒绝。要不要帮助坦赞两国修建这条铁路？对于中国算得上是一个重大的问题，出现了两种意见。一

[1] 舒云:《纠正与国力不符的对外援助》，载《同舟共进》2009年第1期。
[2] 房维中主编:《中华人民共和国经济大事记（1949—1980）》，第552、559页。

种意见认为，从战略高度考虑，有必要援建。另一种意见是，这样一条大约 1 860 千米的铁路，建设费用少说也得十几个亿人民币，用如此庞大的费用去援建一条铁路，不如用这笔钱去援建一些中小型项目，可以帮助许多非洲国家建设几十个乃至上百个厂矿、场馆、商场等等。很快，如下意见占了上风，即坦赞铁路对坦桑尼亚和赞比亚来说，不仅具有经济上的意义，更重要的是还具有军事上和政治上的意义。这两个姐妹国家还被帝国主义、殖民主义、种族主义包围着，他们共同认识到没有周围国家的独立解放，就不会有他们自己真正的独立解放。坦赞铁路一定要修，援建的方面可以是中国，也可以是其他国家。[1]

当时的一个初步设想是，坦赞铁路全长 1 600 多千米，其中赞境内为 930 多千米，赞方曾计划请日本承建，坦境内 690 多千米，[2] 由中国承担。但仅坦境内的投资，初步估计，少说也得人民币 7 亿多元，也就是说，每修建 100 千米铁路，约需要 1 亿元人民币。因路途遥远，还要经过海拔 1 300 多米以上的山脊线，所需设备材料的运输量约 83 万吨，可谓工程艰巨，投资空前。[3] 尽管如此，中国最终仍然作出了援建坦赞铁路的决策。在其中发挥了最主要作用的，仍是政治性的考虑，即“为援助非洲新独立的国家和支持非洲民族解放斗争”，“此事将在非洲产生很大的政治影响”，反帝、反殖等。

正如八项原则所确定的那样，中国援建坦赞铁路也不要求任何特权，不附加政治条件。援助的形式是无息贷款，规定期限还款。如果到期还款有困难，可以延长；如果再付不出，还可以进一步延期。

[1] 参见外交部政策规划司编:《中非关系史上的丰碑——援建坦赞铁路亲历者的讲述》，北京：世界知识出版社 2015 年版。

[2] 这一估计并不很准确，后来证明实际里程不止这些。

[3] 尹家民、张铁珊:《毛泽东、周恩来与坦赞铁路》，见李同成、金伯雄主编:《中国外交官在非洲》，上海：上海人民出版社 2005 年版，第 178—221 页。

1967 年 9 月，三国政府代表团进行了会谈，并签订了《中华人民共和国政府和坦桑尼亚联合共和国政府、赞比亚共和国政府关于修建坦桑尼亚—赞比亚铁路的协定》。协定分三步实施：（1）中国政府派出必要数量的专家赴坦桑尼亚和赞比亚，就铁路工程进行考察，其费用由中国负担；（2）中国政府派出必要数量的专家和技术人员，对铁路工程进行勘测，根据考察、勘测的结果，由中国方面进行设计；（3）根据设计结果，由中国政府派遣必要数量的专家和技术人员，帮助坦桑尼亚政府和赞比亚政府组织施工。

1970 年 7 月 9 日，周恩来接见参加中国、坦桑尼亚和赞比亚三国关于修建坦赞铁路第四次会议的坦赞代表团，在谈及中国对外援助的原则时表示，我国帮助友好国家的建设项目，不仅要完成，而且一定要使受援国人民学会掌握全套技术和经营管理，训练好技术人员和工人，把项目交给受援国使用，这才是完全做到了援助。[1]

坦赞铁路项目 1970 年 10 月开工，中国总共为该项目提供了 9.88 亿元人民币贷款，发运各种设备近 100 万吨，先后派出工程技术人员 5 万人次。中国工程技术人员与坦赞筑路工人一起，在极其艰苦的条件下修筑了这条铁路，有 59 名中方人员还献出了自己的生命。坦赞铁路于 1975 年 5 月建成通车，1976 年 7 月正式移交给坦桑尼亚和赞比亚。该铁路东起坦桑尼亚首都、著名海港达累斯萨拉姆，西至赞比亚的卡比里姆波希城，与铜带省原有的铁路接轨，全长 1 860 千米，其中坦桑尼亚境内 977 千米，赞比亚境内 883 千米。这条铁路的建成对有关非洲国家的重大意义是显而易见的。根据中华人民共和国外交部编撰的《中华人民共和国外交史》，“铁路建成后，作为赞比亚国民经济支柱产品的铜，由此运往达累斯萨拉姆港出口并从港口运进赞比亚所需的进口物资，从而挫败了当时南非和南罗的西亚白人种族主义

[1]《周恩来年谱（一九四九—一九七六）》(下卷)，第 378 页。

政权封锁赞比亚边界，切断其经南非和莫桑比克出海口的图谋。这条铁路也输送过武器和军用物资，支援了南部非洲的民族解放斗争。同时，铁路连接了坦赞两国广大地区，促进了两国的贸易往来和经济发展。因此，这条铁路受到两国人民和非洲国家的高度赞扬，被誉为'自由之路'、'解放之路'和'南南合作之路'"。[1]

那么，中国方面的"成本—收益"如何呢？政治上中国有得，在第三世界国家中的威望提高了，获得了更大的支持。但在经济上付出了很大代价，尤其在 20 世纪 70 年代的本国经济状况下，中国作出的牺牲是显而易见的。

第五节 必要的反思与调整

从上述中国对外援助的历程中，一个必然能够得出的结论，也是一条重要的经验，首先是"量力而行"四个字。在相当一段时间中，中国没能遵循量力而行的原则，使中国援外的付出十分巨大，而效益如何，却问题多多，二者之间是否成比例，被打上了一个问号。

其次是援助的形式。无偿即白送式的援助，在援助方也许是出于一种"大义"，在受援方则是坐享其成，何乐而不为?！就好像这种获得是理所应当似的。在白送式的援助中，受援的一方只管得到，而无需承担什么义务，而且对它也没有什么约束条件，实际上便不会珍惜，时间一长甚至被"惯坏"了。当援助方（中国）意识到需要作出调整时，反而似乎变成了错误的一方，受援方却振振有词，"白给"仿佛成为了援助方的一种义务。如果说"不附加政治条件"是对的，那么，"不附加任何条件"在实践中的实际效果并不

[1] 王泰平主编:《中华人民共和国外交史》(第三卷)，第 193 页。

好。在这样一种关系中，由于受援方得之过于容易，便不珍惜所得到的援助，援助方也就无法发挥好对外援助作为一种对外政策手段的功能了。

更为深刻的教训是，以意识形态划线并主导援外使中国付出了重大代价。以意识形态划线的对外援助，是对意识形态相同或相近的国家竭尽所能甚至不计代价地提供支持和援助，反之，意识形态不同或理论立场相异，就另当别论，或视为异己，公开批判，甚至断绝来往。在具体实践中，阿尔巴尼亚劳动党对中国的“文革”最为支持，就被吹捧为“欧洲一盏伟大的社会主义明灯”；朝鲜劳动党对“文革”有所保留，就受到指责，以致使得原先所进行的对朝援助的作用也被完全抵消或彻底作废。过了一段时间后又提供新的援助来求得关系的改善，使对外援助失去了作为外交政策手段的应有效能。

外交成本来自国民，外交的首义应使自己的国家特别是自己的国民获得利益，其付出应首先为这一目标服务。然而中国对有的国家持续和大规模地提供“真诚”和“无私”的援助，最终却以双方关系的破裂而告终。这样的结果，若非“竹篮打水一场空”，却怎么说都是始料不及和与当初的良好愿望背道而驰的。

若干年间，中国强调它的对外援助是“无私”的，这一问题值得深究。无私的含义应是只考虑对方需要而不顾自己的利益。这一情形是可能出现的，所谓“无产阶级国际主义”，就蕴涵着“自我”小而“国际”大的内容，以至于可以“无私”到国内的需要先不顾，而首先满足外方需要的程度。受援方得来援助易如反掌，反而被“宠坏”，狮子大开口，如果没有满足其全部要求，反而是中国不对，它却振振有词，这就把整个问题颠倒了。倾力援助后却得到关系破裂的结果，不能不给中国一个深刻的教训，对“无私”的做法也不能不有所反思。

曾任中联部副部长的朱善卿在回顾历史后体认到，那时我们错估了国内形势，强调“以阶级斗争为纲”，进行“无产阶级专政下的继续革命”。“我们也错估了国际形势，认为世界的‘主要倾向是革命’，把‘革命制止战争’看作一种现实的可能，并积极支持东南亚一些国家的共产党‘开展武装斗争’，‘闹革命’，而实际上当时世界上绝大多数国家并不存在直接革命形势。”[1] 正是从“支援世界革命”的目的出发，当时的中国作出了超出实际国力的对外援助承诺和决定，其中的绝大多数为无偿援助，这就注定了这样的援外是不可持续的。后来也确有国家不止一次对中国谈到，除了在战争状态或其他特殊情况下，对外国提供无偿援助的做法不好。那时的中国一直强调不做“军火商”（当时是指责苏联），白送军火给一些国家，连成本都不考虑了。[2]

然而，中国的实际国力毕竟无法支撑不切实际的对外援助。1973 年 1 月，新上任的智利总统萨尔瓦多·阿连德通过外交渠道表达了希望中国提供援助的要求并派其外长访华。周恩来在致阿连德的正式信函中表示：“我们本愿能对智利人民的经济建设事业做出较大的贡献，但是由于我们的经济力量还很有限，同时又肩负着支援越南和印支各国人民斗争和其他方面的国际义务，目前尚处于力不从心的状态，总统阁下想必对此能予谅解。”[3] 1975 年 3 月 13 日，国务院副总理李先念在有关阿尔巴尼亚的一个批示中写道：“一九七五年到一九八〇年援助数目字太多了，我们力不从心。而且按照以往的经验，长期协定外，阿方（指阿尔巴尼亚）每年还会要求增加一般物资，因此援助金额和项目不能这样多。凡是要我供应原料的项目不能再答应。虽然谈判时会遇到困难，但这样做更扎实可靠些，也有利于阿在经济上独

[1] 朱善卿:《我从事党的对外工作的几点体会》，载《当代世界》2010 年第 12 期，第 18 页。
[2] 朱良:《对外工作回忆与思考》，第 60—61 页。
[3]《周恩来外交文选》，第 497 页。

立自主。”[1]不光是对阿尔巴尼亚，20 世纪 70 年代前半期对外援助的“力不从心”是十分显然的。在此情况下，对中国的援外工作进行调整便势在必行了。

1975 年 4 月 23 日，外交部、中共中央对外联络部、对外经济联络部、对外贸易部、中国人民解放军总参谋部、国家计划委员会上报中共中央《关于今后对外援助问题的请示报告》，中共中央同意了这一报告。随后就发出了压缩和调整国家对外援助支出的文件。中国对外援助支出占财政支出的比例，“一五”“二五”期间为 1% 多一点。从 1963 年开始比例逐年提高，到 1972 年、1973 年、1974 年依次为 6.7%、7.2%、6.3%，超过了国力所能负担的程度。考虑到越南战争即将结束，朝鲜、阿尔巴尼亚等受援国的经济已有一定基础，有的受援国生活水平比中国还高，而要求中国援助的第三世界国家日益增多，需要统筹兼顾。同时，国内建设也明显需要加强。根据这种情况，中共中央决定，在第五个五年计划（1976—1980 年）期间，对外援助占财政支出的比例，由“四五”时期（1971—1975 年）的预计 6.5% 降至 5% 以内。对外援助总额基本维持“四五”水平，大约平均每年 50 亿元人民币。扣除结转因素，平均每年新提高二三十亿元。对朝鲜、越南、阿尔巴尼亚、老挝、柬埔寨五国援助占援外总额的比例，以不超过 50% 为宜。[2]

1975 年 8 月 3 日，国务院副总理李先念就改变对越南援助问题致信主持中央日常工作的邓小平：“对过去已签协议中，尚欠的军事物资部分（6.5 亿万元），已告总参作战部同志，今年不能全交，到年底至多交 2 亿到 3 亿元，其他欠交物资将拖到明年或更长点时间交付。过去由于越南打仗，援越的一般物资、军事物资和成套项目都是无偿

[1]《建国以来李先念文稿》（第三册），北京：中央文献出版社 2011 年版，第 323 页。

[2] 房维中主编：《中华人民共和国经济大事记（1949—1980）》，第 544 页。第四个五年计划起讫为 1971—1975 年，第五个五年计划起讫为 1976—1980 年。

的。鉴于现在越战已告结束，从明年起，除军事物资外，应改为贷款。以后，军事物资一般不再提供了。”[1] 这是中国援外调整的先声。事实已经表明，超出自身国力能够承受范围的对外援助毕竟是不可持续的，中国对外援助工作的改革势在必行。

20 世纪 70 年代的中国也开始参加多边援助。1971 年，中华人民共和国恢复了在联合国的合法席位。从 1973 年起，中国开始向联合国系统有关机构提供自愿捐款，以多边方式开展了对其他发展中国家的援助。至 1978 年，中国向联合国开发计划署、工业发展组织、资本发展基金共捐款 1 620 万元人民币、40 万美元。这些捐款主要用于为其他发展中国家举办各种类型的培训活动，如参观考察、技术培训、讲习班、讨论会及国际性专业会议等，并为有关国家援建了一些小型成套项目，提供单项设备和仪器。[2] 这一阶段中国在联合国系统内的活动刚刚起步，经验不足，自身经济力量也不强，多边援助规模甚小。

---

[1] 《建国以来李先念文稿》(第三册)，第 333 页。

[2] 石林主编：《当代中国的对外经济合作》，北京：中国社会科学出版社 1989 年版，第 498 页。

第五章

改革年代的中国对外援助

改革开放的开启，是当代中国发展史上的一个分水岭，是中国对外政策的一个拐点，当然也是中国对外援助的一个转折点。

第一节 从“革命外交”到“建设外交”

1976 年，随着毛泽东逝世和“四人帮”垮台，中国一个新的历史时期开始酝酿。经过十年“文化大革命”，中国在内政方面需要全面拨乱反正，在外交方面也需要进行较大调整，此为势所必然。不过，这一转变并不是在短时间内迅速发生的，它体现于对外政策思想和实践的转变经历了一个逐渐调整变化的过程。

作为这一转变的先声，1977 年，中共中央作出了与南斯拉夫共产主义者联盟恢复关系的决定。这一举动间接否定了当年它对南共“现代修正主义”的指控，实际上承认那样做是错误的。不过在战争与和平问题上，同年8月召开的“十一大”，仍以“战争与革命”看待国际形势作为其主调：“毛主席告诉我们，只要帝国主义和社会帝国主义这个制度不变，战争不可避免，不是相互之间的战争，就是人民起来革命，绝不会有什么持久和平。”[1] 1977年7月邓小平复出后，在对外工作方面，大力落实毛泽东主席“三个世界理论”、联美反苏的“一条线”战略。[2] 同年11月，《人民日报》发表了大字体、六整版的纲领性文章《毛主席关于三个世界划分的理论是对马克思列宁主义的重大贡献》。文章肯定“我们的时代是帝国主义和无产阶级革命时代”；“新的世界大战是不可避免的”，“要立足于早打大打”；苏联社会帝国主义是“比美国更危险的世界战争的策源地”，要“结成广泛的国际统一战线，打败超级大国的霸权主义[3]和战争政策”。1978年邓小平在与泰国总理会见时重申了毛泽东主席讲过的话：哪里有共产党不支持共产党的，不支持革命是不可能的，放弃这个原则，“就等于在苏联社会帝国主义面前放下了武器”。[4]

经过了两年的“徘徊”后，直到1978年12月中共十一届三中全会召开，中国领导层才决定性地把工作重心转移到“四个现代化”和经济建设上来。这是一个终于到来的历史时刻。早在1964年，经毛泽东审定，周恩来在当年12月的第三届全国人大第一次会议上作《政府工作报告》时提出，并在1975年1月第四届全国人大第一次会议作《政府工作报告》时重申，在20世纪末实现农业、工业、国防和科学技术的现代化，使国民经济走在世界前列。这一构想简称“四个现代化”或“四化”。由于受到连年政治运动的干扰，四个现代化

[1] 华国锋：《在中国共产党第十一次全国代表大会上的政治报告》，北京：人民出版社1977年版，第30页。

[2] 毛泽东1973年同美国国务卿基辛格谈话时说：“要搞一条线，就是纬度，美国、日本、中国、巴基斯坦、土耳其、欧洲，共同对付苏联。”

[3] 此处实际上专指苏联。

[4] 朱良：《对外工作回忆与思考》，第88—89页。

建设直到70年代末才被真正提上议事日程，付诸实行。

1978—1979年也是中国对外援助工作的一个分水岭。1977年7月底，对外经济联络部呈递了《关于贯彻叶副主席[1]、李副总理[2]的重要批示，调整对外援助支出计划的请示》报告，邓小平批示同意。1977年8月，该部向中央和国务院提出《关于进一步做好援外工作的报告》。报告指出，随着我国对外关系的迅速发展，第三世界要我援助的国家越来越多，援助的要求越来越高。但是我们国家财力物力有限，力不从心。建议今后如无特殊情况，援外支出占财政总支出的比例，以不超过4%为宜。鉴于对外已答应的援款还有174亿元尚待支付，最近几年，应以履行已承担的义务为主，每年对外新承担的援款宜控制在10亿元左右。9月25日，中央同意并转发了外经部的这一报告。[3]

邓小平复出后，中国在外交领域的一个重要决定是结束与阿尔巴尼亚之间的畸形关系。随着政治关系的恶化，1978年7月7日，中国外交部照会阿尔巴尼亚，通知中国被迫终止对阿方的经济和军事援助，接回专家。对中国的照会，阿方作出了强烈反应，称中国为“修正主义”，阿中两党和两国反目成仇，最终导致连双边贸易也停止了。到1978年底，中阿关系彻底破裂。

在此之前，中越之间也因中国打开对美关系、双方对苏联态度不同而产生嫌隙。1975年，越南共和国覆亡，越南实现全国统一，与此同时，中越关系逐渐趋冷并很快恶化。越南还发生了排华事件，到1978年底，被越南驱赶回中国的华人华侨已达28万人之多。1978年7月，中国决定全部停止援越项目，撤回全体援越的工程技术人员，撤销驻越经济代表处。1978年12月，越南大举入侵柬埔寨，1979年

[1] 指叶剑英，时任中共中央副主席。

[2] 指李先念，时任国务院副总理。

[3] 房维中主编：《中华人民共和国经济大事记（1949—1980）》，第586—587页。

1 月 7 日占领柬埔寨首都金边。中国旗帜鲜明地谴责越南对一个主权国家进行“野蛮侵略”。同年二三月间，中国军队对越南发动了一场自卫反击战，两国关系终以兵戎相见而反目成仇。此前的多年间，中国倾尽全力先后援越抗法和援越抗美，对越南进行了持续和大规模的援助，如今却以这样一种结局告终，“无私”的援助变成了一种苦涩甚至嘲弄，这不能不引起人们的深思。在上述情形下，对以往的援助实践作出反思也随之成为必然。

除对阿、越外，中国也于 1978 年开始对非洲国家援助工作作出调整。在经济援助方面，不再像以往那样单纯地普遍提供援助，而是转为强调在提供必要的援助时，要量力而行和互利互惠。在军事援助方面，除继续向解放运动组织提供无偿军援外，向非洲独立国家提供的军事装备和器材改为收取成本费。在医疗队服务方面，要求受援国负担中国医务人员的生活费和国际机票开支，且不再向对方普遍提供医疗器械和药品。[1]

十一届三中全会召开后，中国对外援助的整体工作进行了合理调整，规模得到适当控制和压缩，方式更为灵活，意识形态在对外援助中的作用逐渐趋向减弱，开始注重援外的经济功能和效益，并逐步改革实施经援项目的管理体制。总体援外方针上转为既要量力而行，又要争取援助和受援双方实现双赢，争取实现义和利的平衡发展和辩证统一。

这一次调整，在作为当时中国主要领导人之一的邓小平的思想中得到了较鲜明的体现。1978 年 9 月，在会见尼泊尔王国首相比斯塔时，时任中共中央副主席、国务院副总理的邓小平指出：“我们有自己的困难。对你们大忙帮不了，但是小忙可以帮。我们总结了若干年来对外援助的经验，在这方面存在一个受援国承担在当地的建设费用问

[1] 王泰平主编:《中华人民共和国外交史》(第三卷), 第 194 页。

题，过去是由中方负担的。我们得到的经验是，由中方负担，花钱反而多，也不利于受援国发展自己的经济。以后，我们的贷款是否也要有点利息？所谓利息，我们要的也是低的，甚至可以说是象征性的。我们总结经验后考虑，有点利息比没有利息对受援国更好，有利于受援国进行经济核算。”[1]

1979年7月，邓小平在中央外事工作会议上又指出：“应当肯定我们过去援助第三世界是正确的，……所谓热心过度，具体来说是对阿尔巴尼亚、越南给得太多了，使他们躺在我们身上过日子。……在援助问题上，随着我们经济发展，方针要坚持，基本上援助的原则还是那个八条，具体办法要修改，真正使受援国得到益处。”[2] 1979年7月7日，邓小平在第五次驻外使节会议上说：“对第三世界的援助，要着眼于对受援国确有益处，不要让它躺在援助国的身上形成依赖。比如可以把援助改成低息贷款，这有益处，受援方自己进行一个经济核算，会把援款用得更好些。我们国家经济困难，但还得拿出必要的财力援助第三世界。从战略上说，我们真正发展起来了，就要用相当的财力来援助第三世界。那时，就真正把社会主义中国的国际形象树立起来了。”[3] 邓小平的这些话，表明了要对援外工作进行改革，同时确认这项工作还要继续下去。另一层内涵则是生产力发展和国家发展对于中国是关键中的关键，如此方能有力量、有条件开展对外援助。

在政治上，中国经过了1977—1978两年的“徘徊”，改革的局面未能很快出现。同时，在经济上出现了一次“洋跃进”，即急于求成，希冀通过从国外大规模进口成套设备等办法追求“四个现代化”，导

[1] 中共中央文献研究室编：《邓小平年谱（一九七五——一九九七）》（上），北京：中央文献出版社2004年版，第390—391页。
[2] 尹集庆主编：《中国对外经济贸易改革20年》，郑州：中州古籍出版社1998年版，第271页。
[3] 中共中央文献研究室编：《邓小平年谱（一九七五——一九九七）》（上），第532页。

致国民经济出现失衡。1978 年，国务院总理华国锋在第五届全国人大第一次会议上作《政府工作报告》。报告概述了国务院《1976—1985 年发展国民经济 10 年规划纲要（草案）》设想的奋斗目标，提出：到 1985 年要建设 120 个大项目，其中包括 10 大钢铁基地、9 大有色金属基地、8 大煤炭基地、10 大油气田、36 个大电站、6 条铁路新干线和 5 个重点港口等项高指标，呈现为一个庞大的计划，要求到 20 世纪末工业生产各项经济技术指标分别接近、赶上和超过世界先进水平，农业生产要最大限度地实现机械化、电气化、水利化。

邓小平后来对此反思道，粉碎“四人帮”以后，我们头脑有点发热，没有量力而行，结果带来了更大的问题。1977—1978 年引进了 22 个大项目。引进这些大项目单单考虑快，没有考虑国内配套能力，结果引进来了用不上。1979 年开始调整，砍了几百个基本建设项目。[1] 在此情形下，不得不对国民经济进行调整。又讲道，十一届三中全会发现经济上搞得太急，提出调整，但当时对这个问题的严重性认识不够，采取的措施不得力，特别是基本建设的调整不果断，1980 年才下了更大的决心。采取的调整措施，一是压缩基本建设项目，二是减少其他行政性开支。[2]

在这一经济形势下，中国对援外也采取了更为实事求是的态度，既要继续进行这项工作，又要从实际出发，进行必要调整。在 1981 年 2 月 11 日出席中共中央政治局会议讨论对外政策问题时，邓小平表示，对第三世界的工作，今后要加强。由于中国自己还很困难，对第三世界的援助数额不可能增加，但各种层次的友好访问和民间来往

---

[1] 中共中央文献研究室编：《邓小平年谱（一九七五——九九七）》(下)，北京：中央文献出版社 2004 年版，第 786 页。

[2] 同上，第 710 页。1979 年 10 月 12 日，邓在军队报送的一份报告上批示：“今明两年财政困难，同意少追加或不追加（开支）。”(《邓小平年谱（一九七五——九九七）》(上)，第 567 页)

要增加。[1]另外在1982年5月15日会见第三世界国家一位领导人时，邓小平表示，按说中国应对第三世界朋友做出更多贡献，但现在不行。也许到20世纪末，情况有所改变，可能对第三世界朋友做出更多贡献。[2]

中共十一届三中全会后，随着全党工作重心转移到现代化建设，中国开始进入改革开放的崭新历史时期，这标志着中国内政、外交、经济、社会等各方面历史性的转变。党和国家对外交往新的总方针也趋向明确，即从过去“支援世界革命”的目标转变到为社会主义现代化建设争取和平的国际环境上来，这是一个根本性的重大转变。伴随着中国对外政策的调整，中国对于援外政策也必然进行相应的调整和改革。

1980年5月，在会见英国前首相詹姆斯·卡拉汉、谈到中国同第三世界国家的关系问题时，邓小平表示：“现在我们的对外援助可能要比前几年少一些，因为我们顾不过来。但随着我们经济的发展，我们将拿出相当大的数目来帮助第三世界。……中国是不是真正的社会主义国家，这是一个重要的标志。”[3]离开了生产力的发展、国家的富强、人民生活的改善，革命就是空的。

1980年10月27日，中共中央书记处召开第59次会议。会议否定了“文化大革命”中批判所谓“三和一少”“三降一灭”和实行所谓“三斗一多”的做法，指出以“文化大革命”划线、以苏划线（即只同支持中国“文化大革命”、反对苏联修正主义的外国“左”的政党进行交往）是错误的，同时提出，今后中国对外援助要同国力相适应。[4]

---

[1] 中共中央文献研究室编：《邓小平年谱（一九七五——九九七）》（下），第712页。
[2] 同上，第824页。
[3] 同上，第632页。
[4] 王家瑞主编：《中国共产党对外交往90年》，第108—109页。

20世纪80年代初，中国领导人提出了80年代的“三大任务”说，即加紧社会主义现代化建设、实现祖国统一，及反对霸权主义，维护世界和平。邓小平指出：“这三大任务中，核心是经济建设，它是解决国际国内问题的基础。”[1] 在这三大任务面前，和平安定的国际环境很显然是必不可少的条件。新的时期是以经济建设为中心，为此，争取较长时间的和平就成为一个必要条件，无此前提则无法进行现代化建设。1982年9月，中共十二大政治报告以“全面开创社会主义现代化建设的新局面”为题，延续和强化了十一届三中全会所确立的对内改革、对外开放的路线。同时，以“反对霸权主义，维护世界和平”为“今天世界人民最重要的任务”，不过尚未将其表述为中国对外政策的方针。当时的认识是，由于超级大国的对抗和争夺，世界战争的危险依然存在，对此应当保持必要的警惕，但与此同时，制约战争和主张和平的力量正在增长，避免世界大战、维护较长时间的和平是可能的。[2]

根据这一认识，“争取一个长期的和平国际环境”成为一种实际的、显而易见的需要。尽管这还不是一种积极主动的价值追求，但已属十分重大的转变，可以说延续和贯穿了整个80年代和90年代。就对外开放而言，中国宣示，开放是全方位的。“中国的开放政策面向全世界，既对资本主义国家开放，也对社会主义国家开放；既对发达国家开放，也对广大发展中国家开放。”[3]

在相当长一段时间里，中国援外的指导性思想，是坚持或发扬“无产阶级国际主义”。早在1920年，在为共产国际第二次代表大会

[1]《中国共产党第十二次全国代表大会开幕词》，见《邓小平文选》(第三卷)，北京：人民出版社1993年版，第3页。

[2] 胡耀邦：《全面开创社会主义现代化建设的新局面——在中国共产党第十二次全国代表大会上的报告》，北京：人民出版社1982年版，第37—41页。

[3] 见1986年3月国务院总理赵紫阳在全国人大六届四次会议上所作的政府工作报告。

草拟的“民族和殖民地问题提纲初稿”中，列宁就提出过无产阶级国际主义的两点要求：第一，要求一个国家的无产阶级斗争的利益服从全世界范围的无产阶级斗争的利益；第二，要求正在战胜资产阶级的民族，有能力和决心去为推翻国际资本而承担最大的民族牺牲。[1]苏联学者罗森塔尔和尤金所编的《简明哲学辞典》中的“无产阶级国际主义”这一词条称，它是“各国无产者和劳动人民的国际团结的思想，各国共产党在其活动中所依据的伟大原则之一”。马克思和恩格斯在《共产党宣言》中第一次宣布了无产阶级国际主义的思想，并且用“全世界无产者，联合起来!”的口号说明了无产阶级国际主义的实质。[2]

从源流上说，这一“无产阶级国际主义”来自“全世界无产者联合起来”的观念，后有第一国际、第二国际、共产国际的实践，尤其是共产国际的实践。当时，莫斯科是整个国际共运的中心，世界上其他地方的革命运动及其组织均听从莫斯科的指示。其中存在的矛盾，在别国政党尚未夺取政权时还不明显，在夺取政权后，党与党的关系和国家间关系就交织在了一起，极易发生矛盾和争执。在具体实践中，“国际主义”又多次成为老子党、老子国家指挥、干涉别国及其共产党的借口，成为大国主义、大党主义的根据，教训是深刻的。

这种“国际主义”思想对中国及其对外援助也产生了长期而重要的影响，在很长时间内曾是中国开展对外援助的指导思想。20世纪五六十年代对朝鲜和越南的援助是颇为典型的反映。

到20世纪70年代，1973年的中共“十大”报告称：“在国际，我们党要坚持无产阶级国际主义，坚持党的一贯政策，加强同全世界

[1] 列宁：《民族与殖民地问题提纲初稿》，见《列宁选集》(第四卷)，北京：人民出版社1972年版，第274页。

[2] 见罗森塔尔、尤金编：《简明哲学辞典》，北京：生活·读书·新知三联书店1973年版，第545页。

无产阶级、被压迫人民和被压迫民族的团结，加强同一切受帝国主义侵略、颠覆、干涉、控制和欺负的国家的团结，结成最广泛的统一战线……”[1] 1977年十一大报告则称：“毛主席历来教导我们，已经获得革命胜利的人民，应该援助正在争取解放的人民的斗争。我们支持世界各国的共产党，但是不支持修正主义。我们是共产党，当然要支持各国共产党的革命斗争。同时，我们也从来认为，各国的共产党是独立的，自主的。”[2] 同一报告还明确表示：“革命不能输出。我们从不干涉别国的内政。我们党同很多共产党有关系。这种党和党之间的关系，同国家和国家之间的关系是两回事。”[3]

与一国保持国家间关系，同时又支持和援助该国的共产党开展以夺取政权为目标的武装斗争，必然涉及该国的内政，与“不干涉别国内政”显然存在矛盾，这一矛盾也必然在国家间关系中被提出。比如1978年11月，邓小平访问新加坡，新加坡总理李光耀表示，设在中国的电台广播直接向东南亚国家的华人发出号召，在东盟各国政府看来，是一种非常危险的颠覆行为，并直言不讳地建议中国“停止那些电台广播，停止发出号召。…… 中国必须停止马来亚共产党和印尼共产党在华南所进行的电台广播”。[4] 两年后，中国同马来西亚和泰国两地的共产党分别做了其他安排，从此终止了电台的广播。[5] 后来在1980年9月会见日本外相伊东正义时，邓小平还表示：“我们同东南亚国家之间的问题，主要是长期以来我们在道义上支持了那里的共产党。作为共产党，在道义上不支持共产党，说不过去。这是一个历史

[1] 周恩来:《在中国共产党第十次全国代表大会上的报告（一九七三年八月二十四日报告，八月二十八日通过）》，杭州：浙江人民出版社1973年版，第19页。

[2][3] 华国锋:《在中国共产党第十一次全国代表大会上的政治报告》，第33页。

[4] 李光耀:《李光耀回忆录（1965—2000）》，新加坡：联合早报社2000年版，第669—670页。

[5] 同上，第671页。

问题。”[1] 在这个历史问题上，中国经过了多年的纠结，才艰难地从思维上摆脱了出来。至于中国的支持，不光曾在道义上给予支持，在物质上也支持了一些国家的共产党。这是意识形态影响和束缚中国对外关系的反映。到 20 世纪 80 年代，中国终于超越了这一束缚。

而在这之前，“无产阶级国际主义”的确是一种指导思想。用曾经长期主持中国对外援助工作的方毅的话说，“我国的援助是本着无产阶级国际主义的原则，不附加任何条件的”，“中国人民把在这方面已做的将要做的一切，都看作是分内的义务，丝毫不认为有什么可以夸耀的地方”。[2] 今天回看，我们毫不怀疑这种言说的真诚，它在国际关系的实践中是可圈可点的。从 1950 年至 1985 年的“三十六年来，在援外工作岗位上，有 585 人为国际主义事业献出了生命”。[3]

问题在于，一切都应以实际结果来衡量。从中国党为履行国际主义“义务”而实施不切实际的对外援助看，最后结果并不好。有当事人反思，中华人民共和国成立后，我们为履行国际主义义务提供了一些对外援助，其中有些对于打击帝国主义势力、扩大我国在世界上的影响起了积极的作用，但是有些援助和做法不是影响了我们同周边国家的关系，就是使我们背上了包袱，甚至出现“斗米养仇人”的现象。此外，真诚的国际援助也会助长一些党的依赖思想，使他们严重脱离本国实际，犹如无土花木。这是许多共产党长期发展不起来的一个重要原因。

1982 年的“十二大”报告，不再提坚持“国际主义”，这是一个重要的变化。在表述上，报告改变了“坚持无产阶级国际主义”的说法，而表述为“把爱国主义和国际主义结合起来，从来是我们处理对

[1] 中共中央文献研究室编：《邓小平年谱（一九七五——一九九七）》（上），第 670 页。
[2] 见《方毅文集》第 49、63 页。
[3] 石林主编：《当代中国的对外经济合作》，第 79 页。这一数字应不包括援越抗美期间的牺牲人员。如果算上，数字要大很多。

外关系的根本出发点”。对国际主义者涵义的表述也发生了微妙而重要的变化：“我们是国际主义者，深深懂得中国民族利益的充分实现不能离开全人类的总体利益。”[1]这就不是以往那样向别国无产阶级和共产党提供支援的“国际主义”了。“独立自主的对外政策”出现在了“十二大”报告中。胡耀邦总书记在报告中指出：“革命决不能输出，它只能是各国人民自己选择的结果，正是基于这样的认识，我们始终坚持和平共处五项原则。”[2]这是中国共产党在改革开放后再一次确认“不输出革命”，也是对“革命外交路线”的否定。

1980年，中国开始调整对东南亚国家共产党的政策。[3]1981年8月，时任国务院总理赵紫阳访问菲律宾、马来西亚和新加坡。在菲律宾首都马尼拉期间，他表示，中国与东南亚国家共产党只是政治上、道义上的关系。各国共产党纯粹是这些国家的内部问题。各国如何处理，是它们自己的问题，我们不加干涉。[4]1985—1993年间任中共中央对外联络部部长的朱良对此这样叙述道：胡耀邦亲自对一些长驻中共的东南亚国家共产党领导人做工作，对我们过去要他们搞武装斗争作了自我批评，指出，“共产党必须依靠人民，独立自主，自力更生。[5]社会主义国家如果口头上说奉行和平共处五项原则，而在行动上输出革命，不仅使社会主义形象受损失，有关共产党的形象也不好”。这里的“有关共产党”显然是指接受中国援助的共产党。中国自身调整政策，也给这些依靠中国援助的党充分的时间转变政策，逐步减

---

[1]《中国共产党第十二次全国代表大会文件汇编》，北京：人民出版社1982年版，第43—44页。

[2]《中国共产党第十二次全国代表大会文件汇编》，第45页。

[3] 钱李仁：《我所经历的党的对外联络工作的战略思想变化》，载《当代世界》2010年第7期，第33页。

[4] 严剑、史一吾编著：《十一届三中全会到十二届三中全会大事记》（1978年12月—1984年10月），上海：知识出版社1986年版，第48页。

[5] 也就是说不能靠中国的援助。

少援助直至完全停止援助；领导人员离开中国，年老想留在中国养老的不得再参加反对本国政府的活动。[1]

不久，中国进一步巩固和发展了“独立自主的外交政策”思想。1984年5月，在欢迎南斯拉夫共产主义者联盟主席马尔科维奇的宴会上，中共中央总书记胡耀邦作了题为《中国独立自主对外政策的实质》的演讲，主题十分醒目，清楚阐明了“中国奉行独立自主的对外政策。这种对外政策的实质是什么呢？概括地说，独立自主就是中国不依附于任何大国或国家集团，不屈服于任何大国的压力，也不同任何大国结盟。对我们来说，同大国结盟有两个不好：第一，中国主张在和平共处五项原则的基础上同世界各国交往，而同大国结盟可能妨碍，或者至少影响我们广交朋友；第二，它会妨碍我们抵制对方可能有的越轨行动，甚至还有可能给对方利用去反对另一些友好国家。这是我们总结过去几十年经验得出的结论，……”。这一讲话还坦承：“让我们在这里公开承认，过去我们在处理与别国党的关系方面也有过缺点和错误，特别是片面地根据自己的经验和实践来论断和评价别国党的是非，对某些党曾经造成不利的后果。我们已经认真纠正了这方面的错误，在前述党与党的关系中四项基本原则的基础上积极发展同各国党的友好关系。”这里所讲的“片面地根据自己的经验和实践来论断和评价别国党的是非”，是邓小平在1983年与外国党客人内部谈话中做的表示，现又通过胡耀邦的讲话公诸报端，显示了一种开诚布公对待历史的态度。[2]

1984年5月末，在欢迎联邦德国社会民主党主席兼社会党国际主席勃兰特的宴会上，胡耀邦作了题为《超越意识形态的差异，谋求相互了解和合作》的演讲，这一演讲首次明确提出了“超越意识形态”

[1] 朱良:《对外工作回忆与思考》, 第91页。

[2] 钱李仁:《我所经历的党的对外联络工作的战略思想变化》, 载《当代世界》2010年第7期, 第35页。

的思想，并作为“开拓新的关系的唯一现实的抉择”，具有划时代的指导意义。[1]这一演讲同时概括阐明了“和平与发展”的问题。胡耀邦说：“在我们看来，当今世界上最根本的问题有两个：一个是维护世界和平的问题；一个是第三世界国家的发展问题，也就是通常所讲的南北对话和南南合作问题。”[2]这一演讲较早把和平与发展概括为当前时代的两大问题或两大主题，这一论断不久后就得到了牢固确立，后来演变为和平与发展是世界两大主题或者当今时代是和平与发展时代的思想和提法。

根据有关学者的研究，在1992年中共“十四大”召开前，世界上仍保留“无产阶级国际主义”提法的只有中国共产党了。党的“十四大”修改并通过的党章，删除了原党章中的“无产阶级国际主义”提法。十四大党章删除“无产阶级国际主义”的提法，既有利于我国争取一个有利的国际环境，也有利于促进各国党独立自主的发展。[3]从上述过程可以看到，提法的改变和“国际主义”的最终弃用，是逐步变化的，经历了一个发展过程。总体上看，是变得日益务实，务实主义取代了以往的从意识形态出发的理想主义。

第二节 中国对外援助的转变

根据上述精神，国务院及其有关部门于1980年重新确定了进入改革开放时期后中国对外援助的方针。总的精神是，援外工作应继续

---

[1] 刘敬钦：《‘超越意识形态’思想的提出和运用的全方位化》，载《当代世界》2010年第8期，第12页。刘敬钦为中共中央对外联络部前副部长。

[2]《超越意识形态的差异谋求相互了解和合作——胡耀邦总书记在欢迎勃兰特主席宴会上的讲话》，载《人民日报》1984年5月30日第3版。

[3] 肖枫、马志良：《关于“无产阶级国际主义”的几个问题——对十四大党章删除这一提法的理解》，载《当代世界与社会主义》1993年第1期，第1—5页。

开展，同时也要进行必要的改革。针对此前援外存在的问题，尤其是中国大力援助的越南和阿尔巴尼亚翻脸反华，很多人心理上难以接受。如此倾力援助他国，最后对方却翻脸，甚至变成仇人，难免引起各方面议论纷纷，提出疑问。因此，改革开放初期对外援助的调整还包含"鼓劲"的成分。

1980 年 3 月，对外经济联络部召开全国外经工作会议，提出了坚持"无产阶级国际主义"，坚持援外"八项原则"，认真做好援外工作，广泛开展国际经济技术合作，有出有进、平等互利等主张。1980 年 11 月 8 日，中共中央、国务院正式发出《关于认真做好对外援助工作的几点意见》，强调指出，中国对外援助的八项原则和援外人员的优良作风在国际上独树一帜，为中国赢得了崇高的政治声誉，进而声张了中国对外援助中体现出来的国际主义与爱国主义的统一。该文件同时指出，援外"工作中也存在不少缺点和问题，…… 经过总结经验，这些缺点已被逐步认识，并采取了措施，有的已改正，有的正在改进中"；"反对霸权主义，维护世界和平，是我国对外工作的总方针。援外工作作为外事工作的一个方面必须为这个总方针服务"。[1]

1983 年 9 月 27 日，国务院主要领导在接见第六次全国援外工作会议全体代表时强调："中国是社会主义国家，虽然很穷，但是个大国，我们有责任、有义务在力所能及的范围内向第三世界提供援助，这是我们国家的性质所决定的。我们对外援助既要量力而行，又必须尽力而为。量力而行是指钱，尽力而为是指精神。我们为第三世界办点好事，虽资金有限，但热心不能减退，精神不能减弱，能够做的事，我们必须努力做好。各部门、各地方一定要积极承担中央确定的援外任务，这是个政治任务。"[2] 这些话是在援外工作会议上讲的，很

[1] 石林主编：《当代中国的对外经济合作》，第 69、71 页。
[2] 同上，第 70 页。

自然强调要继续进行这项工作并且要把工作做好。

1983年初，中国国务院总理赵紫阳访问非洲十一国时，在坦桑尼亚宣布了中国同非洲国家开展经济技术合作的四项原则，即“平等互利、讲求实效、形式多样、共同发展”。这四项原则的具体内容是：

（1）中国同非洲国家进行经济技术合作，遵循团结友好、平等互利的原则，尊重对方的主权，不干涉对方的内政，不附带任何政治条件，不要求任何特权。

（2）中国同非洲国家进行经济技术合作，从双方的实际需要和可能条件出发，发挥各自的长处和潜力，力求投资少、工期短、收效快，并能取得良好的经济效益。

（3）中国同非洲国家进行经济技术合作，方式可以多种多样，因地制宜，包括提供技术服务、培训技术和管理人员、进行科学技术交流、承建工程、合作生产、合作经营等。中国方面对所承担的合作项目负责守约、保质、重义。中国方面派出的专家和技术人员不要求特殊待遇。

（4）中国同非洲国家进行经济合作，目的在于取长补短，互相帮助，以利于增强双方自力更生的能力和促进各自民族经济的发展。[1]

改革开放新时期所提出的这四项原则，在基本精神上与对外援助八项原则是一脉相承的，但在内容和形式上，1983年的四项原则对1964年的八项原则有重要的发展和侧重点的变化。首先，尽管二者都讲互利，但后者侧重经济上的互利，前者则侧重政治上的互利，即中国对受援国提供帮助能够增强世界上反对帝国主义的力量，这对中国来说是一种支援。其次，后者反复强调双向性，如“从双方的实际需要和可能条件出发”，“增强双方自力更生的能力和促进各自民族经济的发展”等。这表明中国不会像以前那样不顾国内实际及自身能力，

[1] 转引自柳白、徐人龙：《建立国际经济新秩序的先声——周恩来倡导的对外援助八项原则》，见中华人民共和国外交部编：《研究周恩来——外交思想与实践》，北京：世界知识出版社1989年版，第145—146页。

而不计代价地对外提供援助。最后，前者侧重于单向援助，而后者强调多种形式的经济技术合作。[1]这四项原则在中国传统经援的基础上尤其强调了互利合作的各种方式，这一点随着时间的推移在后来有了长足的发展。

之后，上述精神在改革开放时期的中国对外援助实践中得到了贯彻。在 1980—1982 年国民经济调整期间，中国根据国家的财力、物力和对外签订的协议，对援助的国别和援款使用进行了重新安排；调整了援助结构，提高了成套项目和技术援助的比重；成套项目援助更加注重经济效益，加强了项目可行性研究，不仅注意落实供产销条件，而且充分考虑受援国的管理水平，主要援建投资少、收益好、直接为受援国人民服务的中小型项目。同时，开始探索改革实施援助项目的管理体制。从 1980 年起，对部分新上马的援助项目试行投资包干制，由国务院有关部门或地方政府负责承包，克服“吃大锅饭”等弊端。

经过三年的投资包干制试验后，又对投资包干办法进行了修改和补充，实行对外经援项目承包制。同投资包干制相比，承包责任制的承包方式更灵活，承包的范围扩大；承包单位由国务院有关部门和地方政府改为部门和地方所属的国际经济技术合作公司，或其他具有法人地位的国营企业、事业单位，并扩大了承包单位的自主权；鼓励竞争，以项目造价、工期、技术能力为主要考核因素，择优选定承包单位。[2]

1979—1982 年四年间，在国家财政经济困难的情况下，中国严格掌握了对外援助支出和新签援款。从 1978 年的 17.21 亿元到 1979 年的 9.8 亿元呈现为陡然下降态势，1980 年为 7.850 8 亿元，1981 年为

[1] 陈金明：《新中国外援战略研究》，北京：中国社会科学出版社 2009 年版，第 127 页。

[2] 石林主编：《当代中国的对外经济合作》，第 71—73 页。

7.877 9 亿元，均为历史较低水平。[1] 不过在 1983 年召开的第六次全国援外工作会议上，国务院主要领导明确要“认真做好援外工作，为加速社会主义现代化建设做出贡献”，同时又强调，中国有责任有义务在力所能及的范围内向第三世界国家提供援助，“对外援助既要量力而行，又必须尽力而为”。[2]

自 1985 年起，随着国家财政经济状况逐步好转，中国对外援助的规模相应有所扩大，呈现出逐步增长的态势。这七年间，随着中国对外关系的发展，在向 64 个国家继续提供援助的同时，又先后向吉布提、西萨摩亚、斐济、津巴布韦、波兰、哥伦比亚、巴巴多斯、瓦努阿图、阿曼、安提瓜和巴布达、基里巴斯、莱索托、苏里南、厄瓜多尔、菲律宾、约旦、安哥拉、尼加拉瓜、科特迪瓦等 19 个国家新提供了经济技术援助，同它们建立了经济合作关系。这七年间，成套项目和技术援助在对外经济援助支出中的比重由前一阶段的 37% 提高到 78%。1984 年和 1985 年，中国还适时地向遭受严重旱灾的 31 个非洲国家无偿提供了紧急粮食援助。

在双边援助的同时，从 1982 年起，中国政府还同联合国发展系统的有关机构合作，采取双边与多边援助相结合的方式，向一些发展中国家提供技术援助，项目由中国方面负责执行，所需资金由双方分担。这类项目一般花钱较少，执行期限较短，主要包括：派遣专家讲学，传授技术，进行发展项目的可行性研究；提供小型示范设备，并派人安装，教会使用；接受受援国人员来华考察学习、技术培训。至 1985 年，共向 15 个国家提供了 22 个技术援助项目。1986 年，中国又同联合国有关机构合作，承担了向 37 个国家提供的 111 个技术援助项目。在此七年间，对外援助支出金额比 20 世纪 70 年代前期减少

[1] 参见陈金明:《新中国外援战略研究》, 第 212—213 页表。
[2] 同上, 第 176 页。

但援助面却有所扩大，[1]中国对外援助呈现出了新的面貌。

从1983年的第六次全国援外工作会议到1988年第七次全国援外工作会议的五年间，援外支出和布局趋向合理，同时扩大了援助面。迄1988年11月，接受中国援助的国家有80个；建成项目156个，安排新项目147个，通过多种管理合作方式巩固建成项目275个。积极改革管理体制，推行承包责任制，探索和开拓新的援外方式和合作途径，保证了援外工作健康稳定地发展。[2]

从20世纪80年代到90年代，中国对外援助从政策、方式到体制和具体做法进行了多方面的改革，分述如下。

第三节 对外援助政策的变革

1979—1982年间，在国家财政经济困难的情况下，中国严格掌握了对外援助的支出和新签援款，本着“实事求是，量力而行”的精神将援外的规模从占国家财政支出的6%—7%削减了下来。[3]在上述年份中，援外所占比重均在1.7%以下。为了达到确实使受援国得到好处的目的，中国对外援助改变了原有的做法，要求受援方适当支付“当地费用”，增加象征性的贷款利息。由于“当地费用”往往不可预测，在支出时难以封顶，因此当地费用由受援方支付的做法不仅能减轻中国援外的财政负担，更重要的是促使受援国学会对建设项目进行“经济核算”，从而为受援国自力更生发展经济打下基础。

除了减少援外资金投入，要求受援国承担“当地费用”以外，这

[1] 石林主编:《当代中国的对外经济合作》，第73—74页。
[2]《第七次全国援外工作会议在京举行》，载《国际经济合作》1989年第1期。
[3] 周弘:《中国对外援助与改革开放30年》，载《世界经济与政治》2008年第11期，第38页。

一时期中国对外援助的政策调整还包括以下三方面内容：

第一，从受援国的实际生产和管理水平出发，从援建生产性项目转向援建标志性建筑，援建了一批更加“看得见”的项目，如会议中心、人民宫、体育场和医院等。由于管理标志性建筑远比管理生产性项目简单，这种转变既减轻了中国的负担，又增加了项目的可持续性。

第二，从援建大型项目转向因地制宜地援建贴近人民生活的中小型项目，如援建农业示范基地、乡村学校和一些必要的社会基础设施，派遣专家到受援国讲学，传授技术，提供小型的示范性设备，邀请并资助受援国人员来华考察学习，进行技术培训等。

第三，开辟新的援外资金渠道，提供优惠贷款。

上述改革使得中国在 1979 年以后用于对外援助的支出比 20 世纪 70 年代前中期有所减少，但与受援国的接触面却扩大了，提供援助的内容比改革开放前更加丰富了，援助项目也更贴近受援国的人民群众了。

援外方式的改革

中国的对外援助主要有赠款、无息贷款和低息贷款三种主要形式。如果算上免除债务、提供人道主义援助和向国际多边援助组织提供资金等西方“官方发展援助”不涵盖的援助形式，中国政府在这一时期共通过六条渠道向发展中国家进行财政转移。中国对外援助的资金不是单纯的财政援助，还通过实物援助实现，即将援款折合成在受援国援建的各类基础设施、提供的成套设备和技术、派遣的医疗队和专家组、开办的培训班、发放的奖学金等等。

中国实施援助通常的做法是由受援国向中国方面提出要求，然后在中国可能提供援助的领域里进行政府间商谈，以互利双赢为原则，根据可行性研究结果，签订政府间经济技术援助协议，作为两国合作的法律依据。如果是采取优惠贷款形式，则贷款协议中需规定中国提供贷款的金额、用途、使用期限、偿还期限及偿还方法等。中国援款的使用期限通常为5—7年，可以延长使用期，还款期一般为10年。受援方如有困难，还可以推迟或延长还款期。此外，中国还对外提供少量无偿援助。由此可见，中国在对外提供优惠贷款的相关做法上延续性较大，在无偿援助方面吸取了过去的教训，大幅减少了。

新的合作方式还包括管理合作。成套项目援助一直是中国对外援助的主要内容之一，中国负责项目的考察、设计，提供全部或部分成套设备、建筑材料，派人组织或指导施工、安装和试生产，在项目建设过程中全面提供技术援助，采取就地培训等方式，将相关技术传授给受援国有关人员。这种援助项目常被称为“交钥匙工程”，也是一种“授人以鱼”的方式。问题是受援国不仅要掌握技术，还要掌握管理办法，才能使受援项目得到巩固，发挥好效益。中国援建的成套项目，一般说来设施都比较先进，需要受援国具备相应的管理水平和技术人才，制定合理的制度和程序去维持这些设施的运转。1982年11月，中国提出，对于已经帮助建成的项目，应该再主动向受援国提供管理服务，开展技术合作，一边参与管理，一边培养徒弟，帮助受援国掌握技术和管理，获得自力更生的能力，从而“授人以渔”。1984年1月，对外经济贸易部发出《关于巩固建成经援成套项目成果的意见》，文件提出了若干新措施：加强项目建成后的技术合作，根据受援国的需要，积极参与企业的经营管理，中国专家也可应聘担任企业的领导职务；有的项目，根据双方的需要和可能，可由中国有关公司派人参与管理，也可贷给部分生产流动资金，受援国企业以其产品偿还；有条件的项目，根据对方的意愿也可由中国有关公司参与合资经营；为帮助受援国培训人才，除在技术合作中继续搞好现场培训外，根据项目的需要，可适当接受对方派遣留学生、实习生来华学习，培养高、中级技术人员和管理人员；继续做好零配件的供应工作，区别不同情况，灵活采用多种支付方式，帮助一些国家解决支付零配件贷款的困难。[1] 此后，中国对外援助中增加了管理合作的方式。

1992 年，中共“十四大”召开。“十四大”确立了建立社会主义市场经济体制的目标，要使市场在社会主义国家宏观调控下对资源配置起基础性作用。此后，中国社会主义市场经济发展迅猛，到 1994 年，中国已有约 90% 的商品价格由市场决定。因此，市场经济不可避免地也成为中国对外援助改革中的重要因素。1995 年 10 月，中国召开了进一步改革对外援助工作的会议。会议明确指出，随着中国改革开放的推进和世界形势的变化，中国对外援助所面临的国内外环境都发生了深刻的变化。随着中国逐步建立社会主义市场经济体制，企业成为经济活动的主体，金融机构在市场经济事务中发挥着越来越大的作用。中国将鼓励本国企业与受援国企业以合资经营、合作经营的方式，或中国企业独资经营的方式实施中国对外援助项目，进一步将中国市场化改革的成功经验运用于对受援国的援助，如在受援国建立经济开发区等。这次援外工作会议认定，中国企业与受援国企业在援助项目上的合资合作，有利于政府援外资金与企业资金相结合，扩大资金来源和项目规模，巩固项目成果，提高援助效益。[2]

另一种新的援助方式是中国提供贴息优惠贷款，即动员一部分银行资金，利用政府贷款作为利息补贴，使银行利率降低，借贷条件变得优惠，具有援助性质。后来又创建了合资合作基金，扩大对外援助的资金规模。利用少量的对外援助资金，撬动更多的市场资金，使其“软化”为优惠贷款，这是西方援助国常见的一种做法。但对于中国进出口银行提供的优惠贷款的性质，国际上产生了不同的意见。最为集中的意见认为，由于国家“贴息”使整个贷款变得“优惠”，在

[1] 石林主编:《当代中国的对外经济合作》, 第 72—73 页。
[2] 周弘:《中国对外援助与改革开放 30 年》, 载《世界经济与政治》2008 年第 11 期, 第 39—40 页。

优惠贷款中就体现了国家行为，应当将这类贷款定义为“援助”。这样的算法会带来两个问题：一是统计上的，不仅中国对外援助的数额会大大提高，而且优惠贷款在援外资金总额中的比例也会大大提高；二是概念上的，进出口银行虽是发展领域中的政策银行，但其借贷方式却是根据市场规则运行的，倾向于投资大型发展性项目（一般在1 000万美元以上），投资要求50%控股。与中国其他援外项目集中在社会和民生领域的方式不同，进出口银行发放的贷款一般投向有经济回报的领域，如能源、交通、信息等领域。

按照中国自身的计算，只有来自政府的直接财政转移才算是“援助”，包括政府“贴息”部分，但不包括“贴息”带动的贷款。市场资金的运作有自己的规律，政府通过“贴息”鼓励市场力量参与发展事业，是在受援国广受欢迎的一项措施。这是因为，国家发展只有在多要素（包括市场要素）、多领域（包括市场和社会领域）相互配合的条件下，才有可能取得成功。因此，市场力量虽不能代表援助国政府，但有可能被用于加速受援国的发展。

市场资金进入中国援外领域是一个新现象，因为它调动的不仅是中国的银行和社会的资金，而且还调动了受援国的资金和资源，并且通过援、受双方在企业和金融机构层面上的合资合作，推动了受援国自身的发展及发展能力的建设，因此受到了受援国的欢迎。[1]

管理办法的改革

改革开放启动前后，中国开始缩减援外规模，改变援外方式和内容，政府援外工作量随之减少。与此同时，随着市场机制的引入，计划经济下行政部门直接控制经济生活的体制开始发生变化，企业逐渐

[1] 周弘：《中国对外援助与改革开放30年》，载《世界经济与政治》2008年第11期，第39—40页。

转变为市场行为主体，按照利润原则和市场竞争规则行事。原先经由行政命令调动专业部委执行援外项目的承建部制，不能不相应地发生改变。援外工作的主管和执行部门开始尝试新的能够发挥市场潜力的管理方式，探索实行了“投资包干制”和“承包责任制”，改革的方向是转变政府在援外执行过程中的职能。

投资包干制始于对外经济联络部于1980年12月颁发的《关于对外经援项目试行投资包干制的暂行办法》，就是国家把实施某个经援项目的全部工作包给一个部门或地区，由其全面负担经济技术责任。在国家统一计划、援外方针政策和规章制度、对外协议范围内，承包单位对项目实施的管理享有一定的自主权。项目所需费用按照对外商定的合同价格和“暂行办法”的规定，由承包单位包干使用。

这一改革的着眼点是“简政放权”，调动项目实施单位的积极性。但在改革开放初期，援外工程的承包方多为各部和各省援外办公室改制而来的单位，它们或多或少享受行业垄断地位，同时由于市场体制尚未建立起来，它们也没有学会按照市场规则和价格规律行事，常常出现“包干费封不了顶”的现象，无法真正实现效率和公平。

由于投资包干制的不完善，1983年12月对外经济贸易部颁发了《对外经援项目承包责任制暂行办法》，以此为起点，开始实行承包责任制。这一新的管理办法在三个方面作了改进：一是适应中国经济体制改革和行政体制改革的要求，将原先由国务院和省、自治区、直辖市人民政府作承包单位，改为由其所属的国际经济技术合作公司或其他具有法人地位的国营企业、事业单位作承包单位，实行政企分开，以利于实现独立经营，自负盈亏。二是贯彻责、权、利统一的原则，明确承包单位的经济、技术责任，同时扩大了承包单位的自主权；对各项费用的计费标准作了明确规定，保证承包单位的合理收益。三是承包形式和承包范围更为灵活，以适应不同类型的经援项目和不同的援建方式，也有利于普遍推行承包责任制。据此，可以分开承包一个项目的考察、设计与施工，也可以对整个项目实行总承包。[1] 1980—1983年，共有35个项目试行投资包干，1984年和1985年共有133个项目实行承包责任制。1986年以后，新的项目，除个别情况外，普遍实行承包责任制。经援项目的经费由实报实销改为包干，大大调动了承包单位的积极性，在加强经济核算、降低工程成本、缩短建设周期等方面取得了比较显著的成效。[2]

“承包责任制”通过依照市场规则涉及的“招投标”程序，在中国援外工作中引入了市场机制和市场力量，在很大程度上改变了计划经济时期承建部制下的援外管理办法，而且带动了援外体制、方式乃至机构的大变革。

在新的历史时期继续做好援外工作，进一步巩固和发展中国同第三世界国家的团结与合作，是1988年11月召开的第七次全国援外工作会议的中心议题。田纪云副总理在讲话中指出，要加强对第三世界的工作，援外是其中一个重要方面。会议认为，从1983年第六次全国援外工作会议以来的五年间，援外支出和布局趋于合理（这里包括对外援助支出占国家财政支出比例的变化，大致在0.5%至0.7%之间，援外的投向则更多地放在了非洲），同时扩大了援助面，迄第七次援外工作会议召开之时，接受中国援助的国家有80个；建成项目156个，安排新项目147个，通过多种管理方式巩固建成项目275个；积极改革管理体制，推行承包责任制，探索和开拓新的援外方式和合作途径，保证了援外工作健康稳定地发展。[3]

援外机构及其职能的改革

随着援外规模的缩减、援外方式的改变以及援外行为主体逐渐从

[1] 石林主编：《当代中国的对外经济合作》，第89—90页。
[2] 同上，第77页。
[3]《第七次全国援外工作会议在京举行》，载《国际经济合作》1989年第1期，第23页。

政府机构转变为市场行为体，政府援外管理的工作量相应缩减，方式办法发生变化，指令性和行政性工作相应减少。1982 年，国务院进行了大规模的机构改革，对外贸易部、对外经济联络部、外国投资管理委员会和进出口管理委员会合并组建为对外经济贸易部，此前对外经济联络部的援外职能并入新的外经贸部中，同时成立中国成套设备进出口公司，负责相关援外项目的执行。此后，对外经济贸易部根据政企分开、简政放权的原则，于 1985 年 5 月将一部分管理权限下放给中国成套设备进出口公司。同时，国务院其他相关部门和省、自治区、直辖市政府也将项目实施交由其下属的国际经济技术合作公司负责办理，从而简化了管理体制。

此后，中国的援外管理体制和机构设置又进行了进一步的调整。1993 年，按照建立社会主义市场经济体制的要求，国务院进行了又一轮行政体制和机构改革，对外经济贸易部更名为对外贸易经济合作部。1993 年的改革，是依照转变职能、理顺关系、精兵简政、提高效率的原则进行的，[1] 其中最受重视的是转变政府职能，适应社会主义市场经济体制的要求，发挥市场在资源配置中的基础性作用。在内部，外经贸部改变了原来由对外援助司和援外项目执行局（即中国成套设备出口公司）分段管理援外工作的体制，由对外援助司归口管理援外工作。外经贸部对外援助司负责援外政策的制定并监督项目的执行。援外司的职能确定为：运用行政法规、制度对援外工作进行规范化的宏观调控；运用经济手段保证援外工程项目的质量和进度；建立援外任务的企业总承包责任制；运用竞争机制，通过招标择优选定承担各类援外任务的总承包企业；择优选定援外项目技术、咨询、审计单位等等。成套设备出口公司由事业单位转变为企业，更名为中国成套设备进出口（集团）总公司。同时成立了一批行业协会和实体性公

[1]　参见任晓：《中国行政改革》，杭州：浙江人民出版社 1998 年版，第 242—256 页。

司。根据政企分开的原则，原本承担了援外项目管理职能的中国成套设备进出口公司于1993年脱离外经贸部，实行企业化管理，援外成套项目的建设完全由作为市场主体的企业来承担。同时，随着90年代优惠贷款业务的不断增多，1994年成立了专门的执行机构“中国进出口银行”，负责援外优惠贷款业务。

经过数次改革后，中国执行对外援助的机构包括商务部（2003年成立）、外交部、财政部等部门，它们通过分工和协商来制定对外援助的政策和措施，其中主管援外具体工作的商务部援外司和国际合作局还负责与其他各相关部委（如农业部、教育部、卫生部等其他涉援外部门）和企业的协作关系，只是这种协作关系处于转账、招投标等工作层面，并无承建部制中的那种责任关系。没有哪一个部委是专门从事对外援助工作的，因此也就没有任何部委能像过去的对外经济联络部那样就对外援助进行总协调。援外领域中的市场力量主要包括商务部直接管理的项目承包单位和相对独立的进出口银行（商务部负责资金转账）。

从改革后的决策和执行程序来看，中国形成了一种包容了市场力量的对外援助体制机制，但如何使市场化的管理办法有效地服务于援外事业所承载的政治和战略任务，同时使政府有效地发挥科学决策和合理监督的职能，是中国援外体制改革仍要探索的问题。[1]

第四节
探索新路径

多年间，中国对外援助一直采取政府间合作的方式。建立社会

[1] 周弘：《中国对外援助与改革开放30年》，载《世界经济与政治》2008年第11期，第41—42页。

主义市场经济体制的目标提出后，中国对外援助工作面临国内外市场的转变，单纯的政府间合作已经不适应国际及发展中国家经济形势的变化。

改革开放启动前，中国对外援助的一种重要方式是帮助受援国建设工业项目，建成后交给受援国管理。后来的情况表明，不少受援国管理水平低，政局不稳，或政府腐败，以致中国援建的许多工厂经营不下去，成功的寥寥无几。到20世纪80年代中国改革展开后，对一些中国援建的项目开始实行联合管理，由中方派出管理人员帮助外方经营企业，如马里的一些企业就实行了联合管理，坦赞铁路也聘请中方管理人员去管理，使经营状况有了一定改善。在总结经验后，中国认识到，援助外方办工业这种方式并不成功。

20世纪80年代，中国开始帮助受援国建设一些“纪念碑”式的项目，如办公大楼、会议大厦、体育场、青年宫等，尤其是体育场，一度风靡非洲。同时也援助外方建设了一些公路、大桥等基础设施。这些项目建成后，留在当地，看得见、摸得着，都知道是中国援建的，民众也能得到一些实惠。但随之又出现了新的问题。有些设施建成后维护不起，年久失修不能使用后，外方又要求中国接着提供维修费。还出现了受援国之间的攀比现象。中国援助国家A建立了某一个设施，国家B也要，而且要更大。前一届政府获得中国援建的某一种设施（如体育场），后一届政府又要求援建另一种项目（如文化宫），使中国感觉难以应付。中国为斯里兰卡援建了一幢法院大楼，普通民众未受益，还有点意见。中方意识到，“现在看来，今后这条路也走不下去了”。[1]

当中国改革走到建设社会主义市场经济阶段时，对外援助的改革相应地提上了议事日程。体认到对外援助中存在的一些问题，如援

---

［1］ 尹集庆主编:《中国对外经济贸易改革20年》, 第300页。

外规模和比例不合理，援外方式陈旧，项目管理问题多，大量的到期贷款无法收回等，都影响了中国的援外事业。新的内外形势要求对外援助也须走出一条新的道路来。所谓新的道路就是援外要达到帮助受援国发展经济的目的，而且是有效益、可持续的。在此之前，中国也曾经提出过要帮助受援国发展经济，但效果不彰，一个重要原因在于计划经济体制的僵硬性和受援国管理体制的僵化，使得援建起来的企业缺乏活力。以市场经济的要求开展援外建设，必然要求采取新的方式。此时，随着中国改革的不断推进，外国来华投资日益增多，国内已经建立起了为数众多的合资企业。这就启示人们，中国与受援国之间也可以采取类似方式，建立起合资企业。同时继续援助建设一些基础设施。一个相对较新的设想是形式多样化，从建设一些永久性设施发展到开办合资企业、独资企业，发展商业，等等。形式多样化以后，内容也要多样化，这“内容”当然涉及各个领域和各个行业。与此同时，也提出了实现资金来源多样化。中国政府资金是一部分，受援国引进其他外资参股也可算一部分。还可以让享有了自主权的中国企业通过参股加入进来。这几部分结合起来，就扩大了援外资金的来源，实现资金来源的渠道多样化。[1]

因此，改革援外方式，推进中国企业同受援国企业的直接合作，既帮助受援国发展经济，又带动中国企业走向市场，便成为新一阶段援外工作的必由之路。

此前，外经贸部已于1991年12月会同外交部向国务院报送了《关于做好援外工作若干政策和措施的请示》。国务院批准后，外经贸部与外交部、财政部等部门配合，做了以下工作：进一步调整各类援助方式占援外总支出的比例。除继续实施一些必要的政府间合作项目外，重点是支持双方企业发展互利合作；大力推动中国企业与受援国

[1] 尹集庆主编:《中国对外经济贸易改革20年》，第301页。

企业就中方援助的生产性项目进行合资、合作经营；设立多种形式援助专项资金，支持我企业同受援国企业举办具有援助性质的合资、合作企业或独资企业；增加了形式多样、灵活及时的小额赠送（包括小型项目、物资和少量现汇），为受援国克服某些紧急困难“雪中送炭”；将一部分援外资金与联合国发展机构的资金相结合，开展发展中国家间的技术合作活动（即 TCDC 项目），为发展中国家培训实用技术人才；设立了大使援助资金；探索受援国以多种形式偿还中国贷款的方法；进一步改革援外项目管理体制，实行政企职责分开，建立实施援外项目的企业总承包制，运用经济手段保证援外工程的质量和进度；改革援外任务分配机制，通过内部招标，择优确定承担援外任务的总承包企业；通过招聘，择优选定对援外项目进行设计审查、质量监理和工程验收的技术咨询单位。[1]

在中国新一轮改革和世界变革的新背景下，中国积极探索援外与互利合作相结合的援助新方式，推动中国企业与受援国企业直接合作，兴办独资、合资、租赁企业。1991 年至 1994 年，主要围绕帮助受援国发展当地有需要又有资源的中小型项目开展对外援助，并与发展多双边互利合作的经贸关系相结合，促进受援国与中国共同发展。例如调整援外结构，重点建设生产性项目，适当增加援建人员培训和社会公益性项目；将一部分援外资金与联合国发展机构的资金相结合，开展发展中国家间的技术合作等。这一时期，在中国的对外援助项目中，成套项目占 60%，同时又设立了多种形式的援助专项资金，增加形式多样、灵活、及时的小额赠送，使中国对外援助的方式更为灵活，援助的项目更加实用。[2] 1993 年，中国政府利用发展中国家

[1] 孙广相:《我国对外经贸事业的发展情况及有关热点问题》，载《国际经济合作》1996 年第 10 期，第 9—10 页。孙广相时任对外贸易经济合作部部长助理。

[2] 刘小云:《中国对外援助改革与调整二十年》，载《国际经济合作》1998 年第 10 期，第 30—31 页。

已偿还的部分无息贷款资金设立了“援外合资合作项目基金”。该基金主要用于支持中国中小企业与受援国企业在生产和经营领域开展合资合作。试以1993年为例。

1993年，中国先后同24个受援国探讨了45个这类项目，其中有12个项目是双方企业当年就已签约的。卢旺达水泥厂是中国援建的生产性项目，建成后由中国企业代管经营。在中国政府的支持下，该企业借用援外资金同卢方企业合作，对该项目进行技术改造。一年间，该项目经营状况良好，1—10月份生产水泥54 000多吨；自1986年以来，已累计生产水泥45万吨，两国企业均获得了良好的效益。马里纺织厂是中国20世纪70年代援建的生产性项目，从1987年起，中马双方实行管理合作。应马方实行私营化的要求，中方企业在本国政府支持下与马方签订了合资经营该厂的协议。孟加拉国政府同意将中国提供的经援无息贷款以优惠条件转贷给孟本国企业作为孟方企业投资，同中国企业合资兴办编织袋厂、皮鞋厂和针织厂。此外还有一些这类项目处于考察和商谈过程中。

除双边援助外，中国自1983年起与联合国发展机构合作，参与发展中国家间的技术合作活动，由中国实施了一批多边援助项目，在中国举办了23个短期实用技术培训班，为46个国家培训了230多名技术人员。培训的专业涉及水稻种植、乡村开发、妇幼保健、陶器制作、沙漠治理、沼气利用等。

1993年，中国向亚洲、非洲、拉丁美洲、南太平洋地区61个国家提供了新的援款。全年履行了已签订的各项对外协议，在72个受援国实施经援项目272个，项目执行情况良好。当年新开工项目19个，如援秘鲁水泥厂、援苏丹医院、援布隆迪公路、援突尼斯针灸中心和援纳米比亚、毛里求斯的住房项目等，都是受援国急需的。当年竣工项目16个，如援尼泊尔国际会议大厦、援斯里兰卡供水工程、援坦桑尼亚输变电线路等。尤其是1993年7月提前一年竣工的援缅甸仰光—丁茵铁路公路两用大桥，是20世纪90年代以来中国对外经济技术援助投资的最大项目。这一年，中国派往受援国的援外工作人员约4 000人。[1]

1995年以后，是中国对外援助工作进行全面改革阶段。在此之前，改革已经酝酿了一段时间，一些新做法已经在实践中。根据时任外经贸部援外司司长何晓卫的表述，近三年来[2]，援外工作改革已经取得了一定进展，主要是：在援助结构上，增加了灵活多样的小额赠送；在项目选择上，重点承担了中小型生产性项目；在援助方式上，推动了援外项目合资合作，并且开始推行政府贴息优惠贷款方式。[3] 1994年6月，国务院决定："援外方式一定要改革，应采取赠款、政府贷款贴息、中外合资合作等多样化方式援外，要提高援外效益；……。"[4] 1995年4月，国务院就改革援外工作进一步作出决定，并于5月16日下达了《关于改革援外工作有关问题的批复》。20世纪90年代中期，为应对作为援助目标的经济效益的持续关注，中国建立了进出口银行，并引入了优惠贷款。中国进出口银行作为中国政府指定的贴息优惠贷款承贷银行，在外经贸部（后为商务部）代表政府与受援国政府签订优惠贷款的政府间框架协议后，负责对项目进行可行性评估和审批，与国内项目实施企业或受援国银行签订项目贷款协议，并负责贷款本息的到期回收。

1995年10月17日至19日，全国援外改革工作会议（不再称第×次援外工作会议）在北京举行。经过这一次会议，进入社会主义市场经济新阶段后的中国对外援助方针得到确立。会议指出：对外援助的改革是一项复杂的系统工作，涉及到国内外的许多方面，要积极

[1]《国际经济合作》1994年第2期，第8页。
[2] 大致为1993—1995年。
[3] 何晓卫：《我国改革援外工作方式》，载《中国经济信息》1996年第6期，第25页。
[4] 尹集庆主编：《中国对外经济贸易改革20年》，第302页。

而稳妥地进行。会议决定：坚持援外工作基本方针，既要发扬援外工作的优良传统，又要在新形势下改革创新；大力推行援外政府贴息优惠贷款方式；积极推动援外项目合资合作；适当增加无偿援助，一般不再提供新的无息贷款；贯彻国别政策，保证援助重点；加强援外工作的管理和领导，制订各类援助方式的管理办法，建立健全各项管理制度；建立对各类项目的监督、检查和评估制度，建立项目总结报告制度，建立全面统计制度和年度报告制度。[1]

1995 年全国援外改革工作会议后，确定未来的援外方式主要包括以下三种：

（1）政府贴息优惠贷款方式。这是一种国际上通行的援助方式。中国政府提供具有援助性质的优惠贷款，其优惠利率与银行基准利率之间的利息差额由国家援外费补贴。这样做被认为有如下好处：第一，政府援外资金和银行资金相结合，能扩大对外援助的规模；第二，银行作为实施优惠贷款方式的执行机构，能提高援外资金的使用效益；第三，推动双方企业的投资合作。

推行优惠贷款方式要求做好项目可行性研究。这类优惠贷款贷出后要保证收回，要由受援方提供担保，因此必须选择有偿还能力的国家和投资少、见效快的项目。

实施优惠贷款方式的主要程序是：第一，根据受援国需要和中方的可能，中国政府与受援国政府就贷款额度、期限、利率等主要贷款条件签订框架协议；第二，根据受援国或中国企业提出使用贷款的项目，经外经贸部初核后，推荐给中国进出口银行；第三，进出口银行经评估确认项目有效益后，与受援国政府指定银行在框架协议范围内，签订贷款借贷协议并组织实施。

---

[1] 邹春义：《我国将进一步改革援外工作：主要推行政府贴息优惠贷款和援外项目合资合作》，载《人民日报》1995 年 10 月 18 日第 4 版。

在具体操作上，在优惠贷款框架协议签订前，中国进出口银行可对双方企业探讨的有关项目进行初步评估，供外经贸部会同有关部门就向某国提供优惠贷款事进行研究；在框架协议签订后，可尽快完成项目的评估、审定程序，以便签订贷款的供贷协议并组织实施。

（2）援外项目合资合作方式。援外项目合资合作是援外与投资、贸易与其他互利合作相结合的一种新的援助方式。这种方式的特点是，中国政府和受援国政府在政策和资金上给予扶植，中国企业与受援国企业直接进行合作。其目的是帮助受援国发展经济，培训管理和技术人才，促进中国与受援国的共同发展。自1993年开始的三年多时间里，共在35个受援国探讨了45个项目，签订合同的有17个项目，有10多个项目开始实施。这样做的益处是：第一，将政府援外资金与企业资金结合起来，扩大资金来源和项目规模；第二，双方企业在管理、技术上长期合作，项目效益与企业利益挂钩，能巩固项目成果，提高援助效益；第三，受援国能增加收入和就业，双方企业也可从中受益。

经过将近三年的实践后，援外项目合资合作形成了三种形式。第一，对新建的援助项目，受援国政府将中方贷款转贷给本国企业作为项目资本，中方企业再投入一些资金，双方合资经营。第二，已建成的生产性项目，转为双方企业合资、合作。第三，受援国政府与中国政府（或双方主管部门）签订原则协议，两国政府在政策或资金上给予扶植，由双方企业举办合营、合作项目。政府贴息优惠贷款可更多地用于这类合资合作项目。

中方有关部门确定，要采取鼓励措施，推动中国的优秀企业到发展中国家开展各种形式的经济合作，选择受援国有资源、有市场、有效益的项目，主要是对初级产品进行深加工的中小型项目，在当地建立合资合作企业。开始期可多发展中国零部件组装的装配企业，从易到难。

（3）适当增加无偿援助，一般不再提供新的无息贷款。无偿援助灵活、多样，实施较快，效果较好。过去中国帮助发展中国家建设了一些公共设施，产生了较大的政治影响。新的无息贷款不再提供后，未来在财政许可的范围内，还要继续提供少量无偿援助，援助建设一些人民能够广泛受益的公共工程和社会福利项目，如医院、学校、低造价住房、打井供水等花钱不多、社会效果好的项目，也还要继续提供紧急救灾和人道主义援助。[1]

在此背景下，中国石油天然气勘探开发公司承担的苏丹石油第六区块开采项目，是援外体制改革后第一个利用援外贷款进行海外石油资源开发的项目。

1994 年 1 月，在苏丹举办的中苏经贸洽谈会上，中国石油天然气总公司了解到苏丹政府有意利用国外投资开发本国的石油资源，即开始对此项目初步立项论证，并派出团组赴苏丹进行考察。中国石油天然气总公司及所属的中原油田与苏丹有关部门经过反复协商，确定按照国际惯例，以产品分成方式合作开发苏丹的石油资源。同年 10 月，正值中国着手进行援外方式的改革、推行政府对外贴息优惠贷款之际，中国石油天然气总公司向外经贸部呈送了该项目利用中国政府援外优惠贷款的申请和可行性研究报告。外经贸部、中国进出口银行等十分支持，把它列为向苏丹提供经济援助的首选项目给予协助。1995 年 9 月，中国政府与苏丹政府签订了中国向苏丹提供 1.5 亿元政府优惠贷款的框架协议。中国石油天然气总公司与苏丹能源矿产部正式签署了共同勘探开发苏丹石油六区的《产品分成协议》。进出口银行经过认真研究，就优惠贷款的使用问题与苏丹财政部和中央银行代表进行了深入沟通，提出了将优惠贷款直接贷给中方企业，苏丹银行作为代理行负责监督贷款项目实施的方案，得到对方的积极响应。12 月 8

[1] 何晓卫：《我国改革援外工作方式》，载《中国经济信息》1996 年第 6 期，第 25 页。

日，中国进出口银行与苏丹签订使用优惠贷款支持苏丹石油开发项目的谅解协议，与中国石油天然气勘探开发公司签订贷款协议。

中国石油天然气总公司将该项目视为中国石油业开发国际化经营战略的重要一步，很快打开了工作局面。开钻仅数月，就已完成121平方公里的三维地质资料采集、处理和分析工作，并发现了商业油流，表明项目具有良好的开发前景和经济效益。

石油项目的成功实施对苏丹国民经济意义重大，在苏丹产生了巨大影响，也为中国石油天然气总公司带来了更大的合作新机会。在储量更加丰富的苏丹第一、二、四块开发的招标过程中，在十家跨国公司激烈竞争的情形下，中国石油天然气总公司独占鳌头，争取到了40%的股权，取得了这个油田的操作地位，为中国进入非洲石油能源市场迈出了重要一步。[1]

以上是运用优惠贷款开展对外援助并实现互利双赢的一个个案。这里再描述1996年一年的援外情形，以获得一个横截面数据。

推行政府贴息优惠贷款方式，推动援外项目实行合资合作

1996年中国与11个发展中国家签订政府贴息优惠贷款框架协议。自1995年下半年推行这一新的方式至1996年底，中国已同22个国家签订优惠贷款框架协议。这种新的援助方式逐步为受援国所接受。外经贸部向中国进出口银行推荐项目22个。中国进出口银行已同对方政府部门或政府指定银行对其中10个项目进行了评估，并签订了具体借贷协议，其中包括苏丹石油勘探开发和黄金开发、肯尼亚平板玻璃厂、赤道几内亚森林和木材加工、博茨瓦纳铁路更新、科特迪瓦汽车装配厂和制药厂、坦桑尼亚友谊纺织厂和赞比亚穆隆古希纺织厂、加蓬渔业开发。其中，苏丹石油项目开始实施。

1996年，中国企业在老挝、孟加拉、纳米比亚和扎伊尔举办的

[1] 林玫:《对外援助方式的改革与实践》，载《国际经济合作》1997年第11期。

小型合资合作得到批准。这种援助方式自1992年在35个国别探讨以来，批准立项获实施的项目有20个，其中有津巴布韦水泥厂和拖拉机组装厂、赞比亚铜杆加工厂、马里塞古纺织厂、孟加拉针织厂等等。其中马里塞古纺织厂自1994年10月起合资经营两年多来，已收到较好效果，产品供不应求，1996年实现产值76亿非洲法郎，比1995年增长60%。

继续提供力所能及的援助，认真履行对外援助协议

1996年中国继续向友好的发展中国家提供力所能及的援助，全年同93个国家新签援助协议。全年在30个国家新承担成套项目39个，生产性项目和福利性项目占70%。其中有向缅甸农机修配厂提供农机具和雪当纸厂发电机组更新、津巴布韦打井、吉布提门诊楼、尼日尔自来水工程和津德尔水资源勘察项目、巴布亚新几内亚村民住宅、埃及小水电等。

当年新开工项目53个，包括津巴布韦灌溉工程、扎伊尔农业项目恢复、纳米比亚打井和低造价住房、几内亚农田整治、坦桑尼亚基畏那煤矿1—1采区和电站锅炉改造等。当年竣工项目36个，包括安提瓜展览中心、柬埔寨打井、埃塞俄比亚哈利河水利工程、纳米比亚低造价住房、古巴自行车厂和水库养鱼、西萨摩亚青年妇女培训中心等等。

1996年中国向亚洲、非洲、拉丁美洲及南太平洋地区的52个国家和国际组织提供了多边援助，在华举办小水电、水稻栽培、中医针灸、淡水综合养鱼、农作物病虫害防治和肉类加工等13个专业技术培训班，培训发展中国家技术人员300多人。1996年，中国向54个国家提供了75批物资援助，包括向卢旺达提供农机具、向扎伊尔提供自行车、向布隆迪提供建筑材料、向秘鲁提供机械加工设备、向西萨摩亚提供药品和医疗设备、向土库曼斯坦提供医药保健品、向拉脱维亚提供计算机和打印机、向古巴提供药品和文教用品、向蒙古提供

灭火器、向罗马尼亚提供电话交换机、向莱索托提供救灾物资等等。

1996年2月，几内亚要求中国提供大米紧急援助。该项任务3月14日下达，5月22日即办理了对外移交，历时仅60余天。中国在几内亚困难时期第一个伸出援助之手在当地产生了极大影响。[1]

若仅就优惠贷款而言，自1995年7月至1998年8月底三年多一点时间里，中国同41个国家签订了50笔优惠贷款，接受这种援助方式的国家从非洲延展到亚洲、拉丁美洲和南太平洋地区岛国。探讨的项目达到110多个，其中74个项目经外经贸部初步审核后，推荐给中国进出口银行进行评估，通过评估后的项目签订借贷协议，然后启动。

具体而言，苏丹石油开发是中国实施的第一个优惠贷款项目，自1997年1月开钻以后，打勘探井四口，其中两口井发现商业油流，并完成了其黄金开采及卫星遥感数据影像处理与成图项目。至1997年底，赤道几内亚森林开发和木材加工项目共伐原木3.6万立方米。坦桑尼亚合资纺织厂自1997年4月开工后，产品供不应求，7月即实现盈利。博茨瓦纳铁路更新项目工程进展顺利。科特迪瓦汽车组装项目，自1997年10月第一辆汽车成功下线后，销售渠道逐步打开。加蓬林业开发和木材加工及制药厂等项目均有望于1998年下半年投入生产。喀麦隆拖拉机组装厂项目于1998年8月正式投产。向缅甸提供优惠贷款的协议于1998年3月签署，第一笔款很快拨付。津巴布韦水泥厂项目的大型成套设备安装完成基础工程。毛里求斯客货两用船项目向外招标。另有一批项目也在积极探讨和落实。[2]

迄20世纪90年代末，中国政府改革援助方式，更多采用贴息优惠贷款的援助方式取得了成效，也得到受援国的理解和欢迎。随着中

---

[1] 见王成安:《援外方式改革获得新进展》,载《国际经济合作》1997年第3期。

[2] 刘小云:《中国对外援助改革与调整二十年》,载《国际经济合作》1998年第10期,第30—31页。

国社会主义市场经济建设的深入，中国对外援助也呈现了与市场经济相应的面貌和特点。

这一时期，随着自身工业化进程的加深，获得自然资源和海外市场对于中国日益重要。中国对外援助的新目标是有助于为其制造业、承包商等获取资源和出口市场。在初期阶段，中国对外援助曾由意识形态和政治考量主导，但在 20 世纪 90 年代它是由支持受援国“自主发展”和促进中国在海外的经济活动驱动的——即“双赢”结局。为实现这一新目标，中国政府利用了援助、贸易和直接投资的关联，从而使中国企业和受援国能同时得益。[1]

随着实践的推进，援外改革后也遇到了一些新问题，包括：

第一，优惠贴息贷款的推行和存在的问题。政府贴息贷款是中国政府提供的带有赠予成分的优惠贷款，它的资金来源于商业银行的借款，其优惠利率与银行基准利息之间的利息差额由政府的援外费补贴。年利率在 2%—5% 之间，贷款期限一般为 8—10 年。实施过程中碰到的问题包括：（1）贷款期限短、利率高，影响框架协议的签订和项目的落实；（2）“政府行为，商业操作”，外交需要和商业利益融合困难；（3）优惠贷款的来源不多，难以解决扩大贷款规模与规避风险的矛盾。

第二，推行援外项目合资合作是对外援助方式又一重大改革，是一种援外和投资、贸易和其他互利合作相结合的新方式。其特点是：中国政府和受援国政府在政策上和资金上给予扶持，中外企业直接合作，帮助受援国发展经济，培养管理和技术人才。相比于优惠贷款，它实际上是为中外企业提供了资金的融通便利。主要问题是贷款数量少，使用期短，手续繁杂。

第三，援外规模、结构和布局的改革。20 世纪 90 年代以来的援

[1] Takaaki Kobayashi and Yasutami Shimomura, “Aid Volume in a Historical Perspective,” in *A Study of China's Foreign Aid: An Asian Perspective*, eds. Yasutami Shimomura and Hideo Ohashi, Basingstoke: Palgrave Macmillan, 2013, p.56.

外规模已远远不能适应各种复杂形势和重大任务的需要。有必要根据国家综合实力和外交、外经贸工作开展的需要，科学地确定援外规模，以及合理的布局和结构。

第四，贷款偿还问题很重要，然而一直缺少政府关注。有研究者在进行调查研究后，提出了“能否回收贷款事关我国政府尊严”的观点，指出了不能回收贷款的问题和后果，并针对此问题建议：（1）要改变观念，中国政府不一定是永远“不逼债”。商谈贷款偿还问题，并不是逼债；（2）债务重新安排：减免、用回收的援款设立专门基金；（3）以受援国的出口商品、债转股等方式来偿还。[1]

结论与阶段性认识是，实践证明，1995 年之后中国援外改革是成功的，它符合国际发展援助的发展趋势，充分地考虑了中国的综合发展国力以及发展中国家的不同情况，取得了令人瞩目的成就。对外经济技术援助是一项必不可少的战略支出，是任何其他经济合作形式所无法取代的。与此同时，在此过程中也遇到了新问题，并延伸到了 21 世纪的开端。

---

[1] 蒋镶赢：《中国援外改革问题研究》，对外经济贸易大学工商管理硕士学位论文，2000 年。作者曾在专门从事对外援助事业的中国成套设备进出口（集团）总公司工作多年。

第六章

21 世纪以来的中国对外援助（Ⅰ）

进入 21 世纪之时，中国的改革开放已历二十余年并取得重大成就。中国的综合国力不断跃上新台阶，“中国崛起”已成为世界广泛议论和接受的一个事实。在中国，2001 年 5 月召开的中央扶贫开发工作会议指出，20 世纪末基本解决农村贫困人口温饱问题的战略目标已基本实现。同年 12 月，在经过长达十五年的漫长谈判后，中国正式加入了世界贸易组织（WTO），这标志着中国对外开放和对内改革进入了一个新的阶段。

2002 年 11 月，中共“十六大”召开，提出在 21 世纪的头二十年，中国要实现全面建设小康社会、2020 年国内生产总值比 2000 年翻两番的奋斗目标。两年后，统计数字显示，中国国内生产总值（GDP）总量已超过意大利，由世界第七位上升到第六位。此后，中国经济总量又先后超越法国和英国。2007 年，中国 GDP 现价总量达到 257 306 亿元，超过德国成为世界第三大经济体。又经过三年，国内外媒体广泛报道，中国 2010 年的经济总量已超过日本，从而成为了仅次于美国的世界第二大经济体。

这些如同拾级而上的经济增长和国力提升，是一个令世人惊叹的发展过程。在这一过程中，中国对外援助也不可能不发生重要的变化。这其中又伴随着“走出去”战略的展开，这二者之间是有密切关联的。

21 世纪伊始，经历了人类历史上规模最大的工业化进程的中国，清晰地意识到非洲有尚未开发的广阔市场，有丰富的自然资源和农矿产品，是具有长期战略价值的地方。没有非洲的发展，就不可能有世界的共同繁荣。通过运用各种不同的工具，包括扩大贸易、投资、贷款和基础设施援助，中国在非洲的影响日益增大，成为期待搭上中国飞速发展列车的非洲国家日益重要的合作伙伴。

自 2000 年起，中国开始实施企业“走出去”战略，对外直接投资呈现跳跃式增长，对外工程承包快速发展，对外劳务合作稳步推进。实施“走出去”战略，提升了中国企业的跨国经营水平和国际竞争力。十年间，进入《财富》世界 500 强的中国内地企业逐年增多，2000 年入选《财富》世界 500 强的中国内地企业仅有 9 家，而 2010 年 7 月公布的 2009 年《财富》世界 500 强中，中国内地企业有 43 家上榜，其中中石化、国家电网和中石油三家企业跻身前十名，座次再破历史纪录。十年前曾排名第 59 位的中石化此时已位居第七。

中国企业的对外投资合作对拉动东道国经济发展、扩大劳动就业、增加外贸出口、促进产业升级都发挥了积极作用。2008 年，中国境外企业在东道国纳税达到 93.4 亿美元，雇用当地员工 30 余万人次，为所在国就业和税收做出了贡献。虽然曾屡遭西方的质疑和指责，但随着时间推移，中国对外投资合作得到了所在国家和国际机构的认可。2009 年 7 月，世界银行发布题为《搭建桥梁：中国在撒哈拉以南非洲国家基础设施融资中不断增长的作用》的报告，称来自中国的大量投资极大改善了非洲的基础设施状况并为经济发展奠定了坚实基础，在非洲经济发展中发挥了巨大作用。[1] 与我们的论题有关的是，中国的对外贸易、投资和对外援助是联系在一起的，有时被称为“三位一体”。

第一节 中国对外援助的规模

2011 年 4 月，国务院新闻办公室发布了中华人民共和国历史上第一个有关中国对外援助的白皮书。这份白皮书提供了迄 2009 年底为止的中国对外援助累计总金额（即 2 563.9 亿元人民币），其中无偿援助 1 062 亿元，无息贷款 765.4 亿元，优惠贷款 735.5 亿元。但白皮书未列出各个年份的援助金额。2014 年 7 月，第二份白皮书《中国的对外援助（2014）》发布，提供了 2010 年至 2012 年三年间的中国对外援助金额，即人民币 893.4 亿元，仍分为无偿援助、无息贷款和优惠贷款三种类型，但仍然缺少分年的援助金额信息。

这里存在的另一个问题是中外统计对外援助的口径不同。经合组织发展援助委员会（OECD-DAC）是经济发达国家就对外援助协调政策的机构。经合组织所定义的官方发展援助（ODA）是为促进发展中国家经济发展和社会福祉而提供的官方资金，在性质上是优惠的，至少包括 25% 的赠款成分。习惯上，ODA 是由赠款国政府机构对发展中国家各个层次的赠款（双边 ODA）和对多边机构的赠款两部分组成的。这些资金必须符合以下两个标准：首先，资金的目的必须首先是促进受援国的经济发展和福利事业；其次，必须在优惠的基础上提供。出口信贷和用来扶持私人投资的拨款与补贴不归为官方发展

[1] 邢厚媛：《新形势下中国企业“走出去”的战略思考》，载《中国经贸》2010 年 8 月号（中国对外援助 60 周年特刊），第 14—19 页。

援助。[1]

中国统计的口径与此不同。如中国对穷国的债务减免、政府奖学金等很多时候未列入对外援助的范畴，但西方援助统计则包括。中国的优惠贷款援助只计算其对于中国进出口银行的利息补贴，而不像 DAC 国家那样计算优惠贷款的全额。此外，中国的对外援助预算中通常还包括军事援助。[2] 根据同一文献，2010 年和 2011 年，中国累计提供对外援助 633.6 亿元，其中赠款为 239.2 亿元，占到 37.75%；无息贷款为 97 亿元，占到 15.31%；优惠贷款总额为 297.4 亿元，占到 46.94%。[3] 而据《中国的对外援助（2014）》白皮书，2010 年至 2012 年三年中，中国对外援助金额为 893.4 亿元，如把两个总额相减，则 2012 年的对外援助金额为 259.8 亿元，低于 2010 和 2011 两年的平均数，这似乎存疑。有研究者从中国中央财政支出中发现，对外援助（主要为双边援助）的财政支出从 2008 年的 125.59 亿元增加到 2012 年预算的 192.17 亿元。[4] 照此说法，2012 年中国对外援助额是 192.17 亿元，与 259.8 亿元差别很大。对同一件事，却莫衷一是，对外援助统计口径差异可见一斑。

同样根据马洁文等前引文，“从 20 世纪 70 年代末至 90 年代中期”，中国“对外援助金额并没有相应大幅增加，援外支出占国民生产总值（GNP）的比例仅为 0.09%”。[5] 不清楚的是这一比例数是根据何种办法计算得出的。同书第 98 页称，“2012 年中国政府公布的

---

[1] 黛博拉 · 布罗蒂加姆：《龙的礼物——中国在非洲的真实故事》，沈晓雷、高明秀译，北京：社会科学文献出版社 2012 年版，第 14 页。

[2] 马洁文、唐丽霞、李小云：《中国的对外援助：历史、现状和挑战》，见李小云、王伊欢、唐丽霞编：《国际发展援助——中国的对外援助》，北京：世界知识出版社 2015 年版，第 98 页。

[3] 同上，第 97 页。

[4] 同上，第 187 页。

[5] 同上，第 96 页。

援外资金是 2004 年的近三倍”，也未见给出具体数字。这些均属零零星星和语焉不详的大体数字，其统计口径和计算方法都让人质疑。又如，同书第 97 页称“中国的援外相关资金还包括优惠买方信贷、中非发展基金和非洲中小企业发展专项贷款等”，那么，何谓“援外相关资金”？它们是否都算中国对外援助的组成部分？从上文看，“中国对外援助主要包括三种类型，即无偿援助、无息贷款和优惠贷款”。2011 年中国对外援助白皮书亦说“中国对外援助资金主要有三种类型”，即上述三种。问题是，是否就是这三种类型？或者，除了“主要”类型资金外，还有没有“次要”类型资金？之所以如此提问，是因为这牵涉到中国对外援助资金总额的计算，似乎应予明确，否则终究含糊不清。

在这一情形下，国外有些研究机构根据相应标准对中国对外援助历年的金额进行推算。美国学者黛博拉·布罗蒂加姆在 2009 年出版的《龙的礼物》一书中推算中国的对外援助，2009 年约为 31 亿美元。推算的方法为汇总中央财政对外援助支出、债务减免和通过中国进出口银行提供的优惠贷款这三部分相加的总支出。[1] 日本学者小林誉明和下村恭民推算中国的对外援助在 2012 年为 78.1 亿美元。推算方法为汇总中央财政对外援助支出和优惠贷款并扣除对中国进出口银行优惠贷款的贴息金额。[2]

日本国际协力机构研究所（JICA-RI）所长北野尚宏把中国的对外援助定义为由商务部和其他有关各部管理的赠款和无息贷款、中国进出口银行提供的优惠贷款（以上两部分构成中国的双边 ODA）再

[1] 黛博拉·布罗蒂加姆:《龙的礼物——中国在非洲的真实故事》，沈晓雷、高明秀译，第 148—149 页。

[2] Takaaki Kobayashi and Yasutami Shimomura, “Aid Volume in a Historical Perspective,” in *A Study of China's Foreign Aid: An Asian Perspective*, eds. Yasutami Shimomura and Hideo Ohashi, Basingstoke: Palgrave Macmillan, 2013, pp.46—57.

加上作为多边援助向国际组织提供而形成的中央政府支出。通过最新从网络获得的信息及对可靠人士的访谈，他对布罗蒂加姆的定义进行了如下修正。首先，对为其他发展中国家留学生提供的政府奖学金进行了估计并加入到援助支出中。其次，根据小林和下村的合理意见，从援助支出中扣除了优惠贷款中的贴息部分金额。第三，对优惠贷款的净支出进行推算。尽管中国政府不认为优惠出口买方信贷是对外援助，但一些发展中国家把优惠出口买方信贷也视为 ODA 贷款。基于此，他也参考了优惠出口买方信贷的净支出。[1]

根据以上考虑，北野尚宏及研究人员原田幸宪进行了推算，推算方法尽可能接近经合组织发展援助委员会的 ODA 定义，包括如下内涵：（1）推算了对外援助净额和总额；（2）推算了双边和多边对外援助额；（3）汇总了中央各部委的“对外援助”财政决算数，推算了对其他发展中国家的留学生所提供的奖学金；（4）无息贷款等同于无偿援助；（5）优惠贷款中商务部对中国进出口银行的贴息金额部分；（6）优惠出口买方信贷：作为参考进行了推算；（7）多边对外援助：汇总了中央各部委的“国际组织”财政决算数，也参考了国际机构的各类报告。

北野等人认为，他们得到的数据反映了 DAC 通常使用的双边和多边 ODA 净支出。中国的对外援助自 2004 年起急剧增加。2013 年的对外援助额达到 71 亿美元。在两大类中，双边援助占 90%，多边援助占 10%。同时，据推算，优惠出口买方信贷 2011 年为 36 亿美元，2012 年 49 亿美元，2013 年 70 亿美元，均大大高于无偿援助和无息或优惠贷款。这些数字相加，中国的对外援助额 2011 年为 81 亿美元，2012 年为 106 亿美元，2013 年为 141 亿美元。[2] 这大约是最

[1] Naohiro Kitano, “China’s Foreign Aid at a Transitional Stage,” *Asian Economic Policy Review* 9, 2014, 301—317.

[2] Ibid., p.303.

高的推算数字了。需要注意的是，北野的数字是加上了优惠出口买方信贷后得出的。

但这一计算法并未得到人们的普遍接受，中国并不把优惠出口买方信贷视为对外援助的组成部分。另根据经合组织的定义，无论出口买方信贷多么优惠，都不能算作官方发展援助。按照布罗蒂加姆的看法，中国的援助由三部分组成，即中国财政部所列的对外援助支出、中国进出口银行的优惠贷款，加上债务减免。[1] 假如这是能够接受的算法，那么，中国的对外援助额一定小于北野等估算的数字，因为排除了优惠性质的出口买方信贷；也很可能大于中国对外援助白皮书中所列的数字，因为加上了可能未计算在内的援助，比如债务减免或政府奖学金等。但应无疑问的是，中国对外援助额已位居世界前列。

随着国力的增强，中国加大对外援助力度的政策方针变得越来越明晰。2006 年 3 月，中国在其颁布实施的“十一五”规划纲要中明确提出，“增加中国对其他发展中国家的援助，进一步加强与发展中国家的经济技术合作”。同年 8 月，胡锦涛总书记在首次召开的中央外事工作会议上也提出：“随着国家实力增长适当增加对外援助，尤其要支持发展中国家加快发展、改善人民生活。”[2]

2009 年 11 月 8 日至 9 日，中非合作论坛第四届部长级会议在埃及沙姆沙伊赫举行。中国国务院总理温家宝在会上发表了题为《全面推进中非新型战略伙伴关系》的讲话，内容多数涉及对非经济技术援助问题，表明了援助规模的明显扩大。例如，“向非洲国家提供 100 亿美元优惠性质贷款”，这较之三年前中非合作论坛北京峰会上对非承诺提供的 50 亿美元优惠性质贷款，增加了一倍。除了优惠性质贷款

[1] 布罗蒂加姆前揭书，第 148 页。
[2] 见《人民日报》2006 年 8 月 24 日。

外，中国还承诺协助非洲应对气候变化，发展清洁能源，帮助非洲培养博士后科研人员，扩大对非洲产品开放市场，促进双方的农业、医疗卫生、人力资源开发与教育、人文交流合作。这些都清楚地表明，中国随着国家综合国力的提高，逐步加大了对外援助的投入力度。[1]

根据2011年《中国的对外援助》白皮书，进入21世纪特别是2004年以来，在经济持续快速增长、综合国力不断增强的基础上，中国对外援助资金保持快速增长，2004年至2009年平均年增长率为29.4%。除通过传统双边渠道商定援助项目外，中国还在国际和地区层面加强了与受援国的集体磋商。中国政府在联合国发展筹资高级别会议、联合国千年发展目标高级别会议，以及中非合作论坛、上海合作组织、中国—东盟领导人会议、中国—加勒比经贸合作论坛、中国—太平洋岛国经济发展合作论坛、中国—葡语国家经贸合作论坛等区域合作机制会议上，多次宣布一揽子有针对性的对外援助政策措施，加强了在农业、基础设施、教育、医疗卫生、人力资源开发合作、清洁能源等领域的援助力度。[2]

另一方面是免除穷国债务。从2000年起到2010年，中国政府先后在第一届中非合作论坛、联合国发展筹资高级别会议、中非合作论坛北京峰会、联合国千年发展目标高级别会议和中非合作论坛第四届部长级会议上，五次宣布免除有关重债穷国和最不发达国家对华到期无息贷款债务。期间，中国与50个国家签署了免债议定书，免除这些国家到期债务380笔。

当今世界的一个现实是全球范围内存在着严重的发展不平衡问题，富国与穷国、富人与穷人之间的财富差距拉大，大量的人口被排斥在共享世界经济增长成果的大门之外。从经济角度看，发展不平衡

[1] 王敏玉：《党的十六大以来对外援助工作的特点探析》，载《北京党史》2013年第4期。

[2] 中华人民共和国国务院新闻办公室：《中国的对外援助》白皮书，2011年4月。

使得世界经济增长缺乏内在支撑。从政治和安全角度看，发展不平衡导致地区、国家内的动荡和冲突，滋生极端主义、恐怖主义势力。“消除贫困和饥饿，推动包容和可持续发展，不仅是国际社会的道义责任，也能释放出不可估量的有效需求。”习近平主席在二十国集团（G20）杭州峰会期间如是指出。

在理念上，中国始终认为，发达国家有义务和责任更多地援助发展中国家。富国帮助穷国，是世界大家庭的道义准则，也是促进人类共同发展的需要。在经济全球化过程中，发展中国家往往处于不利地位，发达国家应更多地关注这些国家的困难，向他们提供更多的官方援助，进一步减免债务，加快技术转让，摒弃贸易保护主义。只有发展中国家特别是最贫困国家的经济得到发展，在全球范围内减少贫困的目标才能实现。[1]

各国“共同发展”是一种重要的理念，中国坚持了这一理念，在坚持这一理念的过程中发展了自己，并通过自身发展的事实向其他发展中国家提供自己的经验和力所能及的帮助。“国家不论大小、强弱、贫富，都应该平等相待，既把自己发展好，也帮助其他国家发展好。大家都好，世界才能更美好。”[2]这也是一种先进的理念，这一理念在当今世界的实践中得到了证明，包括从消极的一面。2015年，有逾120万难民在欧盟各成员国首次申请避难，是2014年的两倍多。当大批难民从中东北非地区汹涌涌向欧洲各国，形成严重的难民危机，甚至催生暴力恐怖袭击时，这实实在在地给世人上了一课：当各国不是“共同发展”，当还有那么多国家处于贫困、动乱状态时，发达国家也无法逃避，也将为此付出巨大代价。

---

[1]《为减少全球贫困而携手行动——温家宝在全球扶贫大会上的讲话》，载《文汇报》2004年5月27日。

[2] 习近平主席G20杭州峰会期间语。

第二节
关注扶贫和受援国民生

总体而言，中国坚持平等、合作、不干涉受援国内政、互利共赢等原则，通过自身的实践开创了具有中国特色的援外模式，在南南合作中独树一帜。

2011—2015年，是中国的第十二个五年计划（简称“十二五”）时期。“十二五”期间，中国坚持正确义利观，弘义融利，稳步扩大援助规模，拓宽援助领域，提升援助水平，对外援助实现了稳步发展。

2011年至2015年8月，中国为120多个发展中国家累计援助820个成套项目，提供692批物资；在华举办5 300多期培训班，为发展中国家培训12万名官员和技术人员；提供11.5万个来华留学奖学金名额；派遣医疗、农业、教育等各类专家和志愿者4万多人次。援助领域更加关注民生改善和可持续发展，加大了对农业、教育、医疗卫生、基础设施、人才培训等领域的援助力度，帮助受援国改善民生条件，提升自主发展能力。一批援助项目得到了受援国和国际上的广泛好评，例如，向埃博拉疫区提供了四轮共计7.5亿元的援助，向尼泊尔地震灾区提供了三轮共计1.4亿元的援助，努力帮助当地克服灾情、恢复生产生活。[1]

这一时期中国对外援助的一个标志性发展，是中非合作论坛的建立。

进入21世纪，维护和平、促进发展成为非洲各国的共同愿望，为应对国际形势变化和经济全球化挑战，中国与非洲友好国家于2000

[1] 见《人民日报》2015年10月20日第15版。

年共同倡议成立了中非合作论坛。论坛是一种南南合作机制，旨在加强平等磋商、扩大务实合作、促进共同发展。[1]论坛是中国与非洲国家开展集体对话的重要平台和务实合作的有效机制，也是中国对外援助机制、形式的新拓展。

自创立以来，中非合作论坛每三年举行一次部长级会议，并且迄今已举行两次领导人峰会。首届部长级会议通过了《中非合作论坛北京宣言》和《中非经济和社会发展合作纲领》，为中非发展长期稳定、平等互利的新型伙伴关系确定了方向。第二届部长级会议通过了《中非合作论坛——亚的斯亚贝巴行动计划（2004年至2006年）》，为此后三年中非合作提出了新思路、新举措。第三届部长级会议为中非合作论坛北京峰会做了准备。北京峰会则最终通过了《中非合作论坛北京峰会宣言》和《中非合作论坛——北京行动计划（2007年至2009年）》两个纲领性文件，决定建立和发展政治上平等互信、经济上合作共赢、文化上交流互鉴的中非新型战略伙伴关系。“伙伴关系”一语体现了一种平等，而“新型”则是中国和非洲各国之间在不断探索的关系，并非自此时起。

在2006年11月举行的中非合作论坛北京峰会上，国家主席胡锦涛代表中国政府宣布了加强中非务实合作的八项举措，促进中非在更大范围、更广领域、更高层次上的合作。这八项措施是：

（1）扩大对非洲援助规模，到2009年使中国对非洲国家的援助规模比2006年增加1倍。

（2）今后三年内向非洲国家提供30亿美元的优惠贷款和20亿美元的优惠出口买方信贷。

（3）为鼓励和支持中国企业到非洲投资，设立中非发展基金，基

[1] 杨洁篪：《继往开来，奏响中非友好新乐章》，载《人民日报》2009年11月2日第3版。

金总额逐步达到 50 亿美元。

（4）为支持非洲国家联合自强和一体化进程，援助建设非洲联盟会议中心。

（5）免除同中国有外交关系的所有非洲重债穷国和最不发达国家截至 2005 年底到期的政府无息贷款债务。

（6）进一步向非洲开放市场，把同中国有外交关系的非洲最不发达国家输华商品零关税待遇受惠商品由 190 个税目扩大到 440 多个。

（7）今后三年内在非洲国家建立三至五个境外经济贸易合作区。

（8）今后三年内为非洲培训培养 15 000 名各类人才；向非洲派遣 100 名高级农业技术专家；在非洲建立 10 个有特色的农业技术示范中心；为非洲援助 30 所医院，并提供 3 亿元人民币无偿援款帮助非洲防治疟疾，用于提供青蒿素药品及设立 30 个抗疟中心；向非洲派遣 300 名青年志愿者；为非洲援助 100 所农村学校；在 2009 年之前，向非洲留学生提供中国政府奖学金名额由目前的每年 2 000 人次增加到 4 000 人次。[1]

这八项举措中，有五项与对外援助直接有关，其他各项则间接有关。

此后三年间，以上八项措施得到了全面落实。中国实现了对非援助翻一番的目标，扩大零关税受惠商品范围举措全面实施，对非相关国家免债工作基本完成，中非发展基金启动运营。一大批重要合作项目已竣工或正在实施，部分经贸合作区建设初具规模，援建医院、疟疾防治中心、农业技术示范中心、农村学校等工作进展顺利，中国派赴非洲的青年志愿者和高级农业技术专家陆续到位。再具体一些而言：

[1] 见《胡锦涛提出促进中非合作八项措施》，http：//www.chinadaily.com.cn/hqkx/2006-11/05/content_724946.htm，2016 年 10 月 2 日。

第一，在基础设施和公共工程方面：中方提供的无偿援助、无息贷款、优惠贷款和优惠出口买方信贷，在非洲国家承担了近 200 个大型建设项目。

第二，在支持非洲减贫、改善民生方面：三年援助翻一番。中方援建的 100 所农村学校可解决 3 万名儿童就学，30 所医院将增加 4 000 多个床位就医能力，疟疾防治合作涉及 30 多个国家，惠及上亿人。农业合作为非洲国家带去了中国先进的农业生产技术和农作物品种。

第三，在转让技术、培养人才方面：三年间中方共为非洲国家举办 660 期官员和技术人员培训班，邀请 16 000 人来华，并在非洲当地开展各类培训。

第四，在促进非洲经济发展方面：对外免关税受惠商品范围扩大，增加了非洲国家对华出口。中非发展基金参与投资的埃塞俄比亚玻璃厂填补了当地工业空白。在赞比亚、埃及、毛里求斯、尼日利亚、埃塞俄比亚五国建设了六个经贸合作园区。其中赞比亚的经贸合作区初具规模，为当地创造就业 6 000 人。[1]

中国包括援助在内的各项措施，给非洲带来了积极的变化。2006—2009 年的三年间，由于中国实行的上述八项举措，更多的非洲商品进入了中国，中非年贸易额从 500 多亿美元上升到超过 1 000 亿美元。在国际金融危机冲击下，全球投资普遍下滑。而 2009 年前三季度，中国对非投资却增长了 77%。中国帮助非洲建起了诸多学校、医院、防虐中心，受益者达上亿人。[2] 为了支持非盟推进非洲一体化进程，中国还为非盟援建了会议中心，这是一座具有世界先进水平的标志性建筑，是中国努力帮助非洲一个可见的存在。

由于建立了中非合作论坛机制，中非之间每三年都要举行一次部

[1]《温家宝将访问埃及并出席中非合作论坛第四届部长级会议开幕式　外交部举行中外媒体吹风会》，载《人民日报》2009 年 11 月 3 日。

[2]《温家宝举行记者会实录》，载《人民日报》2009 年 11 月 10 日第 2 版。

长级会议，因而每三年中国都会宣布一批新的援非举措，呈现出力度不断加大之势。

2009年，中非合作论坛第四届部长级会议举行，中国国务院总理温家宝出席了这次部长级会议开幕式，宣布中国政府今后三年将采取新的八项举措推进中非合作。这“新八项”是：

（1）倡议建立中非应对气候变化伙伴关系，不定期举行高官磋商，在卫星气象监测、新能源开发利用、沙漠化防治、城市环境保护等领域加强合作。中方决定为非洲援建太阳能、沼气、小水电等100个清洁能源项目。

（2）加强科技合作，倡议启动“中非科技伙伴计划”，实施100个中非联合科技研究示范项目，接收100名非洲博士后来华进行科研工作，并为其回国服务提供资助。

（3）增加非洲融资能力，向非洲国家提供100亿美元优惠性质贷款；支持中国金融机构设立非洲中小企业发展专项贷款。对非洲与中国建交的重债穷国和最不发达国家，免除截至2009年底对华到期未还的政府无息贷款债务。

（4）扩大对非产品开放市场，逐步给予非洲与中国建交的最不发达国家95%的产品零关税待遇，2010年年内首先对60%的产品实施免关税。

（5）进一步加强农业合作，把中国在非洲国家援建的农业示范中心增至20个，向非洲派遣50个农业技术组，为非洲国家培训2 000名农业技术人才，提高非洲实现粮食安全的能力。

（6）深化医疗卫生合作，为援非30所医院和30个疟疾防治中心提供价值5亿元人民币的医疗设备和抗疟物资，为非洲培训3 000名医护人员。

（7）加强人力资源开发和教育合作，为非洲国家援助50所中非友好学校，培训1 500名校长和教师；到2012年，向非洲提供的中国政府奖学金名额将增至5 500名；今后3年为非洲培训各类人才总计达2万名。

（8）扩大人文交流，倡议实施“中非联合研究交流计划”，促进学者、智库交往与合作，交流发展经验，并为双方出台更好合作政策提供智力支持。[1]

2009年的“新八项”同2006年的八项举措一样，都着眼于提高非洲国家的自我发展能力。新的八项举措更加注重改善民生，加强卫生和体育等社会事业，注重加强农业和基础设施建设，加强生态和环境保护。

2012年，在中非合作论坛第五届部长级会议上，国家主席胡锦涛又宣布：

> 6年前，我们在这里召开了中非合作论坛北京峰会，中非双方一致同意建立中非新型战略伙伴关系。6年来，在中非双方共同努力下，中非新型战略伙伴关系取得了重大进展。中非在政治上互尊互信、友好关系全面发展，双方高层交往更加密切，对话交流更加深入，相互支持更加坚定，中国同非洲各国和非盟等地区组织关系深入发展，中国同多个非洲国家建立战略伙伴关系和战略对话机制，支持非洲国家自主解决地区热点问题，支持非洲一体化建设。中非在经济上互利互惠、务实合作不断深化，双方携手应对国际金融危机冲击，论坛北京峰会和第四届部长级会议推出的两组务实合作“八项举措”得到有效落实，中非全方位立体式合作体系稳步构筑。中国对非贸易和投资规模不断扩大。2011年中非贸易额达到1 663亿美元，比2006年增加两倍。中

[1]《图文：中国提出八项援非举措》，http：//news.sina.com.cn/o/2009-11-09/065516576583s.shtml，2016年10月5日。

国累计对非直接投资金额已达150多亿美元，项目遍及非洲50个国家。中国援建的非盟会议中心落成移交。中国对非援助稳步增长，为非洲国家援建了100多所学校、30所医院、30个抗疟中心和20个农业技术示范中心。中国兑现了向非洲提供150亿美元优惠性质贷款的承诺。中非在文化上互学互鉴、人文交流日趋活跃，中非文化聚焦、联合研究交流计划、智库论坛、民间论坛、青年领导人论坛等一系列交流活动相继启动。中国为非洲国家培训各类人员近4万名，向非洲国家提供2万多个政府奖学金名额。中非双方合作在22个非洲国家设立了29所孔子学院或孔子课堂。中非20对知名高校在“中非高校20 + 20合作计划”框架下结为“一对一”合作关系。中非在国际事务中互帮互助、团结协作更加紧密，双方在联合国改革、应对气候变化、可持续发展、世贸组织多哈回合谈判等重大问题上密切配合，维护发展中国家共同利益，促进国际关系民主化，推动国际秩序朝着更加公正合理的方向发展。

今后3年，中国政府将采取措施，在以下5个重点领域支持非洲和平与发展事业，推进中非新型战略伙伴关系。

第一，扩大投资和融资领域合作，为非洲可持续发展提供助力。中国将向非洲国家提供200亿美元贷款额度，重点支持非洲基础设施、农业、制造业和中小企业发展。

第二，继续扩大对非援助，让发展成果惠及非洲民众。中国将适当增加援非农业技术示范中心，帮助非洲国家提高农业生产能力；实施“非洲人才计划”，为非洲培训3万名各类人才，提供政府奖学金名额18 000个，并为非洲国家援建文化和职业技术培训设施；深化中非医疗卫生合作，中方将派遣15 00名医疗队员，同时继续在非洲开展“光明行”活动，为白内障患者提供相关免费治疗；帮助非洲国家加强气象基础设施能力建设和森林保护与管理；继续援助打井供水项目，为民众提供安全饮用水。

第三，支持非洲一体化建设，帮助非洲提高整体发展能力。中国将同非方建立非洲跨国跨区域基础设施建设合作伙伴关系，为项目规划和可行性研究提供支持，鼓励有实力的中国企业和金融机构参与非洲跨国跨区域基础设施建设；帮助非洲国家改善海关、商检设施条件，促进区域内贸易便利化。

第四，增进中非民间友好，为中非共同发展奠定坚实民意基础。中国倡议开展“中非民间友好行动”，支持和促进双方民间团体、妇女、青少年等开展交流合作；在华设立“中非新闻交流中心”，鼓励中非双方新闻媒体人员交流互访，支持双方新闻机构互派记者；继续实施“中非联合研究交流计划”，资助双方学术机构和学者开展100个学术研究、交流合作项目。

第五，促进非洲和平稳定，为非洲发展创造安全环境。中国将发起“中非和平安全合作伙伴倡议”，深化同非盟和非洲国家在非洲和平安全领域的合作，为非盟在非开展维和行动、常备军建设等提供资金支持，增加为非盟培训和平安全事务官员和维和人员数量。[1]

由上可见，随着时间的推移，中国对外援助的力度显著增强并提速。

第三节 关注受援国能力建设

有道是，“授人以鱼，不如授人以渔”。中国对外援助十分不同于

[1] 胡锦涛：《开创中非新型战略伙伴关系新局面》（2012年7月19日，北京），http://news.xinhuanet.com/world/2012-07/19/c_112478149.htm。

恩赐式的给予，而是注重培育受援国的自主发展能力。当受援国具备了这种能力时，就能获得持续发展的可能性。对受援国有时固然需要“输血”，然而更重要的是帮助其确立起“造血”机制。在这方面，中国在进入 21 世纪后有不少举措。

2009 年 9 月，中华人民共和国商务部会同外交部、国家发改委、教育部等部门，出台了援助发展中国家（并不限于非洲）的六项举措，涉及农业、粮援、教育培训、卫生、清洁能源、免债、零关税待遇等领域，主要包括：

第一，农业领域的援助。未来五年内将援建发展中国家的农业技术示范中心数量翻一番，增至 30 个；对外派遣的农业专家和技术人员数量也翻一番，增加 1 000 人，使总数增至 2 000 人，同时，提供 3 000 人次的来华农业培训机会，培训对象包括官员和技术人员，培训专业涉及农业管理、作物种植、渔业、畜牧业等。

第二，向联合国粮农组织捐款 3 000 万美元设立信托基金，用于帮助发展中国家提高农业生产能力的项目和活动。农业部已于 2009 年 3 月 24 日与联合国粮农组织在北京签署了 3 000 万美元信托基金的总协定，并已完成 2009 年度 1 000 万美元的捐款工作。上述资金将用于联合国粮农组织“粮食安全特别计划”框架下的“南南合作”项目及开展人力资源培训等。

第三，向粮食紧缺的国家增加粮食出口和援助。今后，中国将继续在力所能及的范围内安排粮食出口，并向缺粮的发展中国家适当倾斜；增加对世界粮食计划署的捐款；同时，继续通过双边渠道对外提供人道主义粮食援助，并实施帮助受援国提高粮食生产能力的合作项目。

第四，在教育和卫生领域，未来 5 年内，向发展中国家新增 10 000 个来华留学奖学金名额，同时专门为非洲国家培训 1 500 名校长和教师；为对非洲国家援建的 30 所医院配备适当数量的医生和医疗设备，同时为有关受援国培训医生、护士和管理人员 1 000 名。

第五，免除最不发达国家2008年底对华到期未还的无息贷款，给予有关最不发达国家95%的产品零关税待遇。截至目前，中国已与49个国家签署了免债议定书，免除到期债务374笔。根据该项举措，中国政府将继续免除13个最不发达国家对华到期无息贷款债务。

第六，在清洁能源开发利用和环境可持续发展领域，中国将在2009—2013年的五年内，为发展中国家援建100个小水电、太阳能、沼气等小型清洁能源项目，帮助受援国开发可循环利用能源，改善生产生活条件，促进环境可持续发展。中国正就帮助大湄公河次区域国家建设1 500个农村户用沼气制定计划，并于年内完成考察和可行性研究。[1]

此后，中国《国民经济和社会发展第十二个五年规划纲要》在述及对外援助时表述为，“优化对外援助结构，创新对外援助方式，增加对发展中国家民生福利性项目、社会公共设施、自主发展能力建设等领域的经济和技术援助”。同时，也提及要“加强南南合作”。[2]这里相当明确地点明“民生福利性项目”、“社会公共设施”和“自主发展能力建设”三者是重点方面，要增加援助。五年后，《国民经济和社会发展第十三个五年规划纲要》出台，其中第五十三章“积极承担国际责任和义务”的表述是，“扩大对外援助规模，完善对外援助方式，为发展中国家提供更多免费的人力资源、发展规划、经济政策等方面咨询培训，扩大科技教育、医疗卫生、防灾减灾、环境治理、野生动植物保护、减贫等领域对外合作和援助，加大人道主义援助力度”。[3]可以看到，“十三五”规划纲要关于对外援助的表述更为具体，

[1]《中国出台六项举措援助发展中国家》，载《人民日报》2009年9月22日第3版。
[2]《中华人民共和国国民经济和社会发展第十二个五年规划纲要》，2011年3月16日，http://www.gov.cn/zhuanti/2011-03/16/content_2623428.htm。
[3]《中华人民共和国国民经济和社会发展第十三个五年规划纲要》，2016年3月17日，http://www.gov.cn/xinwen/2016-03/17/content_5054992.htm。

十分明确要扩大规模，新增加了“加大人道主义援助力度”，并不是过去没有提供人道主义援助，而是现在更加强调了要加大力度。这表明，随着自身的发展，中国正在更多地践行国际公共品的提供。

第四节 重视创新体制机制

随着援外工作向更多的专业领域扩展和延伸，介入其中的专业部门不断增多，对于专业化和细致化管理的要求越来越高，专业部门之间协调不畅、信息不通的情形也随之增多。不可避免地，需要更多地进行部门间的协调并采取实际步骤，如设立工作协调小组（如对非洲经贸工作协调小组）和更高级别的协调机制（如对外人力资源开发合作部际协调机制）。

为了在政策层面更好地协调各相关部门，2008 年 10 月，由商务部（主任单位）、外交部（副主任单位）和财政部（副主任单位）三部委领衔，24 个中央部委和单位组成了“对外援助部际联系机制”，并在 2011 年升格为部际协调机制。这一机制不仅负责统筹援外归口管理和多方联动，发挥各方专业优势，就中国援外问题进行沟通，而且定期就政策问题进行协调，强化对外援助领域的发展战略规划、政策规划和制度建设。[1]

在具体工作层面上，2003 年，商务部在对外援助司之外新设国际经济合作事务局，在援外项目的实施、验收等环节分担援外司的工作，该局下设的招标处、资格审查处等机构显然是市场经济发展的产物。由于招标程序日益复杂，资格审查对象机构日益增多，信息建设也经历了一个快速发展的阶段。同样由于在市场化条件下，援外人员

[1] 周弘主编:《中国援外 60 年》，第 40—41 页。

出现“去单位化”和自由流动趋向，对援外人力资源的管理就增加了“事前培训”和“持证上岗”等新内容。

由于各项援外业务工作存在很多交叉，商务部于2008年再度对业务主管部门进行机制调整，增设了国际经济技术交流中心和国际商务官员研究学院，分担物资项目和培训项目的实施，国际经济合作事务局继续承担成套项目和技术合作项目的实施。中国进出口银行继续负责优惠贷款项目的实施。援外医疗队由卫生部（及机构合并后的卫生与计划生育委员会）管理，由各省、市、自治区选派。青年志愿者由团中央管理。[1]

有研究者认为，中国近90%的对外援助资金是由商务部管理和协调的。除商务部外，外交部、财政部、农业部、卫生部等二十多个部门都参与到了中国对外援助的管理中，因此，不同部门之间的协调一直是中国对外援助管理中的一个问题。卫生部负责医疗队，团中央负责海外志愿者，外交部则负责紧急人道主义援助等，优惠贷款由中国进出口银行负责管理。此外，各个部委的国际合作部门都有一定的财政资金来开展本部门领域内的国际发展援助，从而形成了中国对外援助的碎片化，直接造成了援助统计上的困难以及援助管理成本的上升。[2]

2010年是中华人民共和国开展对外援助满六十周年。当年8月，全国援外工作大会召开，国务院总理温家宝发表讲话。

温家宝说，新中国六十年的援外工作有许多经验值得认真总结和发扬光大。概括起来，就是成功开创了具有中国特色的援外发展模式，其深刻内涵是：相互尊重、平等相待；互利互惠、共同发展；力所能及、重信守诺；形式多样、注重实效。

---

[1] 周弘主编：《中国援外60年》，第41页。

[2] 李小云、王伊欢、唐丽霞编：《国际发展援助——中国的对外援助》，第102页。

温家宝强调，做好新形势下的援外工作，一要着力优化对外援助结构。援助重点要向最不发达国家、内陆和小岛屿发展中国家倾斜。要多搞一些受援国急需、当地人欢迎、受惠面广的医院、学校、生活供水、清洁能源等民生项目。要合理安排无偿援助、无息贷款和优惠贷款的规模和比例，提高资金整体使用效果。要在巩固传统援外方式的基础上，积极推进援外方式创新。

二要着力提高对外援助质量。要坚持科学论证，选好项目，加强对项目的可行性评估。规范项目操作程序，真正做到招标程序公正、合理、透明。对援外项目实施企业实行分类动态管理，着力培育一批高素质、专业化的骨干企业。建立内部审计和外部监督长效机制。健全质量安全责任追究制度，从严查处援外项目转包、分包中的各类违法行为。

三要着力增强受援国自主发展能力。要进一步发挥对外援助铺路搭桥的作用，鼓励和支持我国企业对受援国投资，帮助受援国发展民族工业，创造就业岗位，改善人民福祉。对外投资中要切实遵守所在国法律法规和风俗习惯，坚持公平竞争，保护生态环境，履行社会责任，与当地人民和睦相处。要继续向受援国扩大市场开放，通过减免关税等多种途径，为欠发达国家对中国出口各类产品创造条件。要进一步加强与受援国的农业合作，通过建设规模适当的农业示范中心，传授种植经验，培养技术人员，使受援国从农业合作中受益。要拓宽对受援国人力资源培训的领域，增强培训项目的针对性，提高培训效果。

四要着力完善对外援助体制机制，加快构建充满活力、富有效率、更加开放的援外体制机制。要进一步理顺援外管理体制，健全决策、执行、监督相互制约又相互协调的援外运行机制，充分调动地方和民间力量支持援外事业发展，提高受援国在援外项目决策、执行、评估和后期管理等方面的参与程度，积极稳妥地推进国际交流合作。[1]

简言之，优化结构、提高质量、增强受援国自主发展能力，完善体制机制既是对进入21世纪以来中国对外援助的经验总结，也是中国对外援助未来的发展方向。

作为提高对外援助绩效的一个手段，是运用开发性金融，以补充无偿援助、无息贷款和优惠贷款等方式。中国在发展中坚持世界各国共同繁荣、共同富裕的理念，把各国人民的共同利益结合起来，在南南合作框架下向其他发展中国家提供援助，以帮助其减少贫困、改善民生。比较而言，开发性金融对外援助的优点在于：一是融资规模大，更有利于帮助受援国改善经济社会体系；二是按照市场规则运营，能有效保障援助效果，提高资金使用透明度；三是可作为杠杆进一步撬动各方资金参与，并实现更广泛的援助辐射。

因此，有效协调传统对外援助资金渠道与开发性金融这一新的工具，既可以扩大对外援助的融资规模，又可以达到更好的援助效果。传统对外援助与开发性金融的有效结合，可以使政府与市场“两只手”在对外援助中实现优势互补。[2]

第五节
对外援助领域的国际合作

这方面颇有代表性的是中国与经合组织发展援助委员会于2009年1月建立的研究小组（中国—发展援助委员会研究小组，China-DAC Study Group）。中方出面单位是中国国际减贫中心（IPRCC）。

[1]《全国援外工作会议在京召开　胡锦涛会见与会代表　温家宝作重要讲话》，http://politics.people.com.cn/GB/1024/12441564.html。

[2] 胡光宇：《形成平等互利、合作共赢的援助与发展模式　中国开发性金融造福世界》，载《人民日报》2015年7月13日第7版。

中心是一个思想平台，旨在总结和分享中国在减贫和发展方面的经验，以及开展南南合作。它是由中国政府与联合国开发计划署（UNDP）、其他援助机构（世界银行、亚洲开发银行）以及英国国际发展部于 2005 年 5 月共同建立的。中国—发展援助委员会研究小组的成立，是传统援助国对中国在全球援助领域的影响日益扩大所作出的集体反应。这是因为，主要由西方双边援助国组成的发展援助委员会，在过去数十年间试图通过制定指针、建立同行评估机制、召开特定问题网络会议和举行援助有效性高级别会议等来确定和执行国际援助的规则。

中国—发展援助委员会研究小组是经由一个联合秘书处开展运作的。秘书处人员由 IPRCC 和 DAC 选派，还有来自中国商务部及其国际贸易和经济合作研究院（CAITEC）、西方和日本援助机构以及来自西方、非洲、日本、中国及其他国家的发展问题专家和私人组织代表。该组织的目标是促进中国和 DAC 各国之间的"相互学习"。具体而言，它旨在：（1）理解并学习中国经济发展和减贫的成功经验，以及作为援助国的贡献，讨论这些经验如何能够帮助非洲国家及其他发展中国家；（2）理解中国与非洲经济合作的影响并加以学习，就为非洲减贫提高援助有效性与中国和 DAC 交换意见。对于作为传统援助国集团的 DAC 来说，这是一个好机会，以便加强与中国的对话，更好地理解中国与非洲的合作，甚至把中国引入 DAC 与非洲国际合作的现有架构中。由于研究小组并非官方的援助政策论坛，也就较通常的援助国会议更便于中国参与这一小组，因为中国可以作为来自发展中地区的伙伴而非援助国参与其中。作为成员，中国或也希望缓解西方对其援外根深蒂固的疑虑，更多地了解其他国家的对外援助。

从成立到 2011 年 6 月的第一阶段，中国—发展援助委员会研究小组共举行了四次大型会议。第二阶段则把重点转变到通过实地考察相互学习。研究小组的成员对由 DAC 成员国和中国在非洲实施的援助项目进行实地访问，然后基于实地考察进行圆桌讨论。第一次实地考察于 2011 年 10 月在坦桑尼亚进行，重点放在农业和粮食安全，参加者走访了由美国国际开发署实施的一个项目和中国的一个农业援助项目，并分享了他们的发现和看法。

与 DAC 成员国的期望有所不同的是，中国的参加者大都是来自研究院所的代表，政府部门如商务部的参与有限。DAC 方面最初是希望把西方的“援助有效性”概念传递给对方，以影响中国政府的观点，因而有点失望。另一方面，多数非洲参与者都欢迎提升中国的存在感，它的援助模式大不同于西方的模式。[1]

2011 年 11 月底至 12 月初，经合组织第四次高级别援助有效性论坛在韩国釜山举行，包括中国、新兴援助国和传统援助国在内的各参与国就“有效发展合作全球伙伴关系”达成了协议。在此前的高级别论坛中，援助有效性主导了议程，集中在官方发展援助问题上（包括 2005 年的《巴黎宣言》和 2008 年的《阿克拉行动议程》)。釜山协议不同于此前而有创新的是，它“欢迎发展合作行为体的多样化”，建议由“有效援助”转变为“有效发展”，承诺“加强知识分享和相互学习”，并讨论“私营部门的中心作用”和“以援助促贸易”。这些思想是与得自中国发展和援助经验的观察相一致的。[2]

在与第三方合作开展对外援助问题上，中国持开放态度。一段时间来，一些国家和国际组织、国际金融机构不断提出希望与中方在非洲开展三方合作的要求。中国对此采取了开放态度，愿意与国际社会各方探讨在非开展合作的可能性。中国同时认为，开展三方合作需遵

[1] Izumi Ohno, “China’s Foreign Aid and International Aid Community: From the Perspectives of Traditional Donors and Africa,” in *A Study of China’s Foreign Aid: An Asian Perspective*, eds. Yasutami Shimomura Hideo Ohashi, Basingstoke: Palgrave Macmillan, 2013, pp.196—198.

[2] Ibid., p.200.

循以下原则：第一，要充分尊重非洲国家的意愿，照顾非方关切，为非洲国家和人民所接受；第二，有关合作应建立在三方达成共识基础上；第三，合作的出发点要有利于非洲发展，并且不应干扰各自双边对非合作的正常发展；第四，有关合作应进行充分探讨和可行性研究，根据从易到难、循序渐进的原则，逐步积累经验，稳妥推进。

进入 21 世纪第二个十年后，中美两国在尊重各自国情和受援国意愿的前提下，在东帝汶、阿富汗等国开展了农业和培训领域的发展合作试点，在共同抗击西非埃博拉疫情的过程中进行了配合，初步建立了合作关系，使中美发展合作有了一定基础。2015 年 6 月，中国商务部与美国国务院召开了首次副部级的“中美发展合作对话会”，并提出建立发展合作沟通交流机制的建议。此后，双方从提高发展合作水平、丰富中美双边合作内涵的意图出发，对合作原则、领域等内容进行了多轮细致的磋商，展现了合作和灵活的态度，相向而行，最终促成了《中华人民共和国商务部和美国国际开发署关于中美发展合作及建立交流沟通机制谅解备忘录》于 2015 年 9 月签署。双方一致同意将在“受援国提出、受援国同意、受援国主导”的前提下，发挥各自优势，在农业、卫生、人力资源培训等领域开展项目合作，循序渐进地拓展中美发展合作领域，为推动国际发展合作注入新的能量，为消灭全球贫困和饥饿做出新的贡献。就双边关系而言，这提升了中美两国在国际发展领域的交流与合作水平，丰富了中美双边关系的内涵，是中美合作的新亮点。

在中日之间，2011 年 11 月，日本外相玄叶光一郎在访华期间同杨洁篪外长举行了会谈，双方一致同意探讨中日在非洲开展合作的可能性。日方拟将此议题列入中日战略对话重点内容。日方在前一年的第三轮中日韩三边对非政策磋商时亦曾提出，愿与中方探讨在对非发展援助领域开展合作。一些年来，中日两国就非洲事务保持了良好的沟通。中方表示愿在遵循有关原则基础上，继续利用双边与多边平台，就在非开展合作的可能性同日方进行探讨。此后中日之间于2012年围绕钓鱼岛“国有化”问题爆发了严重危机，中日在第三方进行发展合作事宜也不可避免地受到影响。

总体上而言，中国参与的三方合作已较前大有扩展。中国同英国在埃塞俄比亚的合作，给当地人带来了福祉；中国同澳大利亚合作，对太平洋岛国基础设施、农业和卫生等领域帮助不小；中国同美国合作，为遏制西非国家埃博拉疫情做出了贡献，均是例证。

第六节
一个“新兴援助国”的兴起

进入21世纪的第二个十年后，随着国力的进一步增强，中国已变得更为自觉地承担起自己的国际责任。2015年11月23日，国务委员杨洁篪在《人民日报》发表署名文章《积极承担国际责任和义务》。这一题目显然取自中共十八届五中全会通过的《中共中央关于制定国民经济和社会发展第十三个五年规划的建议》(以下简称《建议》)。《建议》对外发出了中国将在国际上更加积极主动地发挥建设性作用、提供更多公共产品的明确信息。作为主管中国对外关系的国务委员，杨洁篪撰文对《建议》相关内容的阐释，也是一个信号和反映。文章认为，对外援助是中国发挥负责任大国作用的重要体现。对于2016年起未来五年的中国对外援助，则概括为三个方面：

(1) 授人以渔，帮助发展中国家增强自身“造血机能”。中国高度重视通过人力资源开发合作、技术合作、志愿者服务等方式，与其他发展中国家分享发展经验和实用技术，帮助发展中国家培养人才，增强自主发展能力。今后一个时期，中国将为发展中国家提供更多免费的人力资源、发展规划、经济政策等方面咨询培训，与发展中国家分享中国改革开放政策等发展理念，提供具有较强操作性、可借鉴的发展经验，与受援国共同协商制定双方发展战略对接方案以及中长期经济合作规划。

（2）民生为本，让发展中国家民众得到更多实惠。减少贫困、改善民生是多数发展中国家面临的紧迫任务，也是中国对外援助的主要内容。近年来，中国对外援助资金重点投向受援国减贫、教育、卫生、体育、文化等民生领域。注重贴近受援方现实需要，着力解决实际问题，打通造福基层民众的“毛细血管”，努力达到接地气、惠民生的效果。今后，中国将扩大科技教育、医疗卫生、防灾减灾、环境治理、野生动植物保护、减贫等领域对外合作和援助，把对外援助的重心更多向民生领域倾斜，逐步提高民生领域援外比例，丰富民生项目实施方式。

（3）守望相助，合力应对人道主义灾难。近年来，面对世界上出现的自然灾害和公共卫生疫情等人道主义灾难，中国积极响应国际社会呼吁，及时提供紧急救灾物资或现汇援助，并根据需要派遣救援队和医疗队参与救援，展现了一方有难、八方支援的人道主义精神。2014 年西非部分国家爆发埃博拉疫情以来，中国迅速驰援，向疫区国家提供了四批总计 7.5 亿元人民币的紧急人道主义援助，为防止疫情扩散成为全球性卫生灾难发挥了关键作用。中国还先后帮助有关国家应对印度洋海啸、巴基斯坦地震、尼泊尔地震等重大灾害，展现了坚持睦邻友好、与周边国家同舟共济的深情厚谊，促进了中国同有关国家的友好关系。中国的无私援助也得到国际社会的真诚回报，许多自身并不富裕的发展中国家在中国发生汶川地震等重大自然灾害时施以宝贵援助。今后，中国将继续加大人道主义援助力度，在力所能及范围内帮助有关国家提高救灾防灾能力，共同应对灾害影响。[1]

中国对外援助规模的持续扩大，令国际上的各方人士刮目相看，

[1] 杨洁篪:《积极承担国际责任和义务》，载《人民日报》2015 年 11 月 23 日第 6 版。

视之为一个“新兴援助国”的崛起。

如果从中国对外援助自开始以来已历六十余年来看，应该说中国并不是一个“新”的援助国。不过，随着改革开放以来中国的发展获得巨大成功，中国已经以一个全球性大国的姿态崛起于世界，对包括援助领域在内的世界事务都正在产生深刻的影响，那么，称中国为一个“新兴援助国”倒也并不错。从本章前面部分所给出的事实可以看到，晚近以来中国在对外援助方面的“手笔”可谓亮眼。

2014 年 5 月，李克强在访非期间宣布，中国对非洲国家的双边信贷额度将增加 100 亿美元，2013 年到 2015 年的总额度将达到 300 亿美元。

2015 年，联合国成立已届七十周年，然而全球发展还任重道远。七十周年之际，联合国这个最大最有代表性的国际组织在其总部召开了系列峰会。在峰会上，国家主席习近平代表中国政府提出了帮助发展中国家发展经济、改善民生的一系列新举措，其中包括：中国将设立“南南合作援助基金”，首期提供 20 亿美元，支持发展中国家落实 2015 年后发展议程；继续增加对最不发达国家投资，力争 2030 年达到 120 亿美元；免除对有关最不发达国家、内陆发展中国家、小岛屿发展中国家截至 2015 年底到期未还的政府间无息贷款债务；未来五年向发展中国家提供“6 个 100”的项目支持，包括 100 个减贫项目、100 个农业合作项目、100 个促贸援助项目、100 个生态保护和应对气候变化项目、100 所医院和诊所、100 所学校和职业培训中心；向发展中国家提供 12 万个来华培训和 15 万个奖学金名额，为发展中国家培养 50 万名职业技术人员，设立南南合作与发展学院，等等。[1]

2015 年 12 月，在中非合作论坛约翰内斯堡峰会上，中国国家主

[1] 习近平:《携手消除贫困　促进共同发展——在 2015 减贫与发展高层论坛的主旨演讲》，http://politics.people.com.cn/n/2015/1017/c1024-27708352.html，2016 年 10 月 5 日。

席习近平宣布，为推进中非全面战略合作伙伴关系建设，中方愿在未来三年同非方重点实施“十大合作计划”，坚持政府指导、企业主体、市场运作、合作共赢的原则，着力支持非洲破解基础设施滞后、人才不足、资金短缺三大发展瓶颈，加快工业化和农业现代化进程，实现自主可持续发展。

一是中非工业化合作计划。中方将积极推进中非产业对接和产能合作，鼓励支持中国企业赴非洲投资兴业，合作新建或升级一批工业园区，向非洲国家派遣政府高级专家顾问。设立一批区域职业教育中心和若干能力建设学院，为非洲培训20万名职业技术人才，提供4万个来华培训名额。

二是中非农业现代化合作计划。中方将同非洲分享农业发展经验，转让农业适用技术，鼓励中国企业在非洲开展大规模种植、畜牧养殖、粮食仓储和加工，增加当地就业和农民收入。中方将在非洲100个乡村实施“农业富民工程”，派遣30批农业专家组赴非洲，建立中非农业科研机构“10 + 10”合作机制。中方高度关注非洲多个国家受厄尔尼诺现象影响致粮食歉收，将向受灾国家提供10亿元人民币紧急粮食援助。

三是中非基础设施合作计划。中方将同非洲在基础设施规划、设计、建设、运营、维护等方面加强互利合作，支持中国企业积极参与非洲铁路、公路、区域航空、港口、电力、电信等基础设施建设，提升非洲可持续发展能力；支持非洲国家建设五所交通大学。

四是中非金融合作计划。中方将同非洲国家扩大人民币结算和本币互换业务规模，鼓励中国金融机构赴非洲设立更多分支机构，以多种方式扩大对非洲投融资合作，为非洲工业化和现代化提供金融支持和服务。

五是中非绿色发展合作计划。中方将支持非洲增强绿色、低碳、可持续发展能力，支持非洲实施100个清洁能源和野生动植物保护项目、环境友好型农业项目和智慧型城市建设项目。中非合作绝不以牺牲非洲生态环境和长远利益为代价。

六是中非贸易和投资便利化合作计划。中方将实施50个促进贸易援助项目，支持非洲改善内外贸易和投资软硬条件，愿同非洲国家和区域组织商谈包括货物贸易、服务贸易、投资合作等全面自由贸易协定，扩大非洲输华产品规模。支持非洲国家提高海关、质检、税务等执法能力，开展标准化和认证认可、电子商务等领域合作。

七是中非减贫惠民合作计划。中方将在加强自身减贫努力的同时，增加对非援助，在非洲实施200个“幸福生活工程”和以妇女儿童为主要受益者的减贫项目；免除非洲有关最不发达国家截至2015年年底到期未还的政府间无息贷款债务。

八是中非公共卫生合作计划。中方将参与非洲疾控中心等公共卫生防控体系和能力建设；支持中非各20所医院开展示范合作，加强专业科室建设，继续派遣医疗队员、开展“光明行”、妇幼保健在内的医疗援助，为非洲提供一批复方青蒿素抗疟药品；鼓励支持中国企业赴非洲开展药品本地化生产，提高药品在非洲可及性。

九是中非人文合作计划。中方将为非洲援建五所文化中心，为非洲1万个村落实施收看卫星电视项目；为非洲提供2 000个学历学位教育名额和3万个政府奖学金名额；每年组织200名非洲学者访华和500名非洲青年研修；每年培训1 000名非洲新闻领域从业人员；支持开通更多中非直航航班，促进中非旅游合作。

十是中非和平与安全合作计划。中方将向非盟提供6 000万美元无偿援助，支持非洲常备军和危机应对快速反应部队建设和运作。中方将继续参与联合国在非洲维和行动；支持非洲国家加强国防、反恐、防暴、海关监管、移民管控等方面能力建设。

为确保“十大合作计划”顺利实施，中方决定提供总额600亿美元的资金支持，包括：提供50亿美元的无偿援助和无息贷款；提供

350 亿美元的优惠性质贷款及出口信贷额度，并提高优惠贷款优惠度；为中非发展基金和非洲中小企业发展专项贷款各增资 50 亿美元；设立首批资金 100 亿美元的“中非产能合作基金”。[1]

这些举措，可谓力度空前。它们是随中国国力增强而来的对外援助能力大大增强的表现，也表明对于非洲国家的实际需要，中国有颇为切实的把握，因而才会得出非洲存在“基础设施滞后、人才不足、资金短缺三大发展瓶颈”的认知，并据此提出了中国为帮助需要帮助的对方而拟订和建议的一系列实际措施。这样的“手笔”在过去可能是人们无法想象的。根据民调组织“非洲晴雨表”[2] 2016 年在世界发展信息日（10 月 24 日）所发布的报告，近 2/3（63%）的非洲人认为，中国的影响“较为或非常积极”，而只有 15% 的非洲人认为“较为或非常消极”。多数非洲人认为中国的发展援助对于满足他们国家的需要是“较好”或“很好”的事情。报告还显示，对中国在非洲的正面形象最重要的有利因素是中国对基础设施和经济的投资以及廉价的中国产品，但其产品质量却损害了它的形象。在影响中国在非洲形象的因素中，政治和社会考量的排位很低。[3]

长期以来，国际援助共同体大致等同于经合组织发展援助委员会加上世界银行。与它们常规的援助模式相比，中国的对外援助模式有着明显的差别。这基本上是因为中国并非发展援助委员会的成员，而自己也曾在一段时间内接受外部的援助。然而更为重要的是，中国政府在其 2011 年对外援助白皮书中将“南南合作”界定为“发

[1] 习近平：《开启中非合作共赢、共同发展的新时代——在中非合作论坛约翰内斯堡峰会开幕式上的致辞》(2015 年 12 月 4 日，约翰内斯堡），http：//news.southcn.com/china/content/2015-12/05/content_138305454.htm。

[2] 非洲晴雨表是一个泛非洲、无党派研究机构，就民主、管理、经济和相关问题在 30 多个非洲国家进行民意调查。

[3] 全非新闻网 2016 年 10 月 24 日报道：《中国在非洲的影响力赢得了当地民众的积极评价》。

展中国家之间的相互帮助”，这就在相当程度上有别于官方发展援助（ODA）。它形成了自己的援外哲学。[1] 中国援外哲学的五个关键词是自力更生 / 自主发展、不干涉内政、基础设施、平等互利、共赢。大致从 20 世纪 90 年代中期起，“双赢”开始与互利一起成为中国重要的援助哲学。这一援助哲学具有或隐或显的重要意义，它对国际上的援助哲学也将不可避免地产生影响。

中国更多地将自己的对外援助视为属于南南合作的范畴，这就有别于经合组织发展援助委员会国家。联合国对“南南合作”的定义是指发展中国家通过分享知识和经验、培训、技术转移、资金合作、实物赠予等方式，以达成自力更生和技术能力建设的目标。[2] 由于 21 世纪新兴发展中大国的兴起，南南合作正处于方兴未艾的发展状态。

2015 年 9 月，在联合国发展峰会举行期间和 2015 年后发展议程刚刚通过之际，中国国家主席习近平和联合国秘书长潘基文在纽约联合国总部共同主持召开了南南合作圆桌会。孟加拉国、贝宁、丹麦、厄瓜多尔、埃及、印尼、马来西亚、尼泊尔、尼日利亚、巴基斯坦、萨摩亚、南非、乌干达、赞比亚等国领导人，巴西、哈萨克斯坦、马尔代夫、沙特、津巴布韦等国元首代表，以及联合国开发计划署、世界银行、国际货币基金组织、世界贸易组织、联合国粮农组织、金砖国家新开发银行、联合国亚太经社会等国际组织负责人出席会议。《南南合作圆桌会共同主席新闻公报》确认，南南合作应该继续遵循相互尊重、平等互信、合作共赢、团结协作等原则，帮助发展中国家走出公平、开放、全面、创新的发展之路。各国应加强发展理念和经验的交流，深化宏观经济政策协调，使贸易投资服务于发展中国家人

[1] Yasutami Shimomura and Hideo Ohashi, “Future Prospects of China’s Foreign Aid,” in *A Study of China’s Foreign Aid*, eds. Yasutami Shimomura and Hideo Ohashi, Basingstoke: Palgrave Macmillan, 2013, pp.219—220.

[2] 李小云、王伊欢、唐丽霞编：《国际发展援助——中国对外援助》，第 69—70 页。

民。建议各国重点加强基础设施建设、推进互联互通，共同从全球价值链中受益。

公报同时也确认，南南合作是南北合作的补充而非替代。尽管南南合作面临一些复杂挑战，但在实现 2015 年后发展议程设定的发展愿景方面可以发挥很大潜力。南南合作可以帮助发展中国家，尤其是最不发达国家、内陆发展中国家和小岛屿发展中国家，应对发展挑战，提供最具针对性和借鉴意义的解决方案。发展中国家加强紧密合作有助于促进发展中国家间的贸易和资金流动，增强科技能力，促进经济增长，因此将成为支持 2015 年后发展议程的主要途径之一。[1]

各方面的情况都表明，中国将保持当前的对外援助增长势头，日益崛起为世界上的主要援助国之一。

在经合组织发展援助委员会的领导下，国际援助共同体追求一种援助国协调和援助和谐化的哲学，这种哲学来自改变“援助国各行其是”的信念，即多个援助国各做一块自己的对外援助，这被认为提高了交易成本，损害了援助的有效性。反之，作为另一种选择的援助哲学，其目标是通过援助国协调以及操作政策和程序协调一致来降低交易成本。然而应予注意的是，被认为有助于援助有效性改进的这种做法，是以牺牲援助活动多样性为代价的。缺少多样性的情况在撒哈拉以南的非洲地区尤其严重，在那里，传统的援助国高高在上，援助国协调和援助协调剥夺了受援国的选择。[2]

而现在，中国作为替代选择“横空出世”，改变了国际上对外援

[1]《南南合作圆桌会共同主席新闻公报》(2015 年 9 月 26 日，纽约)，http://news.xinhuanet.com/world/2015-09/27/c_1116689627.htm。

[2] Yasutami Shimomura and Hideo Ohashi, “Future Prospects of China’s Foreign Aid,” in *A Study of China’s Foreign Aid*, eds. Yasutami Shimomura and Hideo Ohashi, Basingstoke: Palgrave Macmillan, 2013, p.230.

助的原有格局。如果传统援助国不愿意，受援国有了一个新的选择，那就是中国。谈判更能掌控了，替代选择的出现，使得不发达国家不再那么被动地完全受制于DAC国家的先决条件，包括政治条件，而且由于DAC的协调一致，这些条件可能是相同或相近的，这样的被迫接受是痛苦甚至是屈辱的，并随之产生消极后果。

时至今日，中国对国际援助事业作出贡献至少有两种方式：一是增加了援助国的知识储备，二是促进了DAC和世行的改革。[1]基于多年的援助实践，中国积累了大量的经历、经验、认识和感悟，能够补充甚至纠偏传统援助国由于各种原因没能认识到或领悟到的东西。作为平等的伙伴共同发展、互利共赢就是其中极为根本的援助新哲学，是中国作为"新兴援助国"的一大贡献。

常常被人们忽视的是中国有作为受援国的很长一段历史，这是传统援助国所没有的。作为受援国的中国在接受援助和使用援款方面有切实的体验和体会，有被尊重的强烈愿望，因而也比较注意在对外援助中尊重他国。中国所接受的日元贷款和世行贷款，很多都用在基础设施建设上，这些建设在中国经济成长过程了发挥了十分重要的作用，因而中国也更能理解受援国对于基础设施建设的渴望。

2013年3月，中国国家主席习近平就任后首次出国访问就来到非洲，提出了"真、实、亲、诚"的对非政策理念，并介绍了中国完善基础设施助推经济社会发展的成功经验。2014年5月，中国承诺愿帮助非洲修建铁路，实现用高铁连接非洲各国首都的美好梦想。在东非，从零海拔的吉布提到平均海拔超过2 500米的埃塞俄比亚高原，要建设一条现代电气化铁路，难度极大。但中国公司的工程技术人员一步步测量出铁路设计沿线地质水文资料，攻克一个个技术难

[1] Yasutami Shimomura and Hideo Ohashi, "Future Prospects of China's Foreign Aid," in *A Study of China's Foreign Aid*, eds. Yasutami Shimomura and Hideo Ohashi, Basingstoke: Palgrave Macmillan, 2013, p.231.

关。从2014年5月铁路正式铺轨，到2015年6月750千米长铁轨全线铺通，用时仅13个月，再次创造了铁路建设的奇迹。这条亚的斯亚贝巴—吉布提铁路是由中国公司建设的非洲第一条跨国电气化铁路，也是东非铁路网主干线之一。此前，货物从吉布提港运到埃塞俄比亚首都亚的斯亚贝巴至少需要一周时间，运费居高不下且运力严重不足。亚吉电气化铁路建成后，客货运输时间缩短至7小时，物流成本大大降低，运输安全性显著提高，并于2016年10月5日全线通车。此外，中国与埃塞俄比亚两国还在铁路沿线合作建设若干工业园区，打造亚吉铁路经济走廊，努力形成铁路与产业联动发展、相互促进的有利格局。[1]

在G20杭州峰会于2016年9月召开前夕，作为亚洲基础设施投资银行（AIIB）首批投资项目之一的巴基斯坦M4高速公路（绍尔果德至哈内瓦尔段）开工仪式，于2016年8月在巴东部旁遮普省绍尔果德地区举行，这标志着亚投行首个公路项目正式破土动工。这条高速公路的建成，对改善巴基斯坦交通基础设施和消除贫困具有重要意义。

中国的对外援助还帮助欠发达国家改善民生。中国自己就很重视民生的需求，体认到"人民群众对美好生活的向往，就是党和政府的奋斗目标"，因而也对受援国在民生方面的发展需要感同身受。所有这些都在中国对外援助的实践中留下了印记，也是中国对国际发展援助理念和事业独具特色的贡献。

西方有人批评中国不重视加入多边的对外援助。实际上，中国一向重视联合国，在联合国系统内提供的多边援助在逐渐增长。1972年10月，中国宣布向联合国开发计划署提供第一笔捐款。此后，中国又

[1] 腊翊凡：《亚吉铁路带动非洲屋脊发展》，载《人民日报》2016年10月3日第3版。腊翊凡时任中国驻埃塞俄比亚大使。

陆续向联合国工业发展组织、联合国人口基金、联合国儿童基金会、世界粮食计划署、非洲开发银行等机构提供捐款。进入21世纪后，随着中国经济的长足发展，中国又增加了向亚洲开发银行、世界银行国际开发协会、世界贸易组织、泛美开发银行等多边或区域发展机构的认捐。到2020年，中国对联合国有关发展机构的年度捐款总额将在2015年的基础上增加1亿美元。当然，正如其他国家一样，中国对外援助始终以双边为主，多边援助所占比重不大，但在进入21世纪后有十分显著的增长，本章前面所交代的事实和数字已经足以表明这一点，而且还有更多的例证以为支撑。

比如，2014年，中国政府与非洲最大的开发银行——非洲开发银行推出了一个20亿美元的投资工具，名为“非洲共同成长基金”，中国在非洲一直走的是双边途径，现在则采取了更具有多边色彩的方式，通过一个多边机构向非洲投资数十亿美元，这在一定程度上转变了中国在非洲的双边协议政策。这只新基金将向最合适的竞标者开放合同，而不是只面向中国公司。

对于多边援助的作用和成效，也一直颇有争议，甚至不乏抨击。早在1980年，在发展领域颇有声誉的英国学者彼得·鲍尔就曾如此写道：“不附带条件的现金赠款应属双边性质，还是应通过多国组织提供？主张多边做法的人声称，这种做法可使援助脱离政治范畴，并且一般来说可以使援助分配变得更加客观，更有利于发展。这些说法是没有根据的。因为把税款转至外国政府一事必然具有政治性质；多边做法的结果只是加强国际组织的管理人员的控制，以取代本已微弱的立法控制。”“多边援助使受援国政府同援助国纳税人及其代表之间的联系消失殆尽。这进一步削弱了援助国方面和使用援助方面之间的联系。这也可能减低这些资金仅有的使用效率。最后，多边援助使得援助国政府无法约束受援国，即使受援国采取的是最浪费、最野蛮的政策。"[1] 鲍尔的结论是，援助应取双边现金赠款方式。这种形式的援助最容易为纳税人选出的代表所控制。这类赠款应有严格的期限。援助国应拒绝承担长期义务，因为无法预见最终受援国政府是什么样以及它们的政策是什么。[2] 这些当然也只是一家之言。援助中的双边方式和多边方式各有长短，中国在双边援助上也曾有过不少教训。但我们至少可以看到，多边援助并非就没有问题，或意见就那么一致。衡量的关键仍在于能否帮助受援国实现可持续的增长和发展。

[1] P.T. 鲍尔，《外援与第三世界》，见彼・杜依格南和阿・拉布什卡编、程镇球、刘丽媛、马德林等译校：《八十年代的美国》，北京：世界知识出版社 1981 年版，第 201—202 页。

[2] P.T. 鲍尔，《外援与第三世界》，见彼・杜依格南和阿・拉布什卡编、程镇球、刘丽媛、马德林等译校：《八十年代的美国》，第 202 页。

第七章

21 世纪以来的中国对外援助（II）

前一章我们研究了中国对外援助的第三个时期，即进入 21 世纪以来近二十年的发展，其中不少内容涉及中国对非洲地区的援助，这是因为非洲大陆和对非援助是中国对外援助最为集中、用力较深的地区，而中国援外的另一个重点地区则是中国的周边。

作为中国外交中十分重要的一环，周边外交在中国总体外交中占有十分突出的地位。“大国是关键，周边是首要”这一提法即是这种地位的反映。进入 21 世纪以来，建构和平安定的周边环境得到了中国政府的高度重视和强调。2013 年 10 月，中国领导人主持召开了高层次的周边外交工作座谈会，明确周边外交的工作方针，是坚持与邻为善、以邻为伴，坚持睦邻、安邻、富邻，突出体现“亲、诚、惠、容”的理念。强调要坚持睦邻友好，守望相助；讲平等、重感情；常见面，多走动；多做得人心、暖人心的事，使周边国家对华更友善、更亲近、更认同、更支持，增强亲和力、感召力、影响力。要诚心诚意对待周边国家，争取更多朋友和伙伴。要本着互惠互利的原则同周边国家开展合作，编织更加紧密的共同利益网络，把双方利益融合提升到更高水平，让周边国家得益于中国发展，使中国也从周边国家共同发展中获得裨益和助力。[1] 这些思想既是对过往的总结，也是对未来的前瞻。根本上而言，周边外交要为中国发展争取良好周边环境，推动中国的发展更多地惠及周边国家。这对中国的对外援助而言同样适用。

然而，中国的周边地区十分复杂，其中政治、经济、安全问题相互交织；各国的情况千差万别，发展水平差距很大，有的已经是发达国家，有的属于新兴经济体，也有的仍处于欠发达状态。有的国家之间甚至存在数十年的发展差距。在这一情形下，周边外交工作需要“深”耕“细”作，着眼长远，不断积累，而对外援助具有发挥作用的空间。

中国向这一地区的有关国家提供援助的合理性，一方面是由于地理上的邻近，另一方面则是由于亚洲还存在为数不少的欠发达国家。一些亚洲国家人口众多，亚洲总体上仍存在大量的贫困人口。根据美国全美亚洲研究局（NBR）提供的数字，迄2016年9月为止，在亚洲和太平洋地区还有七亿多人没有电可用。这是一个十分惊人的数字。在21世纪的条件下，中国对这一地区有关国家的援助工作也呈现出若干亮点。譬如，通过提供援助帮助了巴基斯坦、尼泊尔、斯里兰卡、阿富汗[2] 等亚洲邻国的发展。根据尼泊尔政府有关官方发展援助的报告，2014—2015财年，中国对尼官方发展援助为3 795万美元，位列第四，排在前三的是英国、美国和日本，第五位是瑞士。多年以来，日本一直是斯里兰卡最大的援助国，但在2009年被中国超

[1]《为我国发展争取良好周边环境 推动我国发展更多惠及周边国家》，载《人民日报》2013年10月26日第1版。

[2] 2016—2017年冬天，阿富汗多地遭遇雪灾，许多灾民生活困难。中国及时回应阿方需求，向阿灾民提供人道主义物资援助，并帮助遭受自然灾害的民众修建住房。

越。在建设“21世纪海上丝绸之路”倡议提出前后，中国与处于印度洋海上交通线上的孟加拉国、斯里兰卡、巴基斯坦建立了合作关系，在一些国家建设港口设施。巴基斯坦南部的瓜德尔港、孟加拉国东部的吉大港都由中国援助建设。斯里兰卡的汉班托特港则在中国的援助下于2010年成为南亚最大的港口。

根据2016年3月23日发表的《中华人民共和国和尼泊尔联合声明》，中国将继续在力所能及范围内向尼泊尔经济社会发展提供帮助。中方将落实2016年至2018年对尼无偿援助，围绕基础设施建设、北部灾区民生恢复、文物古迹修复、灾害防治能力建设和医疗卫生合作等五大领域实施双方商定的25个灾后重建项目。尼方请求中方帮助开展吉马塘卡—坎德巴利—丹库塔双车道公路、加德满都环路改造二期项目的可行性研究和建设，为热索瓦—加德满都和加德满都—博克拉—蓝毗尼铁路项目开展可行性研究提供资金和技术支持，希望中方建设阿伦—吉马塘卡水电站项目、热索瓦—吉隆口岸的400千伏跨境输变电项目和加德满都环路输变电项目，并希望中方为尼方建设马丹·班达里科技研究院、扩建公务员医院提供帮助。[1]中国对这些项目持开放态度。

又譬如，中国作出多项努力，帮助太平洋岛国发展经济和改善民生。太平洋岛国包括斐济、密克罗尼西亚联邦、萨摩亚、巴布亚新几内亚、瓦努阿图、库克群岛、汤加和纽埃八国。2014年11月11日至23日，中国国家主席习近平在访问斐济期间，与八个太平洋岛国领导人举行集体会晤，各国一致同意建立中国与太平洋岛国战略伙伴关系。在斐济，中国公司在基础设施、矿业、农业、渔业、石油、水电和旅游等领域颇为活跃。在别的太平洋岛国，也开展了类似的合作。2017年2月16日，中国援建的南太平洋岛国库克群岛供水项目竣工

[1]《中华人民共和国和尼泊尔联合声明》，载《人民日报》2016年3月24日第9版。

交接。这是中国援助太平洋岛国的一个具体体现，也是中国、库克群岛和新西兰共同实施的第一个三方合作项目，体现了中新双方共同帮助库克群岛民众改善民生的真诚努力。[1]

如果把目光再放远一些，有学者指出，中国承诺在 2015 年之前将中国与拉美地区的贸易额提升至 5 000 亿美元，使中国在拉美地区的直接投资量达到 2 500 亿美元。此外，为了展现诚意，中国的两家金融机构——国家开发银行和中国进出口银行——现在对拉丁美洲的年开发资助额已经超过了世界银行、美洲开发银行以及安第斯开发公司对该地区的年开发资助额的总和。

除双边贷款外，中国还为拉美地区提供了 350 亿美元的发展项目资金。此外中方还设立了中拉基础设施建设专项贷款以及中拉产能合作专项基金。[2]

为便于阐明问题，本章拟集中于 21 世纪以来中国在东南亚地区的援助实践。援助的对象国主要是老挝、柬埔寨、缅甸和菲律宾。中国对这些国家的大多数援助都旨在推进基础设施建设和经济发展项目。越南在大陆东南亚国家中发展水平相对要高些，但中国仍提供了可观的资金（5 290 万美元）为其建造了 2003 年东南亚运动会的主体育场。[3]

从中华人民共和国成立后中国与周边国家陆续建交，并支持东南亚国家反对殖民主义和外来干涉的斗争，到改革开放后中国积极与东南亚国家发展包括政治、经贸在内的全方位关系，是一个长过程。在这一过程中，对外援助所扮演的角色经历了起伏。中国对东南亚国

[1] 参见《人民日报》2017 年 2 月 18 日第 3 版。

[2] Kevin P. Gallagher, "Will China Gain From a US Withdrawal in Latin America?" Available at http: //thediplomat.com/2017/02/will-china-gain-from-a-us-withdrawal-in-latin-america.

[3] S. D. Muni, *China's Strategic Engagement with the New ASEAN*, Singapore: Institute for Defense and Strategic Studies, 2002, pp.113—114.

家的援助最早可以追溯到20世纪50年代中国对越南的援助，经过多年的发展，对东南亚国家开展的援助对于中国的周边外交产生了总体积极的影响。进入21世纪以来，中国对东南亚地区的援助发展迅速，在“走出去”战略的指导下，一些东南亚国家成为中国对外援助的重要对象国。中国对东南亚国家援助的规模趋于扩大，方式也更加多样。

进入21世纪后，中国与周边国家关系中的力量对比和国际环境发生了重要变化。一方面，中国经济的迅速增长给东南亚国家带来了巨大机遇；另一方面，东南亚国家对中国崛起的担忧以及美国向欧洲“再平衡”战略的实施增加了中国与东南亚国家关系发展的复杂性。无论如何，东南亚地区属于中国周边的一部分，周边外交在中国外交中的地位得到强调，处理与周边国家经济关系的理念由“互利”到强调“惠及”，政策目标由维持周边稳定和密切经济合作提升为建设“命运共同体”，总体上突出更加奋发有为地全面推进周边外交工作。[1] 对外援助作为中国发展与东南亚国家关系的重要手段和路径之一，在很多领域得到实施。

第一节 21世纪以来中国对东南亚援助的总体历程

中国对东南亚地区的援助是中国整体对外援助的重要组成部分。诚如本书前面所述，自中华人民共和国建立以来，中国的对外援助经历了三个发展时期。在不同历史时期，中国对外援助的政策和手段有所不同。相应地，中国对东南亚国家的援助也在这三个时期中经历了

[1] 陈琪、管传靖：《中国周边外交的政策调整与新理念》，载《当代亚太》2014年第3期。

很大变化。中国对外援助的第一时期，是从新中国成立初期（1950年）至 20 世纪 70 年代末，其援助政策的核心是支持东南亚地区有关国家反对外来干涉和革命运动。第二时期从 20 世纪 80 年代初至 90 年代末，中国与所有东南亚国家都恢复或建立了外交关系，中国援助的指导思想转变为“平等互利，形式多样，注重实效，共同发展”，对东南亚地区亦如此。第三时期是进入 21 世纪以来，中国对相关东南亚国家的援助更多地转变为政府贴息贷款，以合资合作方式落实援建项目等，辅之以无偿援助。中国对东南亚国家的援助力度和援助方式发生了较大变化，同时，中国对东南亚国家的援助涌现出一些突出的案例。

总体上，中国对外援助主要有八种方式：成套项目、一般物资、技术合作、人力资源开发合作、援外医疗队、紧急人道主义援助、援外志愿者和债务减免。[1] 具体到中国对东南亚地区的援助，援助的方式亦有多种。

人道主义援助

人道主义援助是中国对东南亚国家援助中显而易见的组成部分。进入 21 世纪以来，在东南亚地区面临各种自然灾难时，都能看到中国的积极态度和及时行动。通过人道主义援助，中国与国际社会一道作出努力，展现了负责任大国形象，有助于增进东南亚社会对中国的信赖。

2003 年东南亚有关国家发生非典疫情（SARS），随后发生禽流感，2004 年底印度洋海啸造成重大灾难，2008 年缅甸遭受强热带风暴“纳吉斯”袭击等，中国无不与东南亚国家合作，或施以援手，及时提供了不少援助。

---

[1] 中华人民共和国国务院新闻办公室:《中国的对外援助》白皮书（2011 年 4 月）。

2004年印度洋发生大海啸并给周边国家造成严重破坏，中国决定向印度、印度尼西亚、泰国及斯里兰卡和马尔代夫提供总额为2 136万元人民币的紧急救灾物资和现汇援助，以缓解灾害造成的巨大损失。2004年12月31日，国务院总理温家宝在会见印度洋地震海啸受灾国家驻华使节和部分国际组织驻华代表时表示，中国将再对印度洋地震海啸受灾国家增加5亿人民币的援助，并根据各国需要随时派出救援队。此后，中国政府多次追加援助规模，最终达到6.9亿元人民币。卫生部从上海组织15名流行病学和感染科医疗人员抵达普吉岛，从广东省组织12名创伤外科医疗人员赴泰国提供救助。2006年11月14日，中国政府向菲律宾政府提供价值500万元人民币台风救灾物资，主要包括930顶帐篷、3 000条床垫、3 000条床单和3 000条毛巾被等。2006年12月5日，中国驻菲律宾大使李进军向菲外长罗慕洛转交了中国政府向菲“榴莲”台风灾区提供的20万美元现汇援助。2008年5月初，缅甸发生强热带风暴灾害后，中国政府立即于5月3日向缅甸政府提供50万美元现汇援助和价值50万美元的人道主义紧急物资援助。5月8日，中国政府决定再向缅甸政府提供3 000万元援助。[1] 2009年，为帮助斯里兰卡政府安置难民，中国政府决定向斯里兰卡政府提供人道主义紧急援助，包括100万美元现汇和价值2 000万元人民币的帐篷。[2] 2011年，中国决定向斯里兰卡政府提供价值1 000万元人民币的紧急人道主义物资援助，用于帮助斯里兰卡救助洪灾灾民。[3] 2014年底，马来西亚、斯里兰卡遭受数十年罕见的洪灾后，中国政府第一时间伸出援手，宣布向马来西亚、斯里兰卡

[1]《中国政府将再向缅甸提供3 000万元人民币无偿援助》，商务部对外援助司，http://yws.mofcom.gov.cn/article/b/200805/20080505521428.shtml。

[2]《我向斯里兰卡提供紧急人道主义援助》，商务部对外援助司，http://yws.mofcom.gov.cn/article/b/200905/20090506258674.shtml。

[3]《中国政府决定向斯里兰卡洪灾提供紧急人道主义物资援助》，商务部对外援助司，http://yws.mofcom.gov.cn/article/b/201101/20110107367984.shtml。

各提供2 000万人民币紧急人道主义援助。[1]

在个别时候，中国也曾受到过批评。2013年11月7日，超强台风“海燕”袭击菲律宾，导致至少2 350人死亡，236 000间房屋被毁，流离失所者急需救援，各国纷纷行动起来。中国最初的反应是提供10万美元的紧急援助。这显然是个区区之数，它跟当时由于南海问题争议，中菲政治关系不佳有关，不过在一周内中国的援助额就增至160万美元，稍后还派出了中国红十字国际救援队及“和平方舟”号医院船。国外媒体将此与美国的2 000万美元、澳大利亚的3 000万美元、英国的1 600万美元、日本和阿联酋的1 000万美元作比较。根据联合国儿童基金会的数字，甚至瑞典家具业巨头宜家也捐出了270万美元。[2]这主要是一个援助额问题。对于这样的批评，中国完全可以显示气度。并非一切外部批评皆出于恶意，即使是带刺的批评也不妨倾听，或者有则改之无则加勉。人无完人，国家亦然，又有哪个国家敢说自己是完美无瑕的呢？具体到援菲这件事，除了当时中菲政治关系不佳外，另一个原因可能是政府越来越在意来自社会的批评。此前数年，新闻界曾报道中国赠送给马其顿一批崭新的用于接送学生的校车，而国内尚有不少贫困地区没有这样的条件，于是便有人提出质疑。这样的质疑是否在理尚可讨论，但的确对有关政府部门形成某种压力。这些情况表明，正像其他国家一样，中国也有一个学习适应的过程，中国是在与外部世界互动的过程中学习并给以积极影响的。改革开放的过程也是一个相互学习和影响的过程。

---

[1]《商务部新闻发言人孙继文就中国政府向马来西亚、斯里兰卡提供紧急人道主义援助发表谈话》，商务部对外援助司，http://yws.mofcom.gov.cn/article/b/201511/20151101156101.shtml。

[2] “China lags Ikea over aid to Philippines,” *USA Today*, November 15, 2013, 11A.

基础设施建设

基础设施建设需要巨额的资金投入，但很多时候贫穷国家因缺乏资金而难以承担。中国基于自身发展经验，对于欠发达国家基础设施建设的重要性感同身受，因而愿意以自己的援助资金帮助东南亚欠发达国家修建道路等基础设施建设。例如，大约从 2000 年起中国开始关注老挝的交通基础设施建设。为推动昆（明）曼（谷）公路贯通，中国决定提供无息贷款和部分无偿援助共计 2.49 亿元人民币，与亚行和泰国共同出资，承建昆曼公路老挝境内路段。中老两国政府签署了《经济技术合作协定》和《中华人民共和国政府与老挝人民民主共和国政府关于建设昆曼公路老挝境内部分路段项目的议定书》。中国为老挝援建的其他较大项目还包括地面卫星电视接收站、南果河水电站及输变电工程、文化设施、水泥厂、公路的改建和扩建，污水处理工程、机场改建工程等。2000 年 3 月竣工的老挝国家文化中心工程，是中国援建老挝的最大项目，也是老挝目前最大、功能最齐全的集会和演出场所，成为该国的标志性建筑之一。

在 2005 年 4 月国家主席胡锦涛访问菲律宾期间，中国表示将提供贷款 5 亿美元用于通往马尼拉市北部工业园区的铁路建设上。菲律宾北吕宋铁路是中国在菲律宾较大的一个贷款援建项目。该工程从首都马尼拉市到北部城市克拉克，全长八十多公里，旨在缓解马尼拉的拥挤状况，促进北吕宋地区人员和货物的流动，更重要的是在于改善沿线贫困居民生活状况。

从 1989 年到 1996 年初，中国与缅甸签署了十多个经济及援助协定。中国援助建成了仰光—丁茵大桥、体育馆和文化剧场等共 22 个成套项目。中国在东南亚地区承建的最大水电站，也是缅甸有史以来最大的水电站——缅甸邦朗电站于 2005 年 3 月 25 日竣工。这是缅甸水电站建设历史上的一个标志性事件。

中国在柬埔寨的援助项目都是柬埔寨所急需的公路、水利、机场等基础设施。中国援建修复了金边毛泽东大道工程，这一大道的全面修建对改善金边的市政建设具有十分重要的意义。柬埔寨农村曾有一半以上的人口喝不上卫生水，民众健康受到严重影响。自1996年以来，中国已经无偿为柬各省农村打了1 000口民用水井，解决了20多万人的饮水问题。2013年中国援建的柬埔寨参议院办公楼竣工，包括三栋三层楼高、总面积4 779平方米的办公楼以及电梯、电器和办公设备等。[1]

中国的对外援助项目经常伴之以中国提供给外方的优惠贷款。对柬埔寨、老挝、缅甸以及菲律宾这样的欠发达国家来说，中国的贷款比西方的贷款更具吸引力，因为中国的贷款通常没有严苛的环境标准和影响大型项目的居民重新安置等条件限制。中国的援助极少包括世界银行项目普遍要求的高额顾问费用。[2] 这使中国有限的援助资金得到了较为有效的使用。2017年3月，中国商务部和菲律宾贸工部在菲首都马尼拉举行第二十八届中菲经贸联委会，这是自2011年8月以来中菲首次召开经贸联委会。会议确定了三个使用中方优惠贷款的优先项目，分别是奇科河灌溉项目、新世纪水源—卡利瓦水坝项目和南北铁路的南线项目。双方还表示进一步支持包括跨境电子商务、大数据分析、创意产业、电动汽车、钢铁等领域的合作，并讨论了菲律宾中国工业园区的拟建地点。

科技、教育和人才培训

推广科学技术、进行教育和人才培训是21世纪以来中国对东南亚地区援助的新增长点。在技术推广上，典型代表是袁隆平院士发明

[1]《援柬埔寨参议院新建办公楼项目举行竣工仪式》，商务部对外援助司，http://yws.mofcom.gov.cn/article/b/201407/20140700648562.shtml。

[2] 简·珀莱兹：《中国加大援助邻国力度》，载《参考消息》2006年9月19日。该文原题为《中国成为亚洲援助的主要国家》。

的杂交水稻育种和种植技术在菲律宾、越南和印尼得到了推广，造福当地民众。1999年9月中菲签署了两国间农业及相关领域合作协定，同年11月，中方决定向菲援赠500万美元，建立中菲农业技术中心，帮助菲律宾推广杂交水稻。2005年，袁隆平院士还在马来西亚实行水稻试种计划，他在马来西亚引进多个水稻品种试种，培育真正适合马来西亚气候和土壤的水稻品种。[1]在教育方面，随着中国影响力的增强，东南亚汉语教育逐渐受到各国政府的重视。孔子学院已落户东南亚九个国家，其中泰国十五所，印尼六所，菲律宾四所，缅甸三所（称孔子课堂），马来西亚两所，新加坡、越南、老挝、柬埔寨各一所。汉语学习逐渐趋热已经成为东南亚地区共同的现象。此外，作为中国支持东南亚教育的另一种重要形式，交换留学生项目近年来也得到很大发展，其中包括短期和长期交流项目。

开展技术援助培训是中国对外援助的主要形式之一，在东南亚地区也不例外。2003年，中国政府在多边援助项下为发展中国家在华举办了42个技术合作培训班。2004年，中国政府为发展中国家举办了59个技术合作培训班，其中35个培训班面向所有发展中国家招生，18个培训班面向非洲招生，6个培训班面向亚太、拉美和东欧国家招生。2005年商务部举办229期培训班，培训5 667名各类人才，直接与东盟国家有关的官员培训班有：东盟国家旅游官员培训班、东盟国家电子商务官员研修班、东盟国家中小企业发展研修班、东盟国家计量标准官员研修班、大湄公河流域国家海关官员研修班、大湄公河流域国家检验检疫部门官员研修班。针对东盟国家的多边技术培训班有东盟农业技术培训班、菲律宾水稻技术培训班。之后又增加了50期培训班，包括东盟国家电信终端设备技术评定研修班。2009年，商务

[1] 驻马来西亚古晋总领馆经商室：《中国援助马来西亚种植水稻》，载《世界热带农业信息》2005年第7期。

部在援外培训经费下举办各类多、双边研修、培训班 226 期，其中涵盖东南亚国家的项目包括东盟国家植物园与可持续发展高级研修班、东盟国家路网建设规划与城市交通研修班、东盟国家经济管理研修班、中国——东盟经贸关系研修班等。参加培训的人员不仅学习专业知识，而且参与中国与东盟的各种相关项目活动。

志愿者服务

进入 21 世纪，中国志愿者组织开始向海外派遣志愿者。2002 年 5 月，中国首批 5 名志愿者赴老挝开展为期半年的语言教育、计算机培训和医疗卫生等方面的志愿服务。同年 12 月 24 日，首批人数为 6 人的志愿者踏出国门赴缅甸从事汉语教学服务。2006 年 7 月，中国派遣到缅甸的 15 名援外青年志愿者圆满完成了为期半年的志愿服务工作，顺利返回祖国。[1] 广西民族大学外国语学院从 2006 年开始选派汉语教师志愿者到东南亚从事汉语推广工作。2008 年选派 38 名志愿者到泰国、24 名志愿者到菲律宾从事志愿服务，2009 年又选送了 87 名志愿者到泰国、29 名志愿者到菲律宾从事志愿服务。2012 年 12 月中国向文莱派遣了 23 名援外青年志愿者，开展为期一年的中文教学、卫生及体育等领域志愿服务。[2] 近年来，志愿者也开始从教师等普通职业向专业性极强的特殊职业拓展。[3]

在中国援外过程中，还出现了软援助这一新形式，具有代表性的是应缅甸政府邀请，中国政府向缅甸政府提供技术援助，全面支持缅甸承办于 2013 年 12 月举行的第 27 届东南亚运动会。据商务部援外

---

[1]《我援外青年志愿者赴缅甸服务队圆满完成任务》，商务部对外援助司，http://yws.mofcom.gov.cn/article/b/200607/20060702735318.shtml。

[2]《我向文莱派遣首批援外青年志愿者赢得广泛赞誉》，商务部对外援助司，http://yws.mofcom.gov.cn/article/b/201407/20140700654306.shtml。

[3] 任涛:《中国志愿者服务在海外》，载《人民日报》(海外版）2005 年 2 月 25 日。

司介绍，该项目是中国有史以来最大的对外软援助技术合作项目，也是对外援助工作上的一次重大突破和创新。受中国商务部、文化部委托，中国对外文化集团公司代表中方输出文化服务，执行援缅第27届东南亚运动会的开闭幕式技术支持工作。中方向缅甸提供了开闭幕式设备支持，包括舞台、道具、灯光、音响以及焰火等租赁设备，同时还向缅方提供了开闭幕式创意方案、舞台设计方案、音乐制作、视频制作，以及电力配置方案等具体技术支持。[1]

第二节 中国对东南亚地区援助的特点

（1）从援助方主体而言，援助行为体中既有政府也有企业，中国建立对东南亚国家的专项援助基金，并且鼓励企业参与。

中国针对东南亚国家成立了两个专项基金：一是中国—东盟合作基金，旨在支持人力资源开发、培训班和研讨会等。为了体现对东盟一体化建设的支持，中国积极考虑利用中国—东盟合作基金，支持万象行动计划中的人力资源开发项目。为保证中国—东盟各项合作的顺利实施，中国后又向该合作基金增资500万美元。二是亚洲区域合作专项资金。该基金总额为1 500万美元，资助中国有关部门和企业参与区域合作，特别是加强与东盟的合作。[2] 亚洲区域合作基金以优惠贷款提供给那些在东南亚受援国投资的中国企业，但获得优惠贷款的中国企业也必须投入一部分自有资金。中国政府希望能够通过这种混合投资（政府援助和企业投资）的形式，增加对受援国的援助额度，同时也能带动中国企业走出去，从而实现互利双赢。

[1]《中国助力缅举办东南亚运动会》，载《光明日报》2013年9月28日。

[2] 参见温家宝在第八次中国——东盟领导人会议上的讲话：《深化战略伙伴关系，推进全方位合作》，http://news.xinhuanet.com/world/2004-11/29/content_2274734.htm。

根据国务院关于改革援外工作的精神，中国在继续遵循援外八项原则的基础上，在对外援助中采用了新的方式。一是采取政府赠款、政府贴息等优惠贷款援助，由中国政府向受援国提供援助性质的优惠贷款，以扩大对外援助的规模，提高援外资金的使用效益，推动双方企业的投资合作，带动中国设备、材料和技术出口。二是积极推动援外项目合资合作，以利于政府援外资金与企业资金相结合，扩大资金来源和项目规模，巩固项目成果，提高援助效益。一些年来，中国在提供优惠贷款和通过合作进行援助方面发展很快。为了提高对外援助项目的管理，中国政府修改和发布了十余项有关经济援助的法律法规。

（2）从援助的形式看，21 世纪以来中国对东南亚国家的援助逐步走向有形援助和无形援助相结合，更加强调科技和教育在对外援助中的作用。

前已提到，在中国对外援助的主要方式中，物资援助方式一直以来是中国对外援助的主要方式之一。随着中国崛起的速度加快，中国在地区乃至全球层面影响力扩大的同时，消除周边国家的疑虑成为中国对外关系中的一个重要任务。中国提出“走出去”战略，不仅需要经济领域的“走出去”，也需要中国在国际上树立积极正面的形象，形成“软实力”。纵观 21 世纪以来中国对外援助的方式，中国在无形援助（文化、教育、培训、技术）上的投入在加大。

中国对东南亚援助的效果，不仅取决于援助的数量，更取决于援助的质量。特别是在对外援助中展现出来的中国援助人员的敬业精神、平等态度、管理智慧等文化性因素，会在无形中扩大中国的影响，为中国的国际形象增加亮色。有形援助有助于及时改善所在地区的需求，无形援助有助于援助效果的可持续性和受援国的可持续发展，两种方式的结合助力中国与东南亚国家乃至地区机制建立长期互利合作关系。

（3）从受援方来看，中国对东南亚国家的援助是“一对一”和“一对多”并行不悖。

中国在东南亚地区的援助对象有两大组成。一个是东南亚的相关国家。作为中国周边外交的重要组成部分，中国对这些国家的援助展现的是“一对多”的形态。中国对这些国家的援助，一方面主要基于人道主义、政府间合作乃至双边关系发展需要，基于各国的需求实施援助。另一个是东盟。虽然东盟由东南亚国家组成，但作为一个区域合作组织，它承担了东南亚单个国家所不能发挥的功用。中国对东盟的援助是中国与东盟之间政治合作的组成部分，将对外援助与中国—东盟峰会结合在一起，构建区域合作机制，深化了中国与东盟之间的建设性关系。中国通过对东盟不事声张的帮助，有利于摆脱“中国威胁论”的消极影响。随着中国与东盟关系的发展，出现的问题也会更多。南海局势的复杂化就增加了双方增强沟通、管控危机的必要性。中国在东南亚影响力扩大的同时，责任也随之增加，对东盟的援助是承担责任的方式之一。

中国对东南亚地区“一对一”和“一对多”双管齐下，可以认为是国家与地区间援助的一种平衡。作为实现国家外交政策目标的手段之一，对外援助在着眼于国家层面时，也要看到地区一体化趋势的存在。东南亚国家之间发展水平存在较大差距，决定了中国在针对有关东南亚国家提供援助的时候，需要个性化，针对不同的需求进行。而东盟是推动地区一体化、整合东南亚力量的重要政府间组织，中国同时向东盟提供援助，有助于推动与这一地区的合作，使得中国与东南亚在国家和地区两个层面上关系的发展并行不悖，取得平衡。

（4）从援助理念看，中国对东南亚国家的援助行为与中国的周边外交理念紧密结合。

21世纪以来，中国周边地区形势不断变动，地区力量对比发生了重要变化。在顺应形势变化的同时，中国周边外交理念从“睦邻”发展到“睦邻、安邻、富邻”[1]，进而到“亲、诚、惠、容”。可以说，中国周边外交理念中经历了一个目标设计演进的过程，即从着眼于与周边国家建立平等友好合作的关系，发展到与周边国家共同发展、共同繁荣，进而建立“命运共同体”。

在接续对外援助八项原则基础上，中国自20世纪90年代中期以来更加强调互利合作和共同发展。中国对外工程承包和劳务输出也在对外援助项目的带动下日益成熟和壮大。这种将援助与经济合作相结合的办法也体现在中国对东南亚的援助中。

中国对东南亚地区的援助行为与中国周边外交理念的紧密结合，首先体现在援助总体方针上，即互利合作和共同发展，通过对东南亚相关国家的援助，帮助这些国家发展，从而争取友华力量，这有助于中国周边环境的稳定。其次体现在援助方式上，由上可知，中国对东南亚的援助通过多种援助方式和渠道进行，着眼于援助效果的可持续性和经济社会发展，重视基础设施的援助以及技术配套服务，这些援助对于受援国家发展和当地民众生活水平的改善具有长期的效益，而在东盟层面上的援助，则有助于中国与东盟作为一个整体关系的发展，推动中国与东南亚合作机制的深化，对于中国周边关系可起到一定的示范作用。

第三节
战略考量与经济发展：中国对东南亚地区援助的未来

基于以上分析，中国对东南亚国家的援助更多的是走互利合作和共同发展的道路，这不同于20世纪六七十年代中国对受援国家进

[1] 王光厚：《从“睦邻”到“睦邻、安邻、富邻”——试析中国周边外交政策的转变》，载《外交评论》2007年第3期。

行的多为赠予的援助。目前中国与东南亚国家已经建立起区域合作的整体框架，可以预见的是中国对东南亚相关国家的援助性投资还会继续增加。进入21世纪以来，东南亚地区成为世界经济增长最快的地区之一，巨大的潜力吸引了众多国际市场力量。由于南海局势的复杂化，中国在这一地区的外交投入相应增大。在此背景下，我们试从战略考量和经济发展两个背景分析中国对东南亚地区援助的未来。

战略考量：东南亚在中国周边外交中的地位

随着东亚地区在国际格局中的分量日益加重，东南亚也日益吸引大国的注意力。美国高调宣布“重返”东南亚，日本也强化其在东南亚的存在，大国竞争在东南亚地区趋于加剧。除美、日外，印度、澳大利亚、俄罗斯以及欧盟都想扩大在这一地区的影响力。如此错综复杂的环境给中国推进与这一地区关系的发展带来了诸多挑战。作为中国周边外交中的重要组成部分，就当下而言，中国与东南亚关系的发展涉及南海局势的走向。南海局势的发展还牵涉到东亚地区格局的变化。需要注意的是，中国本身已经是影响地区格局的重要力量。东南亚国家对此有喜有忧，新加坡内阁资政李光耀生前曾公开表示，欢迎美国在东亚发挥影响力，以平衡中国的地区经济影响和潜在战略影响。中国国力趋于强大引起了亚洲一些国家的猜疑。中国面临国力增强和周边疑虑上升之间的矛盾。

作为一个具有全球影响力的新兴大国，中国一向宣示不称霸，但这并不意味着中国不维护自己的利益。东南亚地区对中国而言，不仅涉及南海局势的稳定，而且涉及中国能否向世界证明自己的和平崛起。中国外交理念中包含了与其他国家共同建设“命运共同体”。周边外交理念中的“亲、诚、惠、容”能否实现，也有赖于在这一地区的实践。

20世纪90年代以来，中国在本地区建立了一定的可信度。1997

年亚洲金融危机爆发后，中国政府积极参与了国际货币基金组织向泰国提供一揽子援助，向泰国政府贷款 10 亿美元。更为重要的是，中国在危机爆发后多次公开承诺，保持人民币汇率的稳定，从而为维护亚太地区经济形势的稳定做出了重要贡献。当然，这还不够。

当前，中国已经提出了“一带一路”战略倡议。作为“21 世纪海上丝绸之路”的沿线重要地区，东南亚国家的重要性不言而喻。

然而由于南海争议的存在，地区形势复杂化了。围绕南海岛礁权益争议，中国与菲律宾阿基诺三世政府之间出现龃龉。2013 年菲律宾单方面提起诉讼，这就是著名的“南海仲裁案”，对此中国明确表示不参与、不接受。2016 年 7 月 12 日，应菲律宾单方面请求建立的南海仲裁案仲裁庭作出了一个一边倒的所谓“裁决”。

在此之前的 5 月 9 日，与阿基诺三世持不同立场的杜特尔特在菲总统选举中胜出，中菲关系出现了转圜的机遇。10 月，菲律宾新总统杜特尔特访华，随行的有一个庞大的菲工商界代表团。中菲两国元首举行会谈，标志着中菲友好全面恢复到正常轨道，此访也开启了中菲关系的新起点。会谈后，中菲两国签署了经贸、投资、产能、农业、新闻、质检、旅游、禁毒、金融、海警、基础设施建设等领域共 13 个双边合作文件。

杜特尔特总统表示，这次到中国就是要开展对话，争取得到坚定支持。菲方愿意同中方开展合作，希望中方帮助建设菲方的国家和经济，希望中国能助菲律宾一臂之力。杜特尔特表示，菲律宾需要同中国保持友好关系，学习中国的成功经验。他还表达了菲律宾加入中国倡导的“一带一路”建设的迫切愿望。杜特尔特表示，菲律宾目前百业待兴，铁路、港口等基础设施建设亟须加强，但菲方缺少必要的资金支持。

为落实 2016 年中菲两国领导人在经贸合作领域达成的重要共识，2017 年 1 月 23 日，菲律宾财政部长多明计斯率领菲政府代表团到访北京，与中国商务部部长高虎城率领的中方代表团举行会谈，就推动双方在改善民生、基础设施建设、优先合作项目和投融资等领域合作深入交换意见。双方一致同意，尽快重启中菲经贸联委会，商签《中菲经济贸易发展规划（2017—2022）》，确定双方优先合作项目，启动早期收获项目建设。

菲方表示，菲律宾积极支持“一带一路”倡议对接两国经济发展战略，希望中方进一步扩大对菲基础设施建设领域投资并开展融资合作，愿与中方加强协调，推进落实双方领导人经贸领域合作共识，推动有关项目合作尽快取得务实成果。考虑到中国在基础设施建设领域经验丰富，菲方期待在铁路、电站等基础设施领域与中方加强合作。中菲当下正在协商实施大大小小的合作，包括交通领域的诸多道路建设的大型项目、水利水电工程项目、民生工程项目等。

由上可见，从战略上考量，东南亚是中国周边的重要组成部分，在中国周边外交中占有重要地位，但这一关系又受到南海争议的干扰。对中国来说，既要构建和平安定的周边环境，又要维护自身的合法权益和进行必要的建设。在此背景下，2013—2016年，这一地区呈现出十分复杂和困难的状况，而菲律宾政府的更迭为形势的转圜提供了机遇。当政治关系缓和为经济合作提供了条件时，经贸和援助迅速跟进，其中包含有不少援助成分。中国表明了其积极态度，愿意帮助菲律宾建设基础设施、展开民生工程、扩大对菲贸易和投资规模等，从而促进和巩固了周边外交的目标。

经济发展：市场与中国对东南亚地区的援助

改革开放初期，有些东南亚国家是中国吸引外资的来源地之一。在“引进来”和“走出去”相结合的开放经济战略指导下，中国的经济竞争力得到大幅提高。同时，东盟也发展为较成功的主要由发展中国家组成的地区性联合体。中国和东盟都处于目前全球经济发展最活跃的地区，在世界经济政治中各有重要影响。当前，中国正致力于从世界制造业大国向世界制造业强国转变，产业结构正从劳动密集型向技术密集型和资本密集型转变。新加坡、马来西亚的金融业，泰国、菲律宾、印度尼西亚的机械电子业，以及越南、柬埔寨、缅甸的纺织业都在迅速增长。从产业结构和资源禀赋上看，中国与东南亚地区国家的经济互补性要大于竞争性，双边贸易和投资的发展潜力很大。从地缘政治上看，东南亚是中国的近邻，保持与东南亚国家良好政治和经贸关系，对于中国维护和平安宁的周边环境和保持经济的平稳发展都具有重要意义。

基于以上分析，未来中国对东南亚地区有关国家的援助额还会加大，援助的形式也会十分多样，然而更为关键的是提高中国对东南亚地区援助的效果。对此，可以从以下三方面来看。

走自己的对外援助之路

在对东南亚有关国家的外部援助中，日本占了很大比重，而中国正在迅速缩小差距，甚至有后来居上之势。日本的政府开发援助大纲将援助重点区域从“以东亚、东南亚为中心的亚洲地区”延伸到“包括南亚、中亚的亚洲地区”。在对东南亚援助方面，中日之间未必是零和博弈，而是可以并行不悖。中国不必与任何国家攀比，它们各自有对东南亚的援助计划，无论金额大小。他国提供援助不会影响中国力所能及地帮助欠发达国家，并开拓东南亚及其他地区市场的努力。中国仍是发展中国家，其他发展中国家会体认到中国在尽自己的力量，努力发挥国家间的互助精神，推进南南合作。有人认为，与日本相比，中国在东南亚地区缺乏一个相对比较清晰的远景规划和与此紧密相关的战略规划。有道是，仁者见仁，智者见智，这一问题可供讨论研究。

物质援助与知识援助的平衡

作为东南亚国家中的发达国家，新加坡有自己的援助经验，值得中国研究和学习。新加坡的对外援助方式非常单一，只有教育和培训。中国的援助方式则较多样，很大程度上是考虑到受援国的实际需要，而各国的情况又各不相同。不过，物质援助有时候会由于多寡而产生怨言，如何发挥中国援助的社会效益，不容忽视的是知识援助。东南亚地区的宗教和文化传统是多元的，儒家思想有一定影响。儒家思想的内核之一是重视文化教育，教育和文化交流的力量应该得到更多的重视。在东南亚国家建立更多的文化交流机构，提供中文图书资料，促进汉语学习，可以让更多的当地人认识和了解中国。但这也不能强求，以免引起对方国家的疑虑。应鼓励开展年轻一代之间的互访和留学，为未来的地区友善与合作奠定基础。这种通过知识援助营造友好互谅、彼此包容的地区文化氛围的方式，切实可行并且可能产生深远影响。

短期援助与长期投资的平衡

中国的对外援助要想获得提升，一个重要的问题就是要制定对外经济援助的长期发展政策和战略，提高援助的效率和效果。援助投资应该重视技术设备的可持续投入，形成援助路径依赖，会给援助投入带来相应的收益。中国对发展中国家的经济援助很大一部分是技术援助，如何实现技术共享和共同进步是特别值得关注的问题。因此，中国在援助投资项目上，可在一定程度上重视需要大量技术装备的产业，比如钢铁、电信、铁路等行业。这些技术类行业比较容易形成技术依赖，虽然初期的投入比较大，但未来的设备更新甚至原料采购都是高度依赖技术援助方的。这样的援助项目将有利于建立长期稳定的关系。这种互利共赢的模式，也有助于提高中国未来的援助能力。

本章简要梳理了21世纪以来中国对东南亚国家的援助历程和特点。随着中国综合国力以及地区影响力的增长，未来中国对东南亚国家的援助额会进一步增加，形式也会多种多样。对外援助是发展对外关系的重要手段之一。基于援助行为，学术界还出现了关于“危机外交”“灾难外交”的讨论。作为中国周边外交中的重要一环，东南亚地区是未来世界经济增长中富有活力的地区之一。中国与东南亚国家的关系一方面牵涉到国际经济市场需求，另一方面南海问题在 21 世纪第二个十年中呈现出越来越复杂的情势，加上“一带一路”建设这一长远的重大倡议，都使得中国必须更加重视与东南亚地区各国的关系。

20 世纪下半叶，中国曾大力援助越南、老挝、柬埔寨等国家，帮助他们摆脱殖民主义和外来干涉，获得国家独立。进入 21 世纪以来，中国在强调互利合作的发展援助理念指导下，将中国对东南亚的援助与周边外交工作结合起来，总体上取得了积极的效果。就对外援助内容而言，在 21 世纪全球化的时代，中国对东南亚国家的援助需要更加考虑当地的需求，实现需要与供给的平衡。加强学术探究也十分必要，例如与其他国家的援助比较，讨论中国未来的援助原则；如何把援助与贸易、投资及推进区域合作结合起来，在具体的援助项目以及援助方式上（技术援助、金融援助、教育培训援助、危机或灾难发生后的人道主义援助、与其他国际组织的合作援助等）如何完善和改进，都值得深入探讨。

第八章

从对外援助到共生发展

在之前的四章中，我们研究了中华人民共和国对外援助的发展演变。这一历史进程是曲折前行的，经历了不少起伏波动，其中有悲欢、挫折和教训。不过对中国而言，最重要的应是经由这一过程积累了宝贵的经验，再经过改革开放和进入 21 世纪以来的实践，走出了一条自己的道路，即中国的对外援助之路，并且正在产生世界性的重要影响。

第一节 相沿的三个时期

总体而言，中国对外援助的整个历程可划分为三个时期。

第一时期从 1950 年开始到 20 世纪 70 年代末，大约三十年。在这一时期，中国是一个以“革命”为目标指向的国家，对外以推行“革命外交”为其特点。这一时期的中国外交很大程度上也是以“帝、修、反”[1]为矛头指向的外交，曾经激情满怀地反对殖民主义、帝国主义、“修正主义”，也因而鼎力支持抱持同一态度和立场的其他国家。根据老外交家杨公素的反思，“理想主义”在这一时期占了主导地位，中国革命成功了，不只自己站起来了，而且要进行世界革命，要改造、打破旧的资本主义的世界体系，创立一个新的无压迫、无剥削的社会主义新世界，这是新中国执行国际主义外交的总目标。[2]中国革命的成功使中国一时相信，自己所走的以农村包围城市、武装夺取政权的道路是放之四海而皆准的革命模式，因而一度积极向亚非拉国家宣传乃至推销，鼓励它们也走中国式的道路。从结果看，虽然作出了包括大力援助外方在内的种种努力，然而收效极微，因为它不符合各国的实际情况。

在“文化大革命”期间，中国对外政策更为激进，更加不遗余力地支持“世界革命”，甚至一度自以为是“世界革命”的中心。中国的对外援助是从接壤或邻近的国家（朝鲜、越南）开始的，逐步扩大到亚洲其他国家，进而及于非洲和欧洲，其特点是把重心放在支持“革命”的国家，支持意识形态相同或相似的国家，如对遥远欧洲的阿尔巴尼亚，称其为“欧洲一盏社会主义的明灯”，即是一种在激进意识形态上的相互认同。在那个年代，中国对自身国力孱弱估计严重不足，对外援助脱离了本国国力的实际，在一段时间里，不惜血本到了某些外方“要什么就给什么”的地步，甚至还有“打肿脸充胖子”的现象，尤其是对越南和阿尔巴尼亚。然而结果却是黯然收场。事实也表明，想以援助来帮助亚非拉国家走上经济独立的道路，是把自己援助的作用估计过高，事实上是做不到的。

第二时期是从20世纪70年代末改革开放启动到90年代末，大

---

[1] 即所谓“帝国主义、修正主义、反动派”，帝国主义常实指美国，修正主义暗指苏联，反动派则是指除美苏外与中国不和或者有分歧的国家或力量。

[2] 杨公素：《对新中国“革命外交”的几点回顾》，载《国际政治研究》2000年第3期。

约二十年。随着改革开放的启动以及随后的扩展和深化，中国的内外政策发生了两大变化。一是内外政策愈来愈趋向务实，对外政策中以意识形态划线的做法得到改变，意识形态的色彩逐渐趋于淡化，形成了全方位外交态势。各项工作都围绕经济建设这一中心进行，讲求实效。二是市场在中国经济中的作用日渐扩大，被定位为“发挥资源配置的基础性作用”，到 1992 年更发展到以建立社会主义市场经济体制为目标。随着以“革命”为导向的“革命外交”转变为以经济建设为导向的“建设外交”，中国对外援助也随之出现转型。在前一时期，中国援外规模最大的两个对象国中，对阿尔巴尼亚不计成本的援助最终以关系破裂告终，对越南的“无私”援助更是以兵戎相见收场，这使中国援外的信心和积极性都受到打击，加上当时国内经济的调整和一度的困难，一些年间，中国对外援助金额减少，规模压缩。一段时间以后，又随着国民经济的发展再度呈现回升态势。其次是对外援助的方式也发生了较大的变化。自 80 年代开始，中国的对外援助更多地强调互利合作，注重实效，多次对援外方式、体制、管理办法等进行改革，总的方向是以市场为导向，发展合作，互利双赢。

进入 21 世纪以来为第三时期。这一时期，中国改革开放已取得显著成就，综合国力持续提升，直到 2010 年经济总量超越日本，成为世界第二大经济体。这一势头延续至今。由于有日益雄厚的国力为后盾，中国的对外援助额得以持续提高。根据 2011 年《中国的对外援助》白皮书，2004 年至 2009 年中国对外援助平均年增长率为 29.4%，规模持续扩大。在经历了从既是受援国又是援助国到基本上是援助国的重大变化后，中国已经走出了一条自己的对外援助之路。然而，中国并未像有的国家（如韩国）那样，在从受援国变为援助国之后，就以加入经合组织发展援助委员会为荣，而是与发展援助委员会保持了一定距离，进行对话而不加入，从而保持了自己的独立性。这条对外援助之路也是一条创新之路，其中包括制度创新和思想创新。

就制度创新而言，中非合作论坛就是其中之一。中国与五十多个非洲国家共同建立起这一机制，并在几个层次、若干个领域中运作，在世界上可能是绝无仅有的。思想创新，其中最重要的是合作共赢，共同发展。此外，中国对外援助在方式上也有多种创新，贸易、投资与援助相结合，重视“授人以渔”，帮助受援国提升自主发展能力。到这一时期，中国改革开放已取得巨大成就，令全世界为之瞩目甚至惊叹。之所以能够如此，其中自有缘故，可以称为“中国发展经验”。从国内发展的成功经验中，对外援助的实践也受到诸多启发。比如，中国从国内改革的历程中认识到基础设施建设对一国发展的极度重要性，也在对外援助中确立了对基础设施建设的极大重视。这虽只是其中的一例，然而却是极为重要的一例。再比如，相较于西方援助国，中国认为自己是一个发展中国家，曾经接受过外部的援助，对其他国家渴望发展而同时又抱有自尊感同身受。随着自身的发展和飞跃，中国十分重视作为其他发展中国家的受援国本身的需求，更愿意平等地倾听对方的心声，在具体操作中注重与外方平等地共同决定建设项目等。

第二节 中国对外援助模式的五要素

按照美国学者布罗蒂加姆的说法，现今中国援助方式的主要特征是：重视基础设施建设，将援助与其他形式的经济参与相结合，尊重对方政府的“主事权”，从未将贫困作为减缓通过债务融资进行基础设施建设的原因，债务免除流程相对比较容易，以及寻找创造性的方法将中国“走出去”的利益与当地改善基础设施的利益结合起来。[1]

[1] 黛博拉·布罗蒂加姆：《龙的礼物——中国在非洲的真实故事》，沈晓雷、高明秀译，第127页。

这些概括自有其道理，也都有进行细化讨论的必要。我们经过研究得出的看法认为，中国对外援助模式具有如下五个要素。

主权观念明确与平等相待

近现代的百年中国，曾经屡遭西方列强欺凌，自身主权和合法权益不断遭到侵夺，蒙受耻辱。当人们观察和把握中国时，只有清楚地了解了这段百年历史，才能很好理解“中国人民从此站立起来了”这句话的分量，也才能理解为什么中国在对外援助中是这样做而不是那样做。这里十分关键的一点是，中国自身的百年经历，使它格外珍视国家主权，因为这是经过长期艰苦的努力重新获得的，因而格外珍惜。这种珍视，也使其与别国惺惺相惜，对困难或落后的国家具有更多“同情的理解”。中国的亲身经历，使其懂得要十分尊重对方国家的主权。正因为中国对主权的珍视是发自内心的，它对受援方主权的尊重也是发自内心的；正因为中国希望别人尊重自己的主权，也使得它自己能够在对外关系中尊重别国的主权。这一点，使中国的对外援助行为明显有别于西方援助国。

从受援国方面看，它们在一定程度上具有共性。数百年来，欧洲列强凭借坚甲利兵在世界各个大陆拓展疆土，不断把大片土地纳入囊中，成为其殖民地甚至其疆域的一部分。第二次世界大战结束后，这些先前的殖民地先后摆脱殖民统治，成为了独立国家，原先的欧洲大国则成为了前宗主国，它们相互之间仍保持千丝万缕的联系。由于政治经济、国内国际的种种原因，第三世界国家长期无法真正发展起来，[1] 常常需要仰赖包括前宗主国在内的西方国家的援助。西方国家则在长期的相互关系中形成了一种上对下的心理，居高临下，在援助

[1] 相关的极好著述，可参见保罗·哈里森：《第三世界——苦难·曲折·希望》，钟菲译，北京：新华出版社 1984 年版［该书英文版原名《第三世界：对贫困的解剖》（*Inside the Third World: The Anatomy of Poverty*），1979 年出版］。

的实施中则形成了一种施主和受施者的关系，养成了一种傲慢心态。这种关系和心态经常或隐或显地体现在援助的实践中，援助国决定的对外援助就是如此。在确定进行何种援助或进行何种工作过程中，常常是由援助方决定具体项目，受援方只是被动接受，仿佛援助的一方更懂得受援的一方需要什么。这听起来似乎很荒唐，然而实际做法就是如此。时间一久，受援的一方免不了冷暖自知，施援的一方则自我感觉良好。但现实令人很失望甚至近乎残酷。一直到晚近，西方援助国不少人士方才有所醒悟和反思。[1] 然而这时，很多年已经被浪费了，消极后果已经造成。

冷战时期，美苏争霸世界，其中包括在众多第三世界国家争夺势力范围和盟友。在这一情形下，受援方尚能“利用矛盾”，在美苏及以美苏为首的两大阵营间折冲，获得一点美苏援助的好处。而当苏联解体，冷战终结，西方陶醉于“胜利”之中，不再有“求”于一些发展中国家时，援助国和受援国的关系就发生了逆转，转向一边倒地有利于援助方而不利于受援方，于是后者只能处于被动和无奈之中了。经合组织发展援助委员会国家的对外援助在 1991 年达到顶点后，在 90 年代持续走低。根据经合组织公布的数字，自 20 世纪 90 年代初至 1994 年，官方发展援助的实际水平削减了 6% 以上，占发达国家国民生产总值的份额降到了 0.29%，为历史最低点。[2] 西方援助国患上了“援助疲劳症”，这一情形大致持续到 21 世纪初。

另一方面，冷战终结后，作为发达国家的各援助方联起手来，制定共同的援助标准，致使受援方变得更为弱势。早在 1961 年，有关

[1] 来自发展中国家的批判，见赞比亚人丹比萨·莫约所著的《援助的死亡》，王涛、杨惠等译，北京：世界知识出版社 2010 年版。另有中国学者在进出西方体制内外后进行了深入的反思，见林毅夫、王燕：《超越发展援助——在一个多极世界中重构发展合作新理念》，北京：北京大学出版社 2016 年版。

[2] 《我代表呼吁发达国家增加援助发展中国家》，载《人民日报》1995 年 10 月 19 日第 7 版。

国家在经合组织内成立发展援助委员会，共同确立这些国家对外援助的标准、规则、条件。冷战终结后，最重要的又是政治条件，要求受援方必须实行西方式的多党制、选举制等，无论这个国家过去的历史如何、政治传统又怎样、西方式多党制是否切合这个国家的实际等等，受援方都得依样画葫芦，照标准化的“药方”来做。一旦援助方处于如此强势地位，而这些援助方又联手形成为一个联盟并实行援助条件的“标准化”时，力量对比就变得极为失衡。受援的一方，其中大多是小国、弱国，没有了选择，没有了商量谈判的余地，几乎无法根据自己的实际情况提出自己的要求，一时处于较之前更为被动和无奈的处境。20 世纪 80 年代的所谓“结构调整计划”就是包括非洲国家在内的一些发展中国家为了获得新的贷款而被迫接受的、国际金融机构（国际货币基金组织和世界银行）强加的一种政策。

世界银行于 1980 年起，开始设计这一“结构调整计划”，与之配套的是“结构调整贷款”（SAL）。这个贷款的内容是迫使借款国接受按照新自由主义教条改造本国经济的十分苛刻的条件，包括：撤销对外资的限制和利润转移限制，减少政府的公共开支和医疗、教育及其他社会服务，国有企业私有化，农村和社区公有财产私有化、市场化，货币贬值，以及生活必需品价格随市场浮动。“结构调整计划”的本质，就是以西方发达国家和国际资本的利益为唯一考虑去重组不发达国家的社会、经济，撤除不发达国家对民族经济和下层贫困阶级的最后一点保护，使西方资本能够毫无障碍和最大限度地榨取剩余和掠夺资源。很显然，结构调整的负担完全要由社会最底层的穷困阶级承担。

结构调整这种休克疗法的目标是采取紧急措施来吸引外资和偿还外债，包括取消对关系国计民生的产品和服务的补贴（米、牛奶、糖、面粉、燃料等），大幅压缩公共开支，特别是社会预算（教育、卫生、住房、基础设施等），让本币贬值和提高利率等。马里前文化部长、学者阿米娜塔·特拉奥雷在她的著作《虚构的入侵》中对此做了如下评价："结构调整计划之于社会肌体，就相当于艾滋病毒之于人体。它通过一些不合时宜的经济改革使社会变得更脆弱。而这种解决方法是外部灌输的，这一缺陷更造成了悲剧性后果。"[1] 这是来自一个实行了"结构调整"的国家的痛心疾首之论。

后来的所谓"华盛顿共识"，也是凭借世界银行和国际货币基金组织两大机构所掌握的权力和影响力予以推行和推广，这就相当于使用同一个"药方"去治疗各种各样的"病症"，通称的新自由主义一时大行其道，一些小国势弱无法抵挡，结果便相当悲惨。事实表明，没有一个国家是通过实施"华盛顿共识"而实现发展的。若干年后，在无情的事实面前，所谓的"华盛顿共识"若不是信誉扫地，也已奄奄一息了。也因此，布罗蒂加姆确认："尽管已经有接近六十年的援助史，但富裕国家仍然没有办法确保他们的援助将切实有效地促进发展（经济发展、社会发展、可持续发展、以人为本的发展——随便怎么定义）和减少贫困。"[2] 这一事实令人震惊，也十分耐人寻味。

相比之下，"中国是一个截然不同的捐助者和战略伙伴，因为它也是一个发展中国家，而且作为一个在近期拥有类似经历的伙伴，它在发展上所取得的成功（具体说就是它在快速经济转型和减少贫困方面的成功）使它具有了很大程度的可信性"[3]。改革开放三十多年间，中国有多达 7 亿多贫困人口摆脱贫困，农村贫困人口减少到 2015 年的 5 575 万人，贫困发生率下降到 5.7%，基础设施明显改善，基本公共服务保障水平持续提高，有力促进了贫困人口基本权利的实现。联合国 2015 年《千年发展目标报告》显示，中国极端贫困人口比例从 1990 年的 61%，下降到 2002 年的 30% 以下，率先实现比例减半，

[1] 蒂埃里·班吉：《中国，非洲新的发展伙伴——欧洲特权在黑色大陆上趋于终结》，肖晗等译，北京：世界知识出版社 2011 年版，第 210 页。

[2][3] 布罗蒂加姆：《龙的礼物》，第 11 页。

2014年又下降到4.2%，中国对全球减贫的贡献率超过70%。中国成为世界上减贫人口最多的国家，也是世界上率先完成联合国千年发展目标的国家。[1]

在为时不长的三十多年间，有多达7亿的中国人口实现发展，摆脱了贫困，这在整个人类历史上都是罕见的，值得世人对这一事实及其原因给以极大的和必要的重视，其中的意蕴也是深长的。

在对外援助领域，中国从援外一开始就把受援方的主权置于十分优先考虑的位置。八项原则中的第二项即是“严格尊重受援国的主权，绝不附带任何条件，绝不要求任何特权”，20世纪80年代中国领导人访问非洲期间予以重申，且能够言行一致，讲求平等相待。更早一些时候，孙中山就已经如此思虑，“愿与平等待我之民族”发展往来，可见这一精神贯穿始终。对平等的珍视，也可见于中华人民共和国早期对苏联“大党主义”和“大国主义”的感受以及围绕这种反感而来的关系紧张乃至最后的破裂。在饱受了外部列强的不平等对待之后，中国得到了深刻的体验，也理所当然地得出结论，要像古人教诲的那样“己所不欲，勿施于人”。“己所不欲，勿施于人”可谓中国思想中的精髓之一。譬如，中国在本质上未将非洲看做需要拯救或说教的大陆，而是将其作为商业交易中的长期合作伙伴来对待。这样一来，中国比西方政府和非政府组织更尊重非洲。中国同非洲国家达成商业交易，用贷款、基础设施援助和商品来换取非洲的农矿产品、政治支持以及进入其广阔市场的许可，同时让非洲人自己寻找其问题的解决办法。“非洲可以选择中国开展合作，这是一种平等相待的合作模式，不存在一方比另一方低贱的问题。”[2]

---

[1] 中华人民共和国国务院新闻办公室：《中国的减贫行动与人权进步》，载《人民日报》2016年10月18日第15版。

[2] 蒂埃里·班吉：《中国，非洲新的发展伙伴——欧洲特权在黑色大陆上趋于终结》，第243页。

那么，对主权和平等的自重和尊重他国，在对外援助过程中表现在哪里呢？表现在受援方在援助项目确定过程中获得和发挥自主性，表现在中国教导自己的援外人员不能有大国主义，不享受特别待遇，工资和待遇与当地的本国专家相同（尽管可以讨论），表现在不附加政治条件，强调的是给予受援国以“帮助”。

“帮助”与“援助”一字之差，其蕴涵的精神却可能有很大不同。“帮助”一词很能体现中国的对外援助思维。“援助”一词反映的是一方与另一方之间的关系，即便确实是强对弱、大对小的行为，中国也视之为是相互的。八项原则的第一项便是“不把这种援助看作是单方面的赐予，而认为援助是相互的”。之所以认为是相互的，在中国对外援助的第一时期，相信“反帝反殖”的力量增强了，就等于“帝国主义”的力量下降或削弱了，就等于支持了中国。这种想法当然是不切实际的，然而确实是中国的真实想法。到第二时期对内改革，对外开放，趋于务实了，没有了那么多豪情万丈式的天真，而比较重视“互利”了。固然此前也讲互利，但“腾云驾雾”后从天上回落到大地后又有了新的内涵。因此这个“互”字很关键，反映了中国援外思想中很重要的一方面，即双方应共同从合作中获得利益，而不光只是外方获得利益。再后来，中国的理念演进为对外援助是发展中国家之间的相互帮助，中国的对外援助是对其他发展中国家的一种帮助（这是一种延续），帮助受援国，使它们也能得到发展。它们发展起来了，不是像第一时期中国所想的那样是“反帝”方面的力量增强了，而是实现“共同发展”，这就表明了一种超越。我们稍后再来具体分析和探讨共同发展的理念。

不附加政治条件

长期以来，西方援助国一直在援助实践中附加政治条件，要求甚至压迫受援国必须实行西方式的多党竞争制、选举制，或者受援国家必须实行特定的政策等条件，比如国有企业私有化、削减政府开支、实行财政紧缩等，否则就不提供援助。在这一援助方式中，援助成为强势一方的一种要挟。这种政治条件有统一的模板，其基本内容包括“进行自由公正的选举”“建立三权分立的政府”“促进公民社会的发展（尤其是非政府组织和媒体）”。基本步骤包括：设计选举方案，建立选举行政机构，对选举过程进行监督，对选举结果进行确认。整个过程不仅由西方援助国设计，而且在西方援助国的主导下完成。[1]

很多时候，受援国由于经济困难等原因，被逼无奈，为得到一些外部援助，只好依样画葫芦，接受西方援助国千篇一律的政治经济公式并付诸实行，但这样做往往带来严重后果。美国学者爱德华·曼斯菲尔德和杰克·斯奈德的研究发现，受援国实行一人一票的选举经常造成部落、族群和不同宗教信仰的人群之间的严重冲突。[2] 纵观一些国家的实情，经典的“剧情”常常是，首先进行投票选举，然后有一方声称选举中存在舞弊行为，宣布不承认选举结果，然后支持的一方和反对的一方动员各自的支持者或抗争或捍卫，形成政治对立。当这样的局面出现在由部落或不同族群组成的社会中时，极易出现社会的撕裂。

与此不同，中国在提供对外援助时从不附加类似的政治条件，不以受援国实行援助方指定的政治模式为提供援助的条件，或必须接受援助方事先设计好的政策药方并在该国推行为条件。这是中国一直奉行的“不干涉别国内政”原则在对外援助时的体现。中国也一向以平等态度告诫受援方不要依赖外部援助，发展要建立在自身力量的基础上，同时中国愿意提供某些力所能及的帮助或开展合作。这一模式明

[1] 转引自周弘：《中国新的对外援助》，见王逸舟主编：《中国对外关系转型 30 年》，北京：社会科学文献出版社 2008 年版，第 172 页注 1。

[2] Edward D. Mansfield and Jack Snyder, *Electing to Fight*: *Why Emerging Democracies Go to War*, Cambridge, MA and London: MIT Press, 2005.

显有别于西方援助国。从这一意义上说，中国援助确实是不附加政治条件的。不以援助为要挟，这正是中国对外援助不附加政治条件的本质所在。中非共和国学者蒂埃里·班吉就此这样写道，“中国更了解非洲的实际情况”，这是非洲国家政府爱说的一句话，因为中国对外援助不附加任何前提条件。[1]既然受援国从自身经历中得到了如此的体会并给予了肯定的评价，其中必有道理。

有研究者认为，接受“一个中国”原则是中国提供援助、贷款的政治条件。[2]学者贾庆国认为，提供对外援助应该是有条件的。过去我们喜欢说中国的对外援助不附加任何条件，事实上并不完全是这样，比如说我们援助的前提至少包括：（1）受援国要对中国友好；（2）受援国不能在涉台湾、西藏等问题上挑战中国的立场。与西方的“附加条件”相比，最大的区别是我们只提那些与我利益直接相关的条件。今后我们开展对外援助，实事求是地讲，还是应该有条件、有门槛。比如，中国的援助应该用在什么地方，需要有一个合理的说法，否则受援国的执政党可能就会把资金全部用在自己的选区，当地的反对党会因此指责中国干涉了他们的内政，这是我们实际外交工作中真实发生过的事情。此外，中国应该在援助过程中推动受援国改善劳动条件和环境保护，想办法让当地更多的民众感受到中国援助给他们带来的实际好处，以保证中国对外援助发挥应有的作用。[3]

这里提出的观点是，中国提供对外提供援助应该是有条件的。这需要认真讨论。可以说，承认“一个中国”、对华基本友好是中国对别国开展援助的前提，在这一前提下中国与该国才可能发展正常的双

[1] 蒂埃里·班吉：《中国，非洲新的发展伙伴——欧洲特权在黑色大陆上趋于终结》，第84页。

[2] Mikael Mattlin and Matti Nojonen，“Conditionality and Path Dependence in Chinese Lending,” *Journal of Contemporary China* 94，2015，pp.701—720.

[3] 见《社会科学报》2015年9月24日第1版。

边关系，否则便无从谈起，包括援助在内也是如此。如果说这也是一种条件或政治条件，那是在广义上而言的。但中国在对外援助的原则和路径上仍然不同于西方援助国，不像它们那样事先设定好严苛的提供援助的政治条件或必须实行怎样的特定政策，以援助为诱饵或要挟，强迫受援方像西方所设定的标准化的政经模式去做。“一个中国”是别国与中国建立和发展关系的政治基础，也可以说并非援助的“政治条件”。不附加政治条件从根本上说是“不干涉他国内政”。不干涉内政正是中国处理对外关系的一项基本原则。

问题在于：中国在提供对外援助时是不是应该有条件？或者换一种提法，“中国的援助应该用在什么地方”？如果没有任何条件，又怎样保证对外援助的最佳效益呢？应该说，提出这一问题是合理的。多年前，学者沃尔特斯就曾指出：“如果援助是以信贷方式提供，每个授援国总要给自己的援助计划加上一些条件，以便履行与援助有关的资金调拨及安排债务的偿还事宜。因此问题并不在于有没有对经济援助附加什么条件，而在于这种附加的条件采取的是什么方式。”[1] 中国援外过程中曾经出现过严重浪费现象，尤其是在改革开放之前的第一时期，因此，对外援助需要辅之以必要的监督和条件制约，援助的执行应该按照双方的合同或约定进行，援助方有责任也有必要监督援助资金的使用和项目的开展，确保援助实现既定的目标和效果。然而，这些仍然不同于附加政治条件，它们是援助项目本身的一部分，不是在此之外的先决条件。

由此，应该明确，中国提供对外援助确实是不附加政治条件的，这样做也是正确的，从根本上说是不干涉他国内政原则在对外援助领域的体现。同时，为了保证援助项目有效实施，取得成功，应该在合

---

[1] 罗伯特·沃尔特斯:《美苏援助——对比分析》，陈源、范坝译，北京：商务印书馆1974年版，第152页。

约中规定若干条款，以使双方认真遵守，这样的条件是技术性条件，不同于在对外援助中附加政治性条件。我们应该对这两种条件进行区分。至于“一个中国”，本来就是中国与外国建立关系的前提，不应该视为援助的附加条件。

“授人以渔”，帮助受援国提高自主发展能力

就中国对外援助政策的基本内容，2011 年发表的《中国的对外援助》白皮书列举了五条，其中第一条便是：“坚持帮助受援国提高自主发展能力。实践证明，一国的发展主要依靠自身的力量。中国在提供对外援助时，尽力为受援国培养本土人才和技术力量，帮助受援国建设基础设施，开发利用本国资源，打好发展基础，逐步走上自力更生、独立发展的道路。”可以说，这是极为重要的对外援助思想，也是一种政策。发展必须是内生的，必须具有内生的动力，才是有效和可持续的发展。

早在 20 世纪 80 年代末，联合国教科文组织就发表了《内源发展——质量方面和战略因素》报告，指出：“发展应是由内部发生的。只有当发展能够加强和巩固社会的创造力时，发展才显得有意义；只有充分认识到发展的必要性，有能力并决心付诸行动的人们来承担发展任务时，发展才有成功的可能。重要的问题是要把人及其能力视为关键因素，……使革新的每个阶段都由人民自己来承担，并使人民感到发展是一种创造性的、有益的超越。”[1] 根据联合国教科文组织的界定，内源发展系指：“每个社会都应通过在自己的技术、社会、文化和思想领域进行多种多样和多方面的革新，实现自己的现代化，都应选择独特和不同的发展道路。任何一个社会都不应也不是被迫要模仿

[1] 联合国教科文组织：《内源发展——质量方面和战略因素》，陈雅丽等译，北京：中国对外翻译出版公司 1991 年版，第 vi 页。

其他社会并忠实地仿效或注定坚持唯一的发展道路或模式。”[1]可以说，中国所走出的根据本国国情而选择的经济道路和政治道路，几乎完全契合内源发展的思想和发展观念。

应该说，个中道理并不复杂难懂，内源性的发展对于一个国家确实是根本性的，而且重要的是要付诸实践。秉持“发展为了人民，发展依靠人民”的理念，中国在近四十年的改革开放历程中，始终把发展建立在自身力量的基点上，使开放和改革相互促进，并行发展，取得了举世公认的巨大成功。相应地，从中国的对外援助也升华出了重要的经验可以贡献于世界，这就是要帮助受援国培养内源发展的能力，帮助发展中国家培养人才，与其他发展中国家分享发展经验和技术，帮助它们增强自主发展的造血功能。

于是，人力资源开发、教育和培训在中国对外援助中成为提升受援国自主能力的极为重要的方式。如从2010年至2012年，中国共举办1 579期官员研修班。中国邀请了其他发展中国家政府部门近4万名官员来华研修，内容涉及经济管理、多边贸易谈判、政治外交、公共行政、职业教育、非政府组织等。中国举办技术人员培训班357期，为其他发展中国家培训技术人员近万名，涵盖农业、卫生、信息通讯、工业、环境保护、救灾防灾、文化体育等领域。技术合作是另一重要方面。三年中，中国向50多个国家派遣2 000多名各类专家，在农业、手工艺、广播电视、清洁能源、文化体育等领域广泛开展技术合作，转让适用技术，提高受援国技术管理水平。中国派出高级规划咨询专家，与其他发展中国家共同制定土地开发利用、清洁能源利用、河流治理以及经济合作等规划。[2]

中国还长期帮助非洲国家提高农业生产技术水平。2013年12月，

---

[1] 联合国教科文组织:《内源发展——质量方面和战略因素》，陈雅丽等译，第47页。
[2] 中华人民共和国国务院新闻办公室:《中国的对外援助》，2014年7月。

中国在世贸组织巴厘岛会议期间，与由贝宁、布基纳法索、马里、乍得组成的“棉花四国”发表联合新闻公报，宣布将在世贸组织框架内进一步加强棉花领域合作，通过援建设施、提供生产物资、提供优良棉种、开展人员培训等手段，帮助这四国全面提升棉花生产、加工、储运和贸易能力。从2013年开始，中国为这四国提供7亿元人民币援助资金，优先用于棉花产业相关项目。[1]

重在帮助受援国建设基础设施

在近四十年的改革开放进程中，中国获得和积累了可称丰富的发展经验。中国经济发展的成功本身就说明，中国一定在不少地方做对了，这包括保持了长期的政治安定，从而为经济发展战略长期持续的实施创造了条件，避免了政府或执政力量每隔数年就要变动一次而带来的短期行为。每五年一次的国民经济和社会发展规划明确了未来五年内经济社会发展的各项目标，避免了短期的政策波动，等等。中国发展的重要经验之一是基础设施建设先行，广为人知的“要想富，先修路”这句话，十分形象地表达了这条经验。今日的中国已经拥有了一个相当可观的高速公路网和世界上里程最长的高速铁路网，以及无数桥梁、港口、机场等，为经济持续增长创造了基础设施条件。中国国内的发展经验也投射到了中国对外援助的实践中，有诸多事实可以证明这一点。

截至2009年底，中国共帮助发展中国家建成442个经济基础设施项目，其中较有代表性的包括也门萨那至荷台达公路、巴基斯坦喀喇昆仑公路和瓜达尔港、坦赞铁路、索马里贝莱特温—布劳公路、马耳他干船坞、喀麦隆拉格都水电站、毛里塔尼亚友谊港、博茨瓦纳铁路改造、孟加拉国六座大桥、昆曼公路老挝段、柬埔寨7号公路、埃

[1]《中国“正能量”推动世贸组织发展》，载《人民日报》2013年12月5日第3版。

塞俄比亚格特拉立交桥等项目。[1]

2010年至2012年，中国对外援建了156个经济基础设施项目。这些基础设施项目可分为三个方面，在支持受援国交通运输建设方面，中国援建了70余个项目，包括公路、桥梁、机场、港口等。在提升能源供给能力方面，中国援建了20个项目，包括水电站、热电站、输变电和配电网、地热钻井工程等。在推动信息化社会发展方面，中国援建了60余个项目，包括光缆电信传输网、电子政务网以及广播电视调频发射台等。中国发挥在技术、设备材料和人力资源等方面的优势，在确保工程质量的同时，有效降低了项目投资成本。[2]中国发起创建亚洲基础设施投资银行，有多达57个国家成为其创始成员国，创立这一银行的目的是为本地区发展中国家的基础设施建设提供资金支持。中国还出资成立丝路基金，推动成立澜沧江—湄公河合作机制，为"一带一路"沿线国家基础设施、资源开发、产业合作和金融合作等与互联互通有关的项目提供投融资支持。

2016年4月，美国约翰·霍普金斯大学高级国际研究学院中非研究计划独家公布了有关2000年至2014年中国对非洲贷款的数据资料。这一研究最大的一项发现是，中国对非洲大陆贷款主要用于修建基础设施——公路、铁路和输电线，而非寻求石油或采矿部门的自然资源。从2000年至2014年，近一半的中国贷款都在为两大部门融资：交通部门及能源部门（主要是电力部门）。公路和铁路所获贷款占交通部门所获贷款总额的比重接近80%。水电、输电线和天然气管道项目所获贷款占能源部门所获贷款总额的比重略高于80%。经过更仔细的考察，研究者发现，在此期间中国通过贷款融资开展的规模最大的基础设施项目是肯尼亚的蒙巴萨—内罗毕标准轨矩铁路一期工

[1] 中华人民共和国国务院新闻办公室：《中国的对外援助》，2011年4月。
[2] 同上，2014年7月。

程，中方提供了36亿美元贷款。其次是亚的斯亚贝巴—吉布提铁路，出资额为25亿美元。[1] 这项研究根据事实所得出结论的权威性，看来是人们很难否认的。

在非洲修建坦赞铁路是迄今为止中国最大的单项对外援助，1976年建成移交。全长1 860.5千米的坦赞铁路是中国对外援助历史上的一座丰碑。然而，在历经40年的风雨之后，坦赞铁路正面临各种问题。一是管理不到位，长期只用不修，设备破旧不堪，出了故障就"拆东墙补西墙"。二是运量不足，从通车的第一天起就从未达到过它每年200万吨的设计运量。迄2016年，年运量更是只有12.8万吨。运量不足导致营收不高，而投资和养护资金不足又导致运量进一步下降，形成恶性循环，使得坦赞铁路长期处于亏损状态。三是管理人员青黄不接，经过中国培训的老一代职工相继退休后，坦赞铁路的技术力量大大削弱，出现了人才断层危机。为使坦赞铁路摆脱困境，坦桑尼亚、赞比亚、中国三方就激活坦赞铁路进行了讨论，并基本达成共识，同意中方投入技术和资金，以特许经营方式参与坦赞铁路运营。坦赞铁路的所有权仍然归坦、赞两国，而铁路的经营和管理由中方负责。[2]

2016年12月24日，《人民日报》报道，截至当时，坦赞铁路基础设施老化，列车多处限速，设备严重匮乏，原有线路已不适应新时期坦、赞两国的发展需要。中国中铁建工集团已在开展"坦赞铁路激活和可持续发展项目"的相关工作，准备为升级改造坦赞铁路、为非洲经济社会发展做出新的贡献。

这些情况也说明，坦、赞两国的铁路管理运营的能力建设并不成功，尽管中国方面作出了很大努力，比如铁路建成移交后，为保障铁路正常运营，中国政府继续向坦、赞两国政府提供经济技术援助，并

---

[1]《"中国股份有限公司"成非洲建设者》，载《参考消息》2016年9月30日。

[2] 参见《中坦赞讨论"激活"坦赞铁路》，载《文汇报》2016年12月2日。

派出专家组提供经济技术合作，帮助坦赞铁路局对铁路进行经营管理。遗憾的是，多年后坦赞铁路仍然呈上述情况。坦赞两国缺乏内生的条件管理好、运营好这条付出巨大努力甚至牺牲而建成的“自由之路”。这再次证明，“内因”永远是最重要的。发展的关键在于内生性，亦即具有来自内部的动力，形成良性循环的机制，方能够在较长时间内保持持续发展态势。

也正因为如此，中国援外建设基础设施具有了更为先进的理念。在东非，肯尼亚蒙巴萨—内罗毕铁路是该国百年来建设的第一条铁路，由中国路桥工程有限责任公司承建，于2017年下半年通车试运营。蒙内铁路是中国铁路“走出去”首个覆盖全产业链的项目，采用中国技术、中国标准、中国装备以及中国管理。蒙内标轨铁路客运设计时速为120公里，货运设计时速为80千米，配合现代化的调度、控制等系统，将极大提升肯尼亚货运效率，降低物流成本40%左右，实现当地货运方式由公路为主、铁路为辅向铁路为主、公路为辅的转变。同时还能满足当地客运需求，形成新兴的旅游观光路线。蒙内铁路的建设将推动肯尼亚国内生产总值增长1.5%，拉动经济和相关产业发展，促进肯尼亚进出口贸易的增长。项目在建期间创造了超过4万个就业岗位。依托蒙内铁路，沿线地区有条件成为肯尼亚重要的经济聚集区，进而形成蒙内经济走廊。

蒙内铁路也是非洲元素与中国元素的良好“混搭”。该工程的当地采购不低于40%。同时，全线员工中，中方管理和技术人员2 678人，占比14%左右，肯方技术和管理人员占所有当地员工总数的42%，平均来看中肯员工比例为1:10左右。[1]

中肯采用互利合作的方式修建这条铁路，做了更多的经济可行性研究，未来发展的效益更有保证。

---

[1]《蒙内铁路，非洲绿色发展之路》，载《人民日报》2016年12月25日第3版。

贸易、投资和援助相结合

援助必须有效，这已是一个共识。但对一国而言，根本的目标应该是有效的发展，有效的援助是服务于有效发展的。在中国看来，对外援助和非援助工具的协调运用，或曰援助、投资和贸易的综合，对于受援国实现自主发展具有关键意义。自主发展无疑也是南南合作的目标。

过往的经验显示，援助、贸易和投资三者间经常看似无关，其中原因值得深究。世界贸易组织前总干事迈克·穆尔指出，要援助还是要贸易这一争论已经过时了。二者都需要；援助的目的是建立公共基础设施，在双赢局面下促成贸易增长。[1] 因此，贸易和援助不是选择其中之一的问题，二者是结合在一起的。20 世纪八九十年代的受援国家分配给经济基础设施的援助比过去大为减少，这反映了西方传统援助国的主导性思维，即强调社会部门、良治和预算支持。这样的强调跟东亚国家的援助形式形成鲜明对比。从经济基础设施到社会部门和预算支持的急剧转变，造成了传统援助国的援助项目与受援非洲国家的需求之间的巨大脱节。当传统援助国忽视了这些关键的发展需求时，新兴援助国弥补了这一需求，通过帮助受援国建设基础设施，吸引外国直接投资。[2]

现在，如果传统援助国不情不愿，受援国有了新出现的选择，那就是中国。

“历史上已有大量证据证明：贸易的扩大现在是而且也一向是世界经济的主要动力之一。”[3] 重视把贸易、直接投资和对外援助结合起

---

[1] 迈克·穆尔：《没有壁垒的世界——自由、发展、自由贸易和全球治理》，北京：商务印书馆 2007 年版，第 292—293 页。

[2] Yasutami Shimomura and Hideo Ohashi, “Future Prospects of China’s Foreign Aid,” in *A Study of China’s Foreign Aid*, Basingstoke: Palgrave Macmillan, 2013, p.229.

[3] 国际发展问题独立委员会：《争取世界的生存——发展中国家和发达国家经济关系研究》，赵混等译，北京：中国对外翻译出版公司 1980 年版，第 73 页。

来，在中国出现于20世纪90年代中期。中国对外援助—投资—贸易的三位一体不光来自本国的政策，也植根于中国作为受援国的实际经历。在中国看来，援外和非援外工具的协同使用，或综合运用援助、投资和贸易，对实现南南合作的目标即自主发展是至为重要的。自此以后，中国一直坚持贸易与发展目标，在世贸组织框架下积极开展“促贸援助”，即利用贸易促进发展中国家和最不发达国家经济发展，在基础设施建设、提高生产能力、给予零关税待遇、帮助参与多边贸易体制等方面提供力所能及的帮助。这为欠发达的受援国提供了机会。这机会固然来自于中国对外援助规模的迅速扩大，更重要的是，它的路径与传统的主流援助国迥然有别。

在发展合作中，长期以来在资金和援助思想方面占有压倒性影响的是经合组织发展援助委员会和世界银行。这种支配地位由于援助国协调和援助步调一致而得到强化。在经合组织发展援助委员会的主导下，国际间的援助追求援助国协调和援助步调一致的哲学，这一哲学来自如下信念，即如果援助国自行其是，会提高交易成本，有损援助的有效性。上述哲学的目标是通过援助国协调和步调一致的政策运作和程序降低交易成本。然而应指出的是，取得它们自认为的援助有效性是以牺牲援助活动的多样性为代价的。援助国协调和援助步调一致剥夺了受援国的选择。

人们广泛认识到，在切合发展中国家需求的变化方面，这两大机构已经受到很大挑战。人们且已指出，它们的支配地位剥夺了受援国在减贫和发展方面的多样选择。更重要的是，它们对于问题的诊断和所开药方的“垄断”可能阻碍了新思想的进化。[1] 长期研究国际发展问题的英国学者保罗·科利尔也得出沉重的结论，认为经合组织各国

[1] 国际发展问题独立委员会：《争取世界的生存——发展中国家和发达国家经济关系研究》，赵湜等译，第235页。

未能正确地诊断问题之所在。[1]

传统的北南发展援助主要包括发达国家政府向发展中国家提供赠款和优惠贷款等，而把出口信贷和优惠较少的基础设施投资等排除在外。但实际上，北南合作并未取得理想效果。相比之下，致力于推动结构转型的南南合作成效较明显。这启示人们，在当今世界应超越传统发展援助模式，树立发展合作新理念，将所有服务于发展目标的贸易、援助和投资都涵盖进来，以有效推动可持续和包容性发展、缩小南北差距、加快全球减贫。曾在世界银行工作多年的学者王燕在深入研究了南南合作后，也认为把援助与贸易、投资手段结合起来，对于帮助发展中国家实现结构转型和更加广泛的发展目标是有效的。

中国常被批评为没有加入“主流”的对外援助组织并采用其统一的标准，而是置身在“主流”之外。然而，中国对外援助的成功和有效（以及相比之下发达国家对外援助的为人诟病和失效）可能恰恰在于中国走出了一条自己的对外援助道路。“中国在非洲的存在不仅被视为是有益的，而且这些益处正朝着更广的方向扩展。……近年来，中国拓宽了它的投资范围，人们也从其资源投资的涓滴效应中获益——就业、住房和更好的生活。”[2]

20 世纪 90 年代中期中国进行援外改革，核心是中国进出口银行在 1995 年推出全新的优惠援助贷款制度。1995 年的这项改革，标志着中国自开始对外援助以来，发生了最引人注目的正式变化。这就是通称的“援助方式改革”，中国政府明确规定了商务部的任务，即在援外时把援助、互利合作和贸易结合起来，目标在于实现互利的发展。从实际结果看，其效果良好。根据中国海关的数据，中非贸易额

[1] Paul Collier, “Facing the Global Problems of Development,” in *Can the World be Governed?*, ed. Alan S. Alexandroff, Waterloo: The Centre for International Governance Innovation (CIGI) and Wilfrid Laurier University Press, 2008, p.283.

[2] 丹比萨·莫约:《援助的死亡》, 王涛、杨惠等译, 第 79 页。

在十年间迅猛上升，2013年达到2 102亿美元，而2000年仅为100亿美元，1980年为10亿美元。[1] 对外贸易、投资和援助产生了齐头并进的效应。丹比萨·莫约写道："中国对非洲的整套政策中最吸引人的一个方面是其致力于外国直接投资。这通过政府直接投资的方式和鼓励中国私营企业到非洲投资的间接方式来实现，常常是通过优惠贷款和买方信贷来完成。……中国投资所涉及的领域包括纺织、农业加工、电力生产、道路建设、旅游和电信。此外，中国还与非洲在交通运输、通讯、水资源管理、电力和其他基础设施领域开展合作。"[2] 基于良好的实践结果，中国应进一步提升援助、投资和贸易的三位一体。

归根结底，发展才是目的。发展需要的不仅仅是减债，更重要的是新的资金流入，因此应大力鼓励商业性、半商业性的资金进入发展中国家，投资于经济效益好的项目，实现经济增长和发展，这才是发展中国家十分需要的。正是在这一意义上，有学者把中国对非洲的援助模式称为"发展引导型援助"。"发展引导型援助"是一种通过"援助+合作"的方式帮助和引导受援国实现自主发展，并最终以实现受援国与援助国共同发展为目的的援助。[3] 这是很有见地的提炼。这里的关键词包括"援助+合作"及"帮助和引导"，援助与合作是结合在一起的，重在帮助和培育，而非单方面和恩赐式的给予，最终以发展为指向。

早在2007年，时任中国进出口银行行长的李若谷就已指出，中国提供的发展援助以低息优惠贷款为主，这些贷款均为项目贷款，都有严格的评审和放款程序，并能针对受援国的国情和实际情况，将受

---

[1] 英国《金融时报》2014年5月18日。

[2] 丹比萨·莫约：《援助的死亡》，王涛、杨惠等译，第75—76页。

[3] 张海冰：《发展引导型援助——中国对非洲援助模式研究》，上海：上海人民出版社2013年版，第96页。

援国传统的资源优势转化为发展优势，增强其发展潜力，最终为受援国民众带来了巨大的经济实惠和生活改善，因而受到欢迎。例如，中国在安哥拉采用“贷款、项目和资源”一揽子合作模式，帮助安哥拉进行战后重建。中国公司和施工人员克服缺水、缺电、地雷遍布、交通不便、疾病流行等各种艰苦条件和困难，在当地建设医院、学校、道路、输电网等各种实实在在的设施，改善当地人民的生活条件，为今后发展打下基础。中国帮助苏丹建立了现代石油工业，提高了出口创汇能力，变资源优势为发展优势和动力。此外，中国还做了许多提高社会福利、改善民生的工作。例如在苏丹，用中国的贷款和中国企业捐资支持了学校、医院、住房、通讯和电站等满足社会民生需要的基础性建设，受到了受援国的欢迎。[1]

李若谷还极具说服力地说明了中国贷款的优惠度。国际货币基金组织曾用特别提款权的商业参考利率（CIRR）作为贴现率计算中国贷款优惠度，算出来比五年以上人民币贷款利率低，这造成中国一些贷款按照国际货币基金组织的算法，达不到35%的赠与成分，被认定为“非优惠”贷款。这是不合理的。实际上，用五年以上人民币贷款利率做贴现率，中国的贷款都能达到35%的赠与成分。中国到那时为止提供的官方发展援助资金都是以人民币计价的，因此都具有优惠性质，以美元计价提供的优惠贷款也能够达到国际公认的优惠资金标准，其他资金也具有不同程度的优惠。中国并没有去获取商业性的“好处”，所要求的回报只是为了覆盖成本。此外，分析中国官方发展援助的优惠程度，还必须考虑到这些资金支持的项目有许多是中国公司承建的事实，中国的商品、技术和工程物美价廉是国际公认的，因此，将贷款和工程造价的优惠程度等因素综合考虑，中国提供的援助

[1] 李若谷:《正确认识发展中国家的债务可持续问题》，载《世界经济与政治》2007年第4期，第72页。

具有更大程度的优惠。[1]

归结起来，中国在对外援助中尊重主权与平等、不附加政治条件、努力帮助受援国提高自主发展能力、重在帮助受援国建设基础设施，以及把贸易、投资与对外援助相结合，这五个特征构成了不同于DAC援助模式的另一种模式，一种可以与之比较的不同选择。人们可以从二者中发现某些共同的成分，也会发现若干重要的不同，以及由此体现出来的不同的援助理念，可供世人比较和咀嚼。

第三节 面向未来的中国对外援助：从发展到共生

长期以来，发达国家的对外援助多投向发展中国家原材料生产领域或人道主义救援领域，而没有投资到生产领域或基础设施领域。受援国经济无法根据自身需求进行发展，并丧失了应对危机的内部机制，导致在经济上长期依赖外部援助。然而由于经济环境的影响，若干年来许多发达国家开始收缩财政，使本来就占比很小的援助资金捉襟见肘。在达到1991年的高峰后，经合组织发展援助委员会各国的援助净支出持续下降。随着冷战的结束，20世纪90年代美国“对外援助的一个主要理由消失了”，这是援助金额大为减少的十年。日本在1997年至2010年间的对外ODA下降了44%。[2]

作为衡量各国对外援助支出的重要指标，联合国提出过发达国家官方发展援助0.7%的比例要求。2002年召开的联合国发展筹资问题

[1] 李若谷：《正确认识发展中国家的债务可持续问题》，载《世界经济与政治》2007年第4期，第72页。

[2] Yasutami Shimomura and Hideo Ohashi, “Future Prospects of China’s Foreign Aid,” in *A Study of China’s Foreign Aid*, eds. Yasutami Shimomura and Hideo Ohashi, Basingstoke: Palgrave Macmillan, 2013, p.226.

国际会议，通过《蒙特雷共识》，提出发达国家应将国民收入的0.7%用作援助资金。但在经合组织发展援助委员会28个成员国中，只有丹麦、卢森堡、挪威、荷兰、英国和瑞典六个国家达到0.7%的水平。根据经合组织公布的2015年度发达国家向发展中国家提供的官方发展援助报告，28个发达经济体的官方发展援助总额仅占国民总收入的0.3%，远低于联合国提出的0.7%。从绝对数看，2015年发达国家官方发展援助资金同比增加了6.9%，但增量部分主要是用于处理难民事务。奥地利、希腊、意大利、荷兰、瑞典等国同年难民救助资金占政府发展援助支出的20%以上。[1]

在美国，由于援助额的屡次削减，从事对外援助的主要机构国际开发署（USAID）地位下降，以往的活力减退，人才流失。奥巴马政府看到了问题所在，也曾宣称美国要复兴促进发展的努力，包括复兴从事这项工作的主要机构国际开发署。2010年9月在联大的演讲中，奥巴马宣称由外国的首都告诉受援国如何发展的日子必须结束了，发展援助要有新的路径。[2]这说明，奥巴马政府也认识到了需要改弦更张，但在实践中终究没有大的作为。

长期以来，在发达援助国开出的处方和受援国的实际需要（如基础设施建设、减贫）之间存在严重的脱节。在非洲，传统援助国的主流援助路径被认为“不起作用”。若干年来，由于出现了为数众多的失败之例，经合组织发展援助委员会统一的援助模式受到了很多质疑，有人甚至极而言之，如《援助的死亡》一书作者莫约所称，如果援助是无害的——假如援助只是没有做到当初所承诺的行为的话，她就不会写这本书了。问题在于，援助并非良性的，而是有害的。援助不再是可能奏效的解决方案，而是成为了问题的一部分——事实上，

[1]《发达国家对外援助“钱景”尴尬》，载《人民日报》2016年4月27日第21版。
[2] *International Herald Tribune*, September 24, 2010, p.5.

援助本身就是问题。[1] 这实在是从根本上质疑西方式援助的痛心之论。人们自以为的“善举”是否走向了良好愿望的反面？

这就提出了援助的有效性问题，成为人们反思的对象。

只有当存在不同的理念和不同的模式时，才能为人们提供比较的可能。如果没有比较，那就意味着只有一种理念、一种模式、一种做法，就很可能固步自封，到此为止。在任何领域，垄断必定使行为者失去前进或改进的动力。经济领域之所以要反垄断，之所以需要竞争，就是因为垄断使经济活动失去生机，而健康公平的竞争则促进发展和进步。在发展援助领域，其理亦然。当中国处于发展援助委员会之外时，就有了比较，有了不同选择，也有了那么一点竞争。这是一种相比过去更为积极的状态。具有建设性意义的是，中国与发展援助委员会还开展了对话。对话就不是对抗。这种对话有利于传统援助国和新兴援助国之间的相互了解。相互了解了就能够减少或避免误解，相互了解了也就可能相互借鉴。

实际上，中国的援助理念和具体做法已经撬动了其他援助国的思想和行为。早在 2009 年，英国学者莎拉·雷恩就注意到：“中国官方宣示中对‘平等伙伴关系’的强调和审慎地避免援助和依赖一类的语言正在开始影响其他行为者，他们也急于宣布自己的良好意图。”[2] 俗话说，不比不知道，一比吓一跳。这便是由于中国的理念和实践而引起的一种积极效应和影响。

在发展援助的理念上，中国正在为世界做出自己的贡献，这就是共同发展的理念。

自改革开放起，经济建设和发展就成为中国的第一要务，“发展是硬道理”这句话，鲜明地体现了这一点。更进一步，发展也被中国

[1]《援助的死亡》，第 33 页。

[2] Sarah Raine, *China's African Challenge*, London and New York: published by Routledge for the International Institute for Strategic Studies, 2009, p.201.

视为当今时代的两大主题（即和平与发展）之一，以后实际上也认为当今时代是一个和平与发展的时代。因而，发展是必然选择和必由之路。在国内，发展要求“让一部分人先富起来”，等经济发展达到一定水平后，则转向强调“共同富裕”，实现社会公平正义，构建和谐社会。“共同”成为突出的主题词之一。

随着国内与国际的联系日益紧密而不可分，这些国内的思维和追求也不可避免地投射到了对外思维上。2005 年 4 月，在亚非会议（即万隆会议）五十周年纪念峰会上，中国提出了要建设“持久和平、共同繁荣的和谐世界”。50 年前，世界各地尤其是亚非两大洲风起云涌，争取民族独立和解放，万隆会议即这一时代的映照。2005 年在万隆，同一地点，且不说“物是人非”，最重要的是时代的主题已经发生了重大变化，已经不再是战争与革命的时代，殖民主义也已经一去不复返，如今是在继续维护世界和平的前提下实现各国的发展和共同发展。作为中国所倡导的和谐世界两大支柱之一的“共同繁荣”，与“共同发展”是完全相通甚至是同义的。

2011 年 9 月，中国政府发表了《中国的和平发展》白皮书，试图回答“中国选择了一条什么样的发展道路，中国的发展对世界意味着什么?”这一重大问题。白皮书认为，这条道路最鲜明的特征是科学发展、自主发展、开放发展、和平发展、合作发展、共同发展。白皮书集中论述了“和平发展”的理念，其中就包括共同发展，即在追求自身发展的同时努力实现与他国发展的良性互动，促进世界各国共同发展。[1]

“十八大”后，共同发展的理念在很大程度上得到了丰富。中国认为，在经济全球化深入发展的条件下，必须在谋求本国发展的同时

[1] 中华人民共和国国务院新闻办公室:《中国的和平发展》(2011 年 9 月)，北京：人民出版社 2011 年版，第 5 页。

促进各国共同发展。其基本含义是建设全球发展伙伴关系，促进各国共同繁荣，其中包括缩小南北发展差距，促进全球发展更加平衡。

中国所理解的发展有两大方面。首先，这发展是开放的发展。中国将坚持对外开放的基本国策，坚持互利共赢的开放战略，不断提高开放型经济水平。其次，这发展是合作的发展。中国将坚持共同发展的理念，在平等互利的基础上开展同世界各国的经济技术合作，通过合作促进自身发展和各国共同发展。[1] 就全球经济而言，一个强劲增长的世界经济来源于各国共同增长。各国要树立命运共同体意识，认清“一荣俱荣、一损俱损”的连带效应，在竞争中合作，在合作中共赢。在追求本国利益时兼顾别国利益，在寻求自身发展时兼顾别国发展。相互帮助不同国家解决面临的突出问题是世界经济发展的客观要求。让每个国家发展都能同其他国家增长形成联动效应，相互带来正面而非负面的外溢效应。[2]

那么，应如何促进共同发展？中国也提出了自己的理念和主张，主要包括如下四个要点。

第一，要为共同发展提供不竭的动力。要摒弃不合时宜的旧观念，冲破制约发展的旧框框，让各种发展活力充分迸发出来。这一点，也是从中国发展过程中得出来的经验，“解放思想”一语是其集中反映，成为可以与其他国家分享的发展经验。

第二，要为促进共同发展提供安全保障。没有和平，发展就无从谈起。国家间发生矛盾难以避免，关键是要通过对话协商与和平谈判，妥善解决矛盾分歧，维护相互关系发展的大局。

第三，要为共同发展提供有效路径。要加强南南合作和南北对话，推动发展中国家和发达国家平衡发展，夯实世界经济长期稳定发

[1]《携手合作，共同发展》，见《习近平谈治国理政》，北京：外文出版社 2014 年版，第 324—326 页。

[2]《习近平谈治国理政》，第 336 页。

展的基础。要积极创造更多合作机遇，提高合作水平，让发展成果普遍惠及各国人民。

第四，要为共同发展提供广阔空间。应尊重各国自主选择社会制度和发展道路的权利，消除疑虑和隔阂，把世界多样性和各国差异性转化为发展动力和活力。[1]

行胜于言。事实上，中国积极参与了全球性的共同发展议程。比如，中国积极响应可持续发展战略，坚定支持并全力落实《联合国千年宣言》，已经实现或基本实现了十三项千年发展目标指标，在有效提升本国人民发展权保障水平的同时，推动了全球共同发展。中国积极促进国际社会达成并实施2030年可持续发展议程，发布了《落实2030年可持续发展议程中方立场文件》和《中国落实2030年可持续发展议程国别方案》，在二十国集团领导人杭州峰会上与各国共同制定《二十国集团落实2030年可持续发展议程行动计划》和《二十国集团支持非洲和最不发达国家工业化倡议》等，为加快各国尤其是发展中国家的整体发展进程注入了强劲动力。[2] 中国并开始提供国际公共产品，欢迎其他国家搭乘中国发展的“快车”和“便车”。在2015年9月召开的联合国成立七十周年系列峰会上，习近平主席代表中国提出增强各国发展能力、改善国际发展环境、优化发展伙伴关系、健全发展协调机制四点政策主张，可以说都切中问题所在，也与中国自身的发展观和国内的发展一脉相承。习近平主席还代表中国宣布成立“南南合作援助基金”，增加对最不发达国家投资，免除对有关最不发达国家、内陆发展中国家、小岛屿发展中国家截至2015年底到期未还的政府间无息贷款债务，出资设立国际发展知识中心，带头有效落实2015年后发展议程，等等。

---

[1]《共同创造亚洲和世界的美好未来》，见《习近平谈治国理政》，第330—331页。

[2] 中华人民共和国国务院新闻办公室：《发展权：中国的理念、实践与贡献》，载《人民日报》2016年12月2日第11版。

已经有各种事实能够证明，中国路径获致了可称卓越的成效。2017 年 2 月，日本《选择》月刊刊文称，“非洲经济奇迹般成长与中国息息相关”，并指出一个事实，即非洲大陆不断涌现出经济增长速度令人瞠目结舌的国家。这些国家直到不久前还因内战和大屠杀等问题而成为谈资。非洲经济增长迅速的国家都有相通之处，首要的是政治稳定。另一个相通之处是得到了中国的助力。[1] 中国在非洲实行的不干涉内政的商业政策为非洲人带来了数十万的就业机会，为众多非洲年轻创业者提供帮助，改善了非洲破旧不堪的基础设施，因此理应受到称赞。[2]

与此相反，若不是共同发展，或发展失衡，可能带来种种世界乱象及不和谐。各国不是孤立存在的，而是相互联系着的，当今的世界是全球化了的世界，一国难以独善其身，发达国家也一样，难以置身事外。早在 1980 年，国际发展问题独立委员会（即勃兰特委员会）就已指出：“如果拥有数亿人口的南方广大地区被剥夺了取得进步的任何真正前景，并且挣扎在死亡的边缘，整个世界就不能在和平中生活，甚至北方也不能无限期地繁荣下去。”[3] 多年过去了，似乎令人难以想象的是，第二次世界大战结束 70 年后，世界上出现了二战结束以来最大规模的难民危机和难民潮。难民汹涌而来，来自阿富汗、来自叙利亚、来自利比亚等等，他们潮水般地或越过地中海，或进入土耳其、东欧进而至西欧，全球难民和移民数量之多、增长之快，为数十年来所未见。[4] 根据时任美国国务卿的约翰·克里 2016 年 9 月在

---

[1]《中国助非洲上演“经济奇迹”》，载《参考消息》2017 年 2 月 14 日第 14 版。

[2] 阿布—巴卡尔·贾洛：《中国对非政策应该获得掌声》，载《参考消息》2017 年 1 月 16 日。

[3]《争取世界的生存——发展中国家和发达国家经济关系研究》，第 80 页。

[4] 在 2016 年 9 月 21 日举行的第七十一届联合国大会一般性辩论时的讲话中，中国国务院总理李克强宣布，为支持国际社会解决难民问题的努力，中国将向有关国家和国际组织提供总额达 3 亿美元的人道主义援助。

纽约联合国总部的发言，一场全球人道主义危机——在一些地方甚至是人道主义灾难——正在发生，估计有6 500万人流离失所，其中包括2 100多万人为求生计或安全而跨越国界流落到国外。[1]

难民的汹涌而至，给包括发达国家在内的相关国家带来了一系列政治、经济、社会、安全问题，给暴力恐怖主义带来可乘之机。世人已经看到了在法国、德国发生的暴力恐怖袭击以及针对俄罗斯的恐怖袭击等等，或多或少都跟难民移民问题或叙利亚战乱有关。而究其实，冲突战乱、贫穷落后是产生难民的主要根源，帮助消弭这些国家的冲突战乱和贫穷落后是其他国家的利益和责任，也是国际社会的共同利益和责任。这固然是出于人类良知的要求，也因为各国相互间的连带使然。国际间的正面溢出可造成共同发展，负面溢出则可造成连带损害、伤害甚至打击、破坏。迅猛扑来的国际难民或移民足以证明这种相互性和连带性。

反之，如果能够实现共同发展，如果各国都能保持和平安定，百姓虽不富足但生活无虞，便不大可能背井离乡，也便不大可能有难民危机。这就是问题的共生性。中国的实践和理论为这一问题的探索提供了丰富而重要的材料。一方面，中国迄今为止所取得的发展很大程度上并不依赖西方国家为发展中国家（或南方国家）和地区所提供的发展理论和处方，[2]而是探索并走出了一条自己的道路。另一方面，中国自己“还没有形成一套较为完整、有中国特色、适合中国国情和经济发展水平的对外援助理论体系”[3]。这一状况呼唤中国的对外援助理论和发展理论的登场。

[1] Remarks at the UN High-Level Plenary Meeting on Refugees and Migration by US Secretary of State John Kerry, September 19, 2016.

[2] 张春:《中非关系国际贡献论》，上海：上海人民出版社2013年版，第210页。

[3] 黄梅波:《中国对外援助机制：现状和趋势》，载《国际经济合作》2007年第6期，第9页。

正确义利观就是在21世纪新的历史条件下提出的发展对外关系的思想。中华人民共和国在对外关系中曾经将“义”置于极为突出的地位，尤其反映在对外援助的第一时期中。这“义”可能是意识形态，也可能是道义支持伴之以物质援助。经验告诉人们，如果过度强调“义”，有可能制造出某种虚幻的、虚无缥缈的东西，却飘飘然而不自知，忘却了自己的实际国力。这一情形是在中国对外援助的第一时期中一度出现过的。改革开放在对外援助领域对此加以反拨，转变为平等互利，务实合作，脚踏实地地发展自己。毕竟，发展是硬道理，没有发展一切都无从谈起。进入21世纪的第二个十年后，中国的国力已经大增，为以往所不可同日而语。这时，中国领导人又体认到除了“利”之外“义”的重要性，于是重新思考二者的关系，提出要有正确的“义利观”并践行之，其要点在于“义利相兼，义重于利”。[1] 这是在中国国力大为增强的条件下的一种新取向，是多年前邓小平说过的发展起来后的“有资格”。

1992年中共“十四大”后，“国际主义”一词在党的代表大会报告和党章中已经消失了，但在对外援助问题上仍然使用了一段时间，使用者以此作为一种理论上的依据，说明援外的必要性。但事物的发展变化和世界的演进已使之成为了一种陈旧的思维，对外援助需要改革，也需要新的理论依据，而共同发展和共生思想为世界提供了新的理论依据。

发展是当今世界的两大主题之一。发展也是一个长期未得到解决的世界性难题。在历史演进的过程中，世界各国之间出现了“不平等的发展”。[2] 在这一发展格局中，第二次世界大战结束后陆续获得独立的原先的殖民地半殖民地国家长期处于不利地位，不发达国家和发

[1] 习近平：《携手构建合作共赢新伙伴　同心打造人类命运共同体——在第七十届联合国大会一般性辩论时的讲话》，载《人民日报》2015年9月29日第2版。

[2] 萨米尔·阿明：《不平等的发展》，高铦译，北京：商务印书馆2000年版。

达国家之间产生“不平等交换”，形成为南北关系，大体就是不发达国家和发达国家之间的关系。之所以称为“南北关系”，是因为发达国家大多处于北半球（除澳大利亚、新西兰等个别国家外），称北方国家；第三世界或发展中国家大多位于南半球，称南方国家。“从历史事实看，南北关系就是战前垄断资本主义国家或帝国主义国家同殖民地国家和半殖民地国家之间的关系在战后演变下来的一部分。……南北关系中最重要的是经济关系。”[1] 北方国家因其发达和富裕，长期处于经济和政治强势地位；南方国家则因其不发达和贫穷，长期处于弱势地位，南北之间分配不公严重，依附论和“中心—外围”论是这一状况的理论反映。[2]

多年来，不少有识之士基于对这一状况的体认，多次提出过对问题的诊断和变革的建言。1968 年，一批有识之士成立了一个国际性的委员会展开研究，由加拿大前总理莱斯特·皮尔逊担任主席。次年，皮尔逊委员会发表了其调查报告。该报告对援助问题十分重视，反映了发展中世界的普遍看法，也说明该委员会主要是向布雷顿森林体系和各援助国政府提出其建议的。

20 世纪 70 年代，国际上提出了建立新的国际经济秩序问题。1973 年，不结盟国家在阿尔及尔召开的首脑会议通过了一项行动纲领，呼吁建立“新的国际经济秩序”。1974 年召开的联合国第六届特别会议通过了《建立新的国际经济秩序宣言》和《建立新的国际经济秩序的行动纲领》，确定了建立主权平等、公平互利的新国际经济秩

[1] 陈其人:《南北经济关系研究》, 上海: 复旦大学出版社 1994 年版, 第 1 页。

[2] 具代表性的著述见巴西人特奥托尼奥·多斯桑托斯的《帝国主义与依附》, 毛金里等译, 北京: 社会科学文献出版社 1992 年版以及阿根廷人劳尔·普雷维什的《外围资本主义: 危机与改造》, 苏振兴、袁兴昌译, 北京: 商务印书馆 1990 年版。另见 Andre Gunder Frank, *Critique and Anti-Critique*: *Essays on Dependence and Reformism*, New York: Praeger, 1984。

序的基本目标，以及实现这个目标的行动纲领，[1]“新国际经济秩序”一时风头甚劲。然而随着时间的推移，终究动力不足，结果是不了了之，无疾而终。

此外颇具代表性的是由德意志联邦共和国前总理维利·勃兰特领导的国际发展问题独立委员会及其工作，“研究因国际社会的经济和社会不平衡而引起的全球性严重问题”，并“建议对有关发展事业和消灭赤贫现象采取切实可行的解决办法”。该委员会于1980年发表了《北方和南方：争取生存的纲领》报告。[2]报告一开头即指出国际关系和世界经济面临危机，其中蕴藏着很大的危险。人们还没有充分认识到，造成当前这一危机的主要因素是全球贫富之间的差距。富国与穷国之间的差距是这样大，以致在其两端的人民似乎是生活在两个不同的世界上。[3]委员会认为，今天的问题不仅是，甚至主要也不是援助的问题，而是协助发展中国家使它们能够自立的问题。南方和北方之间，不论有什么分歧，也不论分歧有多么深，都存在着共同的利害关系。双方的命运是紧密相连的。设法解决这些分歧并不是什么慈善的行为，而是共同生存的条件。[4]对“共同生存”的强调，是该报告的一大亮点。为此，委员会提出了长长的建议单子。

经过南方有关国家的知识界和政界领袖们几年的非正式讨论后于1987年正式成立的南方委员会（The South Commission）也进行了类似的工作。该委员会以坦桑尼亚前总统朱利叶斯·克·尼雷尔为主席。南方委员会于1990年发表了《对南方的挑战》最终报告，认为，目前存在一系列强有力的政治、经济、生态和道德因素的新的组

[1] 参见杨泽伟：《新国际经济秩序研究——政治与法律分析》，武汉：武汉大学出版社1998年版，第20页。

[2] 其中文版为《争取世界的生存——发展中国家和发达国家经济关系研究》，赵湜、刘山等译，北京：中国对外翻译出版公司1981年版。

[3]《争取世界的生存》，第27页。

[4] 同上，第312页。

合，这证明有理由制订一个全球立即行动六点纲领，来消除世界上的贫困，促进世界范围内的持久发展以及全球的和平与安全。这六点纲领为：（1）采取行动制止资金从南方向北方的净转移，消除发展中国家的外债威胁，将偿债额降低到可维持能使人均收入每年增加至少 2% 至 3% 的增长速度的水平；（2）为保护全球环境和保证可持久的发展而建立多边的安排，这些安排必须承认，要保护南方的环境，就必须克服贫困。这些安排还必须尊重各国政府确定本国的优先顺序、制订本国的政策的自由；（3）提高向发展中国家的减让性资金转移；（4）建立独立的国际机制，以评估发展中国家的要求、执行的准则和指标，以及根据不同国情而异的标准和条件；（5）制订一个时间表，限期拆除影响发展中国家对发达国家出口增长的保护主义壁垒；（6）在旨在保护发展中国家免受国际利率、汇率和贸易条件的过度波动影响的国际安排中，作出应急性质的规定。[1]

这些努力都在国际上引起了一定的注意，但都未能使总体局面得到改观。其根本原因在于任何呼吁毕竟只有有限的力量，事情的关键还在于南方国家自身必须发展起来，这才是解决问题的根本。显然，对于世界发展而言，只有国际同情是远远不够的，为数众多的发展中国家必须自强自立，而不能等待任何人的恩赐。

不公正不合理的经济政治关系长期延续和得不到改变，造成了严重后果。全球贫富差距、发展差距巨大，一些发展中国家多年处于不发达状态，且无力摆脱这种状态，在弱势地位、不发达、贫穷的恶性循环中挣扎。发达国家多年以救世主心态进行对外援助，效果不彰，由于其思维方式的顽固性和援助模式的一成不变，无法带动南方国家一起发展。不少非政府组织和个人虽有同情之心，但要么是施以援手

[1]《对南方的挑战》（南方委员会的报告），张小安等译，北京：中国对外翻译出版公司 1991 年版，第 240—241 页。

不得其法，要么是力量极为有限，只能产生局部的影响，终究难以改变总体的发展局面。

20世纪90年代以后，西方发达国家又挟其强势经济政治力量，在发展中国家强力推行以所谓“华盛顿共识”为代表的新自由主义经济处方，主要包括取消管制、更加放松劳工市场、对私有化不加限制（包括对传统公共服务的私有化）、削减社会福利支出、以收紧银根政策和提高实际利率为支撑反对通货膨胀、不加限制地开放国际资金转移，等等。在如法施策的一些发展中国家，原有的问题不仅没有解决，反而更为恶化。埃及经济学家萨米尔·阿明振聋发聩地指出，主导的意识形态声称“别无选择”，说世界各国人民必须“适应”“（市场）经济”的所谓理性和效率要求。我们认为，资本（即“市场”）必须被迫适应人民与社会进步的要求。[1]

问题的积累最后产生了飞镖效应，殃及发达国家自身，世界财富分配失衡，不公正不合理的秩序始终得不到纠正和扭转，发达富裕的北方和贫穷落后的南方形成鲜明对照。不发达尤其是战乱国家中产生的大量难民涌向和涌入发达国家，由此激发了屡屡发生的严重恐怖袭击。发达国家内部的反移民、拒难民思潮和民粹主义情绪高涨，从而对区域一体化、经济全球化产生强大对冲。2016年英国公投脱欧、特朗普在美国总统选举中胜出都是其表现。欧盟从未像今天这样困难重重。世界似乎处在了一个向何处去的当口。

面对世界上的种种问题，我们应该认真反思，世界是否存在一些深层的矛盾？世人是否应该在更为根本性的问题上转换思维方式？我们常说治标还应治本，那么这个“本”是什么？世界是否应该以及应当怎样谋求共生之道？

种种事实无不表明，在一个全球化了的世界中，一国难以独善其

---

[1] 萨米尔·阿明：《不平等的发展》，第4页。

身；只有实现普遍的共同发展才是解决问题的根本之道。就此而言，中国的共同发展思想和路径提供了一种选择，或一条新路，即我们在第一章中就已简略提到的共生互益。

世界的基本事实是“多”和多样，多样的文化，多样的宗教，多样的制度，多样的观念，多样的追求，等等。既然事物是多样的，那就意味着存在差异。世界上存在着各种各样的差异，包括文化的、政治的、经济的、宗教的、价值观念的、生活习俗的等等，诸如此类的差异都是客观存在。问题在于：应如何看待和对待这些差异？换言之，要以什么态度对待、通过什么途径处理这些差异？这是一个十分关键的问题。

对此，存在着不同的选择。比如有这样两种选择。一种是试图用消除差异的办法来解决问题，即将多种有差异的事物同化为“一”，以为消除了差异后，问题便解决了。于是在实践上，常常表现为己之所欲，必施于人，“我的”一套东西是最佳选择，别人都应该接受。当认为他人不“自由”时，就采取行动强迫使之“自由”。如认为美式民主是放之四海而皆准的，应在全世界推而广之，等等。另一种选择是视差异为事物之常，同时抱持事物间虽“不同”却可以“和”的态度，己所不欲，不施于人。因而，差异的存在不必然导致冲突，而是可以经由适当的方式达成相互能够接受的对待或安排。这里的后者属于一种共生之道。

共生是指不同事物在共存前提下安然相处并进而相生相长、共同发展的状态。它包含如下三个特性。

（1）主体的多元性，即存在着多种或多样的事物。事物的多样性体现在各个领域，就人类社会而言，举凡制度、观念、价值、偏好，政治、经济、文化、宗教等等，均是如此。多样的事物无法统一为“一”，也不可能统而为“一”。多样性是事物的本然，也是共生问题之所以产生的基本前提。

以价值而论，便是如此。价值是其本身就值得人们想望的东西，它是被个人或社会普遍接受的内在的原则、规范、标准或目标。价值是经由复杂的历史、心理、文化和社会过程积淀而成的，一旦形成，就成为某种既定的、经久的规范或标准指导着、规范着社会的活动与行为。一个社会的价值不是单一的，而是多样的，包括秩序、安全、团结、繁荣、平等、自由、民主等。而在某一个特定时间，人们很可能无法同时获得所有这些价值，于是需要在这些价值之间进行平衡。

（2）主体的平等性。多元的主体包括个人、国家，也包括文化、价值。它们之间是平等的。既然是平等的，就不存在孰高孰低的问题，不是认为此高于彼，或彼高于此，更不是彼此相互否定，而是相互认知对方的存在以及这种存在的合理性。

（3）主体特定的情境性。各种主体及其建立的制度和行为方式各有其历史社会文化的情境。世界上存在着多种文化和文明，多种制度，多种治理方式，它们各有各的来由，各有各的理路。故而，人们不能脱离具体的情境来谈论它们，或衡量孰优孰劣、孰先孰后。

多元主体的共生之道体现为，各行为体既不同又共生。行为体之间的差异在共生关系中显现出来，差异存在于共生之中，转化为矛盾冲突时依然可以共生。但共生有“度”。矛盾冲突一旦激化，则共生状态被打破，给有关行为体带来伤害便可能无法避免。共生既包容差异又不排除矛盾冲突，但共生为避免差异转化为矛盾冲突、防止矛盾冲突激化提供了可能性。共生的过程既是解决矛盾冲突的过程又是孕育、形成新的差异、带来新的矛盾冲突的过程。因此，共生的过程是不断走出矛盾冲突、寻求共同发展的过程，也是协调和共进的过程。能否如此，考验着人类社会寻求和谐共存和创造性共生的能力。

遗憾的是，在当今世界，存在着种种统于“一”、归于“一”的思维方式，并伴之以具体的行动，由此产生了各种乱象和冲突，或许可通称为反共生之道及其表现。比如，在当今世界上，价值一元论颇为盛行。各种一元论意识形态的一个基本特征是声称得救的道路只有一条，正确的生活方式只有一个，真正的价值选择只有一种。一元论价值常抱持一种类似于唯我独尊的立场，其他与此不同的思想主张均是旁门左道，甚至是异端邪说，被视为矛盾和冲突之源。而更为极端的想法和做法则是必欲去之而后快。这种一元论的具体表现包括政治体制要统一为西式民主，发展模式要统一为“华盛顿共识”等等。付诸实践后的结果又如何呢？可以说失败之例所在多有。

世界和平与共同发展，要求必须克服这种“一元论”，而中国思想文化可以为此提供重要的思想资源。在博大的中国文化中，存在着十分丰富的事物相生相长的共生思想。

首先，中国思想文化体认差异的普遍存在。“夫物之不齐，物之情也。”“不齐”原就是事物间的本来面貌，没有什么可奇怪的。这就是说，中国思想一向认为差异的存在是事物的本然，是一件极为正常之事，不认为这本身会产生什么问题，或者会成为冲突之源。

其次，中国思想文化认为存在或者可以做到“万物并育而不相害”。万事万物都可以并存和孕育，相互之间可以不相损害；而且“道并行而不相悖”。连根本性的东西都可以是并行不悖的，那还有什么是不可以并行不悖的呢？

这是一种很具有包容性的思想传统，应该为今人所继承和发展。

易言之，文化和价值的多样性是世界的客观事实，更进一步言，也是世界发展的源泉。若只有“一”，则无有碰撞和相互作用，无从发展出新质。我们应承认和尊重“不同”，因为“不同”是客观存在。同时，诸种文化和价值之间又有可能通过交往而达到“认同”或接受，这种认同或接受不是一方吃掉另一方，或一方消灭另一方，而是在交往中学习、改进、适应，从而达到一种新的状态。这一过程赋予事物以生命力，它应该是内生的，而不是从外部强加。这是共生的题中应有之义。

有人疑心，共生论是不是理想主义的？我们说，不是。共生的理论探索是要从世界和人类社会的基本现实出发，探究消弭冲突、共同发展的原理，平衡西方思想的不足，破解西方思想主导下产生的世界难题，这极为必要，也有可能。正如力量需要平衡一样，事物之理和思想领域也需要平衡，需要互补，从而达成一种健康的状态和氛围，建设性地解决世界的各种问题。

我们认为，共生互益是一种深刻的思想。认为共生就是没有矛盾，则是一种误解。共生不是不存在矛盾。矛盾是普遍存在的，共生状态中也存在矛盾。问题在于以什么方式解决矛盾。在共生关系中，不是通过使另一方消失的办法来解决矛盾，而是在容许矛盾的各方同时生存发展的前提下，争取消弭和化解矛盾。因而，在共生论看来，矛盾是共生中的矛盾，共生是矛盾中的共生。

以共生方式解决矛盾，有两个特点。一是平常心。在共生思维下，矛盾的产生是正常现象，乃至是常态，毫不足怪。二是耐心。矛盾的主体愿意等待，愿意给予更多的时间让人们的思想发生转变，使矛盾得到化解。这样做看似缓慢，却是一种能为有关方面共同接受的方式，因而是经得起时间考验的方式。

21 世纪世界呈现的种种事实更加凸显了共生思想和理论的重要意义。共生为人们提供了一种可供选择的思路和途径。依据共生原理而塑造的秩序或可称为共生秩序，它是包容的、内生的、坚韧的。

（1）共生秩序是包容的秩序。在共生状态下，事物是并存的，并不以“此”否定“彼”，或以“彼”否定“此”，在状态上是如此，在意图上也不存在一方有意吃掉另一方的情形，因而是“相安无事”的。各主体相互之间不是排斥的，而是相互包容的，并不因为存在差异便另起炉灶或生异心，或作出排斥性的安排。历史上，在种族隔离的制度下，相关的制度性安排是根据种族和肤色进行的，因而是排斥性的。再如，由于宗教信仰的不同而采取禁止入境等措施，也是排斥性的做法或行为。为了消除不和谐而采取泯灭对方的文化特性使之同化于“我”之文化特性的做法，判然有悖于共生的秩序。共生秩序拒斥上述种种思维方式和行为模式，尊重差异而不强求同一，让事物在并存中共同生长发展，演进融合。

（2）共生秩序是内生的秩序。内生秩序的特性在于它是从当地、从文明内部或从本民族内部生长发展起来的秩序。这并不意味着拒绝学习或吸收外部的经验、做法乃至制度，而意味着由外而内的吸收不是强加的或生硬植入的，而是经由良性互动而发生的一种自然的过程。内生秩序是长成的，因而是与当地的、本土的文化历史社会相契合的。反之，生硬植入的秩序很容易出现不适，如脱离自身的具体条件和环境孤立地看待和套用某一做法，如废除死刑。是否废除死刑本应根据自身的情况来决定，但在一种偏激的思维下，却可能不顾具体条件地加以采用，以为是“先进”的做法，这就难免不伦不类，画虎不成反类犬。这样的事例可谓屡见不鲜，付诸实践后常常会经历一个痛苦的反复过程。

（3）共生的秩序是坚韧的秩序。由于共生秩序是从内部或本土生长而成的，因而具有坚韧性。反之，当一种秩序是强行地搬入或套入时，它很可能是脆弱的。伊拉克战争后，稳定的社会秩序在该国迟迟不能形成，就是因为原先的秩序被外部武力强行摧毁之后，匆匆建立、没有根基的新秩序极为脆弱。在阿富汗也可看到类似的情形。诸如此类的事例，可说不胜枚举。

一言以蔽之，共生互益的观念为我们打开了一扇窗户；共生理论建设为人们探寻世界矛盾的解决之道提供了另一种可能，也是探索对外援助和发展理论的一条路径。

一位有识之士指出：“在引领探讨全球核心议题、提供解决方案、担任思想领袖方面，中国面临诸多机遇。”[1] 诚哉斯言。

当今世界需要解决的问题甚多。全球范围的分配要更为公正、更为合理；较发达国家的对外援助必须转向共生互益的思维，以求开创新境。发展是根本，发展是目的，发达国家和发展中国家应寻求共同发展，我们谓之“共生发展”。在共生发展观看来，发展是相互联系的；发展具有共生性；普遍发展才是真正可持续的。秉持共生发展观，世界可为之一变，共同繁荣可由此而来。

---

[1] 徐浩良：《从全球核心议题看中国》，载《人民日报》2015年9月29日第21版。徐浩良为联合国助理秘书长、联合国开发计划署亚太局局长。

引用书目

1.《邓小平文选》(第三卷)，北京：人民出版社 1993 年版。
2.《对南方的挑战》(南方委员会的报告)，张小安等译，北京：中国对外翻译出版公司 1991 年版。
3.《建国以来李先念文稿》(第三册)，北京：中央文献出版社 2011 年版。
4.《建国以来毛泽东文稿》(第七册)，北京：中央文献出版社 1992 年版。
5.《毛泽东文集》(第八卷)，北京：人民出版社 1999 年版。
6. 保罗·哈里森：《第三世界——苦难·曲折·希望》，钟菲译，北京：新华出版社 1984 年版。
7. 陈金明：《新中国外援战略研究》，北京：中国社会科学出版社 2009 年版。
8. 陈其人：《南北经济关系研究》，上海：复旦大学出版社 1994 年版。
9. 陈其人：《殖民地的经济分析史和当代殖民主义》，上海：上海社会科学院出版社 1994 年版。
10. 黛博拉·布罗蒂加姆：《龙的礼物——中国在非洲的真实故事》，沈晓雷、高明秀译，北京：社会科学文献出版社 2012 年版。
11. 丹比萨·莫约：《援助的死亡》，王涛、杨惠等译，北京：世界知识出版社 2010 年版。
12. 蒂埃里·班吉：《中国，非洲新的发展伙伴——欧洲特权在黑色大陆上趋于终结》，肖晗等译，北京：世界知识出版社 2011 年版。
13. 方毅：《方毅文集》，北京：人民出版社 2008 年版。
14. 房维中主编：《中华人民共和国经济大事记（1949—1980）》，北京：中国社会科学出版社 1984 年版。
15. 耿飚：《耿飚回忆录》，北京：中华书局 2009 年版。
16. 国际发展问题独立委员会报告：《争取世界的生存——发展中国家和发达国家经济关系研究》，赵湜等译，北京：中国对外翻译出版公司 1980 年版。
17. 胡耀邦：《全面开创社会主义现代化建设的新局面——在中国共产党第十二次全国代表大会上的报告》，北京：人民出版社 1982 年版。
18. 劳尔·普雷维什：《外围资本主义：危机与改造》，苏振兴、袁兴昌译，北京：商务印书馆 1990 年版。
19. 李光耀：《李光耀回忆录（1965—2000）》，新加坡：联合早报社 2000 年版。
20. 李家忠：《印支外交亲历》，上海：上海辞书出版社 2010 年版。
21. 联合国教科文组织：《内源发展——质量方面和战略因素》，陈雅丽等译，北京：中国对外翻译出版公司 1991 年版。
22. 林毅夫、王燕：《超越发展援助——在一个多极世界中重构发展合作新理念》，北京：北京大学出版社 2016 年版。
23. 罗伯特·吉尔平：《国际关系政治经济学》，北京：经济科学出版社 1992 年版。
24. 罗伯特·沃尔特斯：《美苏援助：对比分析》，陈源、范坝译，北京：商务印书馆 1974 年版。
25. 罗莎·卢森堡：《资本积累论》，北京：生活·读书·新知三联书店 1959 年版。
26. 罗莎·卢森堡、尼·布哈林：《帝国主义与资本积累》，柴金如、梁丙添、戴永保译，哈尔滨：黑龙江人民出版社 1982 年版。
27. 马洁文、唐丽霞、李小云：《中国的对外援助：历史、现状和挑战》，见李小云、王伊欢、唐丽霞编：《国际发展援助——中国的对外援助》，北京：世界知识出版社 2015 年版。
28. 马克思：《资本论》（第一卷），北京：人民出版社 2004 年版。
29. 迈克·穆尔：《没有壁垒的世界——自由、发展、自由贸易和全球治理》，北京：商务印书馆 2007 年版。
30. 孟德斯鸠：《论法的精神》，北京：商务印书馆 1997 年版。
31. 任晓：《中国行政改革》，杭州：浙江人民出版社 1998 年版。
32. 萨米尔·阿明：《不平等的发展》，高铦译，北京：商务印书馆 2000 年版。
33. 石林主编：《当代中国的对外经济合作》，北京：中国社会科学出版社 1989 年版。
34. 特奥托尼奥·多斯桑托斯：《帝国主义与依附》，毛金里等译，北京：社会科学文献出版社 1992 年版。
35. 外交部政策规划司编：《中非关系史上的丰碑——援建坦赞铁路亲历者的讲述》，北京：世界知识出版社 2015 年版。
36. 王家瑞主编：《中国共产党对外交往 90 年》，北京：当代世界出版社 2013 年版。
37. 王稼祥：《王稼祥选集》，北京：人民出版社 1989 年版。
38. 王泰平主编：《中华人民共和国外交史 1957—1969》（第二卷），北京：世界知识出版社 1998 年版。
39. 王泰平主编：《中华人民共和国外交史 1970—1978》（第三卷），北京：世界知识出版社 1999 年版。
40. 王逸舟主编：《中国对外关系转型 30 年》，北京：社会科学文献出版社 2008 年版。
41. 习近平：《习近平谈治国理政》，北京：外文出版社 2014 年版。

42. 杨泽伟：《新国际经济秩序研究——政治与法律分析》，武汉：武汉大学出版社 1998 年版。
43. 尹集庆主编：《中国对外经济贸易改革 20 年》，郑州：中州古籍出版社 1999 年版。
44. 张春：《中非关系国际贡献论》，上海：上海人民出版社 2013 年版。
45. 张海冰：《发展引导型援助——中国对非洲援助模式研究》，上海：上海人民出版社 2013 年版。
46. 中共中央文献研究室编：《邓小平年谱（一九七五——一九九七）》，北京：中央文献出版社 2004 年版。
47. 中共中央文献研究室编：《周恩来年谱（一九四九——一九七六）》（上卷、中卷、下卷），北京：中央文献出版社 1997 年版。
48. 中华人民共和国国务院新闻办公室：《中国的对外援助（2014）》白皮书，2014 年。
49. 中华人民共和国国务院新闻办公室：《中国的对外援助》白皮书，2011 年。
50. 中华人民共和国国务院新闻办公室：《中国的和平发展》（2011 年 9 月），北京：人民出版社 2011 年版。
51. 中华人民共和国外交部、中共中央文献研究室：《周恩来外交文选》，北京：中央文献出版社 1990 年版。
52. 中华人民共和国外交部编：《研究周恩来——外交思想与实践》，北京：世界知识出版社 1989 年版。
53. 中华人民共和国外交部外交史研究室编：《周恩来外交活动大事记（1949—1975）》，北京：世界知识出版社 1993 年版。
54. 周弘主编：《中国援外 60 年》，北京：社会科学文献出版社 2013 年版。
55. 朱良：《对外工作回忆与思考》，北京：当代世界出版社 2012 年版。
56. Andre Gunder Frank, *Critique and Anti-Critique: Essays on Dependence and Reformism*, New York: Praeger, 1984.
57. C. C. Adelman, J. Norris, and J. Weicher, *America's Total Economic Engagement with the Developing World: Rethinking the Uses and Nature of Foreign Aid*, Washington D.C.: Hudson Institute, 2005.
58. Edward D. Mansfield and Jack Snyder, *Electing to Fight: Why Emerging Democracies Go to War*, Cambridge, MA and London: MIT Press, 2005.
59. Fareed Zakaria, *The Post-American World*, New York: W.W. Norton, 2008.
60. Giles Bolton, *Africa Doesn't Matter: How the West Bas Failed the Poorest Continent and What We Can Do About It*, New York: Arcade Publishing, 2007.

61. Hans Morgenthau, "A Political Theory of Foreign Aid," *The American Political Science Review* 56 (2), 1962.

62. Jeffrey Sachs, *The End of Poverty: Economic Possibilities for Our Time*, New York: Penguin, 2005.

63. Lael Brainard (ed.), *Security by Other Means: Foreign Assistance, Global Poverty, and American Leadership*, Washington D.C.: Brookings Institution Press, 2007.

64. Roger C. Riddell, *Does Foreign Aid Really Work?*, Oxford: Oxford University Press, 2007.

65. Robert Cassen and Associates, *Does Aid Work? Report to an Intergovernmental Task Force*, Oxford: Clarendon Press, 1985.

66. S. Carr, M. Eilish and, M. Maclachlan, *Psychology of Aid*, London: Routledge, 1998.

67. Sarah Raine, *China's African Challenge*, London and New York: published by Routledge for the International Institute for Strategic Studies, 2009.

68. K. N. Waltz, *Man, the State, and War: A Theoretical Analysis*, New York: Columbia University Press, 1959, 2001.

69. William Easterly (ed.), *Reinventing Foreign Aid*, Cambridge, MA: MIT Press, 2007.

70. Yasutami Shimomura and Hideo Ohashi (eds.), *A Study of China's Foreign Aid: An Asian Perspective*, Basingstoke: Palgrave Macmillan, 2013.

图书在版编目(CIP)数据

中国对外援助:理论与实践 / 任晓,刘慧华著.—
上海:格致出版社:上海人民出版社,2017.8
ISBN 978-7-5432-2780-4

Ⅰ.①中… Ⅱ.①任… ②刘… Ⅲ.①对外援助-研究-中国 Ⅳ.①D822.2

中国版本图书馆 CIP 数据核字(2017)第 183691 号

责任编辑 张苗凤
装帧设计 人马艺术设计·储平

中国对外援助:理论与实践
任晓 刘慧华 著

出 版	世纪出版股份有限公司 格致出版社 世纪出版集团 上海人民出版社 (200001 上海福建中路 193 号 www.ewen.co) 编辑部热线 021-63914988 市场部热线 021-63914081 www.hibooks.cn	印 刷	上海商务联西印刷有限公司
		开 本	635×965 1/16
		印 张	18
		插 页	2
		字 数	229,000
		版 次	2017 年 8 月第 1 版
发 行	上海世纪出版股份有限公司发行中心	印 次	2017 年 8 月第 1 次印刷

ISBN 978-7-5432-2780-4/D·95 定价:55.00 元